20 世纪中国图书馆学文库·42

主题法的理论
与标引

刘湘生 编著

圙 圙家圖書館出版社

本书据书目文献出版社 1985 年 11 月第 1 版排印（原书后附"本书主题索引"未排印）

前　　言

　　主题法是标引和检索图书资料的一种重要方法。随着科学技术的飞跃发展、图书资料的迅猛增长和电子计算机的广泛使用，主题法的地位和作用显得愈来愈重要。

　　编者不揣冒昧，对主题法的理论和标引问题，进行了粗浅的探讨和研究，编写成《主题法的理论与标引》一书，供图书资料工作的同行参考。为了满足本书的完整性，经与书目文献出版社商量，将"《汉语主题词表》的理论和使用"一书的部分章节，一并纳入本书。

　　本书初稿完成后，曾请韩承铎、李兴辉两位同志进行过仔细的审阅，并提出了不少宝贵的修改意见；另外在编写过程中还参考了不少同志的著译，编者在此一并致以谢意。

　　由于水平所限，缺点和欠妥之处在所难免，敬希读者斧正。

编著者

1983 年 1 月

目　　次

1

3

第一章 绪 论

第一节 图书资料检索的意义和作用

搞科学研究和创造发明,首先必须占有材料和进行调查。既要调查了解这个课题的历史、现状,又要调查了解它的成功和失败的经验;既应调查了解国内的情况,也应调查了解国外的情况。这些"情况"都可以称之为"情报"。它们一般都被记录在图书资料(或统称文献)当中。文献一般包括图书、期刊、论文集、会议录、研究报告、视听资料等。为了寻求情报,而对图书资料进行的查找工作,则称之为情报检索。显然,情报检索也可以理解为是对图书资料的检索。

图书资料的检索是科研工作的重要组成部分。图书资料记载着人类社会科学技术和生产实践等的丰富成果,反映了科学技术、学术研究的发展和水平,是历代劳动人民和科研工作者智慧的结晶。因此,掌握和了解国内外图书资料的情况和内容,具有重要的作用。

对于任何一个科研工作者来讲,熟练地掌握和了解图书资料的各种检索方法、检索工具,是一个十分重要的问题。这是人们打开图书馆知识宝库的钥匙。有了这些钥匙,就可引导人们从不同的途径和需要,依据一定的检索方法与检索工具,迅速、准确地找到自己所迫切需要的图书资料。假如没有一定的检索方法及其检索工具,如主题法、分类法和主题目录、分类目录等,人们就难于找到自己所需要的图书资料,从而也就不能很好地打开知识宝库的大门。图书情报工作人员也就不能做到主动服务。另外人们就可能在科研工作中走弯路,甚至重复别人早就研究过或做过的科研课题和试验,从而在人力、物力和时间上造成极大的浪费。事实说明,不去利用图书馆的图书资料,或者图书资料的检索方法和检索工具不完备,都可能对任何一个科研工作者造成不可挽回的损失。

图书馆是庋藏知识的宝库,是培养人才的重要场所,是科学研究的后勤部,而图书资料则是人类社会的智力资源。但是,图书资料的检索方法、检索工具却是查找和得到智力资源、取得科研成功的有力手段和保证。在德国柏林图书馆的大门上,镌刻着一句引人深思的名言:"这里是人类知识的宝库,如果你掌握它的钥匙的话,那么全部知识就都是你的。"这一方面说明图书馆本身的重要性,同时也指明图书资料的检索方法和检索工具的重要性。

总之,图书资料的检索方法、检索工具,是图书馆浩瀚书海的指南针,是知识宝库的钥匙。它为千千万万的读者指明宝藏的地点和方向。可见,搞好图书资料的检索工作,掌握各种检索方法,编制各种检索工具,有利于图书馆服务效力的提高,有利于科学研究的顺利进行,也有利于我国四个现代化建设的早日实现。所以,无论是对于广大读者,还是图书资料工作者,切实掌握、运用和编制检索方法、检索工具,都是至关紧要的问题。目前世界上许多国家的图书资料工作者,都在从事检索方法和检索工具的专门研究和探讨。尤其是图书资料的自动化检索方法和检索工具的研究和探讨。俗话说,"工欲善其事,必先利其器"。如果图书馆不重视检索方法和检索工具的研究和改进,就势必影响图书馆服务工作的最佳效果。

第二节 图书资料检索方法和检索工具的概况

检索方法,概括地讲就是对图书资料的查找方法。依据一定的方法编制起来,供读者查找图书资料线索的工具,称为检索工具。检索方法和检索工具好比是开门的钥匙。没有钥匙,宝库的门是开不开的,对口径的图书资料也是无法找到的。目前图书资料的检索方法、检索工具很多,但归纳起来大致有如下几种:

1. 检索方法

(1)分类检索方法(分类法) 这种方法,主要是依据学科知识的分类系统,采用字母或数字作为类目标记符号,编排、组织和查找图书资料线索的一种排检方法。

(2)字顺检索方法 这种方法,主要是依据一定的词语的字顺序列,编排、组织和查找图书资料线索的一种排检方法。字顺法包括:

①主题检索方法(主题法) 这是以文献论述的事物、对象和问题为依据,直接采用自然语言或规范化了的自然语言,作为主题的标识符号,编排、组织和查找图书资料线索的一种排检方法。

②书名检索方法 这是从已知书名、篇名的角度,采用字顺序列,编排、组织和查找图书资料线索的一种排检方法。

③著者检索方法 这是从写书人、著述人的角度,采用字顺序列,编排、组织和查找图书资料线索的一种排检方法。

④字典式检索方法 这是从图书资料的主题、书名和著者三方面特征混合在一起,采用统一的字顺序列,编排、组织和查找图书资料线索的一种排检方法。

2.检索工具

（1）从检索工具的载体分　主要有：

①卡片式检索工具　这是把图书资料的内容特征和外表特征著录在卡片这种载体上，用卡片来编排、组织和查找图书资料线索的一种工具。

②书本式检索工具　这是把图书资料的内容特征和外表特征，著录在书本式（包括图书型和期刊型）载体上的一种查找图书资料线索的工具。

③缩微胶卷、缩微胶片式检索工具　这是一种以缩微胶卷、缩微胶片为载体，人们通过显微阅读机来查找图书资料线索的一种工具。

④磁性式检索工具　这是一种以磁带、磁盘、磁鼓和磁卡等磁性载体为依据，通过电子计算机来查找图书资料线索的工具。

（2）从检索工具的自动化程度分　主要有：

①手工检索工具　这是一种以手工操作来编排、组织和查找图书资料线索的工具。

②机械检索工具　这是一种利用各种不同的机械工具和设备，建立起来的检索工具。

（3）从检索工具的编制形式分　主要有：

①目录　这是揭示与报导某一搜集范围或馆藏范围的图书资料，并按一定方法编排、组织和查找图书资料线索的一种工具。它包括：国家总目录、馆藏目录、联合目录、出版发行目录、专科专题目录、期刊目录、报纸目录、分类目录、主题目录、书名目录、著者目录等。

②索引　这是把图书资料中有关某一内容特征或外表特征加以著录，并注明出处或页码、号码，按一定方法排列起来，供读者查找图书资料线索的一种工具。

索引主要包括如下几种：

第一、按内容特征编制的索引有：分类索引、主题索引（为标题索引、单元词索引、关键词索引、叙词索引，以及先组式主题索引、后组式主题索引——即组配索引、专书主题索引等）。

第二、按外表特征编制的索引有：书名索引、篇名索引、引文索引、著者索引等。

第三、按号码特征编制的索引有：报告号索引、合同号索引、入藏号索引、专利号索引、标准号索引等。

第四、按特殊用途编制的索引有：地名索引、人名索引、分子式索引、环系索引、杂环索引、动植物名索引、药名索引、产品名索引等。

③文摘　这是一种以简明扼要的叙述形式，对国内外某一学科专业范围的图书资料的研究对象、问题、结论、事实、数据等加以摘录（或简介）并按期进行报导的检索工具。

总之，图书资料的检索方法和检索工具很多。但是，其使用最广、效率最高和作用最大的，则是主题法和分类法，以及按照主题法和分类法原则编制的各种检索工具。由于分类法和分类检索工具，在我国图书资料单位已广泛使用，并为大家所熟悉，所以本书不再赘述，而主要对主题法及主题检索工具（主题目录、主题索引）的理论和使用，加以论述和介绍。

第二章 主题法的历史沿革和发展

第一节 主题法产生的原因和要求

主题法是在社会的需要、科学技术的发展和图书资料检索工作的实践基础上,产生和发展起来的。综合起来主要有以下几个方面的原因:

1.图书资料的不断发展

在古代,图书资料出版物数量较少,类型简单。一个读者对某学科、某方面图书资料的查阅并不十分困难。读者甚至可能做到将某一学科范围的图书资料全部阅读完。到了十七、十八世纪,图书资料出版物的类型开始发生了变化。1665 年出现了世界上最早的一种杂志——《英国皇家学会哲学汇刊》。同年在法国产生了《学者杂志》。1785 年又产生了世界上最早的报纸——《每日天下纪闻》,该报于 1788 年更名为《泰晤士报》。兹后,世界各国的报纸杂志逐渐创办起来。但是,直到十九世纪初,全世界报纸杂志的总数仍不到 100 种。那时,读者利用分类检索方法尚能满足需要。然而从十九世纪后期到二十世纪,随着图书资料出版物数量的愈来愈多,类型也日趋复杂。这一时期开始出现了不少专业性的文摘、索引等二次文献的检索工具。1830 年德国创刊了第一种以公报形式的《化学公报》。1870 年又创办了世界上第一种文摘杂志——《化学文摘》。1884年美国创办了《工程索引》杂志。1815年产生了世界上第一种中文杂志《察世俗每月统记传》。1854年在中国创办了最早的杂志《中外新报》（月刊）。1858年产生了最早的中文日报《中外新报》。1872年在中国创办了日报《申报》。到第二次世界大战时，全世界的报纸杂志、书本式的检索工具等，像雨后春笋般地发展起来了。全世界的报纸杂志已达上万种之多。这时，读者查阅图书资料已愈来愈感到困难。尤其是二十世纪五十年代以后，图书资料出版物大量增长，情况发生了巨大的变化。这些变化表现在：

（1）图书资料的类型多、品种复杂：既有各种类型的图书，又有报纸杂志、学术会议论文、政府出版物、技术报告、研究报告、学位论文、标准资料、专利文献等；既有书本型的资料，又有缩微胶卷、缩微胶片、磁带等类型的资料。同时，近年来除了一次文献、二次文献等类型的刊物外，又出现了象"综述"、"综论"、"进展"等类型的三次文献。

（2）图书资料出版的速度愈来愈快，数量愈来愈大，已经处在一个文献成倍增长的时代。

（3）图书资料的学科内容和科研课题日益专门化，而且在内容上交叉渗透，边缘学科、综合性学科的图书资料不断涌现。

（4）图书资料出版的文种愈来愈多。据报导，目前全世界共有2,000多个文种*。用来发表文献的文种达100多个。

而且发表文献的文种，日趋增加。这也给读者查阅图书资料带来更多的困难，甚至造成科研课题重复，产生大量的浪费现象。

上述图书资料出版情况的不断发展，要求检索方法作相应的改进。这就是检索方法变革的基本原因。

---

* 《语言与语言学词典》，R. R. K. 哈特曼、F. C. 斯托克同著，上海辞书出版社，1980年10月。

2. 科学技术、学术研究和科研、文化事业的飞跃发展

由于十八世纪中叶至十九世纪中叶,英国产业革命的巨大影响,掀起了整个西方世界产业革命的浪潮,使科学技术发展和研究进入了一个新的时代。尤其是二十世纪以后,科学技术的研究和发展得到了高度的重视。各种专业研究人员和机构也愈来愈多。在科学技术的各个领域出现了这样两个明显的趋势:学科本身纵的发展愈来愈专深,围绕各门学科的分支科学日益增加;各门学科横的发展日益广泛,学科之间的相互影响、相互交叉、相互渗透也日益复杂。边缘学科、综合性学科经常涌现。这些情况都被直接反映在各种图书资料之中。往往一种(篇)图书资料,同时涉及几门学科的内容,也同时为多种专业科研工作者所需要。

这些发展趋势也要求图书资料的检索方法作相应的变革。

3. 检索方法本身需要变革

图书资料的检索方法,经历了从分类方法到书名、作者等字顺方法的漫长发展阶段。长期以来,图书资料的检索方法,主要被局限在采用分类方法编排的检索工具上,而书名、作者的字顺方法也只是一种从图书资料的外在特征出发的检索途径。虽然分类方法是一种从内容特征出发的检索途径,但是由于分类法自身的特点和局限性,已经很难完全满足和适应读者对图书资料的检索要求。主要是不能满足读者从内容上对图书资料进行多元(面)性和专指性检索的要求。同时由于分类法在体系结构和方法技术上的约束,也不能很好地及时适应科学技术发展和图书资料内容变化的要求。因此,人们不得不寻求新的检索方法,以求弥补分类检索方法的不足。

4. 新技术、新设备的使用

图书资料的数量庞大、类型复杂、文种多样等所带来的"情报爆炸"、"情报污染"的状况,造成了读者在查阅图书资料上的极大困难。历来,图书馆情报部门所使用的是手工检索方法(主要是卡片式、书本式的目录索引等检索工具),其查阅速度慢、效率低,处理资料的能力也很差。如何克服这些困难,已成为图书馆情报部门工作者急待解决的重大课题。自二十世纪五十年代以来,人们不断在检索工具上探讨应用新技术、新设备的检索方法和检索系统。在此期间,相继出现了机械检索、光电检索和电子计算机检索的新途径。由于穿孔机、光电机和电子计算机等新技术新设备的应用,也为解决文献检索开拓了广阔的前景。尤其是计算机技术和设备的飞速发展,更加促进了图书资料检索方法的变革。鉴于计算机具有速度快、存贮量大、自动化程度高、适应性强等特点,所以世界各国图书馆情报部门都愿借助于它来实现新的检索方法—主题法,从而促使图书资料检索从传统的手工方式走向自动化、网络化的目的。

上述种种情况,就是人们对检索方法实行变革的根本原因。一方面,人们在原有分类法的理论和技术方法上进行了研究,使分类法本身得到了很大的改进。由单一形式的体系分类法,演变出了一些具有适应性、专指性要求的分面组配分类法和体系与组配相结合的混合式分类法。另一方面,人们又不断探讨新的检索方法来弥补分类法的不足。总之,不论是从分类法的变革上,还是在检索方法的探索上,都对检索方法提出了各种要求。

这些要求是:

(1)要求检索方法,能适应科学技术和图书资料的内容的专门化需要,能对图书资料的检索具有专指性的功能。

(2)要求检索方法,能适应专题研究的需要,能具有集中某一专题及其某一方面图书资料的功能。

（3）要求检索方法，能适应学科之间的交叉渗透的特点，能达到多面反映一种（篇）图书资料的内容主题，具有多元检索即多途径检索的功能。

（4）要求检索方法，具有能及时地、迅速地、较好地反映经常出现的新学科、新事物和新问题的功能。

（5）要求检索方法，具有适应电子计算机等新技术、新设备运用的功能。

第二节　主题法在我国的产生和发展

1. 古代主题法的萌芽和产生

在我国，查阅图书资料的方法长期以来主要是分类方法。由于科学技术的不断发展、图书资料的与日俱增和人们对其特定需要之间的矛盾，促使图书资料的检索理论、方法和技术不断地变革和完善。我国古代主要是以封建正统的儒家经典为中心展开的分类体系，对图书资料"部次甲乙"，以满足人们"即类求书、因书究学"的需要。分类检索方法在图书馆中占绝对的统治地位。而主题法尚处于一种萌芽的状态。这种萌芽主要产生于我国古代的类书之中。类书的编排方法大部分都是按类分编、"以类相从"的分类系统。类书的另一种编排方法，则是依主题法的原则编制的，即按标题编列，"以韵序次"。《四库全书总目提要》中讲："昔颜真卿编《韵海镜源》为以韵隶事之祖。"也就是说采用声韵字顺的排检方法，来编排、组织和查找"事"，即以事物、对象和问题的名称作标题的鼻祖。以后明代的《永乐大典》，则是《韵海镜源》的"以韵隶事"做法的承袭。《韵海镜源》为唐代所编，这说明采用自然语言中的名词术语,直接表征图书资料论及的事物、对象和问题,在唐代就已经产生了。我国目录学家姚名达在他的《中国目录学史》中讲到:"类书为主题目录之扩大……。倘删其繁文,仅存书目,即现代最进步之主题目录也。"

以现在遗存下来的文献看,我国明代永乐年间(公元 1403 – 1408 年)编制的《永乐大典》,就是一部带有主题法性质的检索工具。《永乐大典》人们一直沿袭称曰"类书",其实,它还应兼具有主题法的性质。它比英国 1856 年克里斯塔多罗(Crestadoro)提出的标题字顺标识系统要早 448 年。

《永乐大典》是一部综合性学科内容的图书资料检索工具。当时,明成祖朱棣要作到"凡书契以来,经史子集百家之书,至于天文、地志、阴阳、医卜、僧道、技艺之言,备辑为一书,毋厌浩繁"。先后命翰林侍读解缙、太子少师姚广孝等人纂修。参加者包括翰林院及各部文人学者 2,180 人,加上圈点等文人共达3,000人之多。历时五年,共收图书典籍达 8,000 余种。全书共 22,877 卷、3,700 万字,分为 11,095 册。如此山包海汇、卷帙宏富的巨著,外国人曾誉称为"世界上最大的百科全书"。这充分说明我国人民在创造灿烂文化、科学技术方面的成就,值得我们中华民族引为自豪!但是,由于屡遭兵火、偷盗以及帝国主义者的抢劫掠夺,此书现在连同国内各方面的仿钞本、复制本,共计仅存 730 卷。目前大部分都保存在北京图书馆内。1960 年这部书曾由中华书局整理编排、影印出版过。

现在,为了提高在图书馆学、目录学和情报学方面对它的认识和评价,很有必要从主题法的角度,重新对它进行考查、分析和研究。

(1)《永乐大典》的字顺系统 《永乐大典》的凡例规定:"以《洪武正韵》为纲,用韵以统字,用字以系事"的编排组织方法,完全吻合主题法的字顺系统的原则。

《洪武正韵》是明代洪武八年（即公元 1375 年），由乐韶凤等人奉敕撰辑而成的一部韵书。该书把所有声韵共定为 76 部，其中"平、上、去"声各统 22 部，"入"声统 10 部（见下表）。

部序	平声	上声	去声	入声
一	東	董	送	屋
二	支	紙	寘	
三	齊	薺	霽	
四	魚	語	御	
五	模	姥	暮	
六	皆	解	泰	
七	灰	賄	隊	
八	真	軫	震	質
九	寒	旱	翰	曷
十	删	産	諫	轄
十一	先	銑	霰	屑
十二	蕭	篠	嘯	
十三	爻	巧	效	
十四	歌	哿	箇	
十五	麻	馬	禡	
十六	遮	者	蔗	
十七	陽	養	樣	藥
十八	庚	梗	敬	陌
十九	尤	有	宥	
二十	侵	寢	沁	緝
廿一	覃	感	勘	合
廿二	鹽	琰	豓	葉

《永乐大典》即是按《洪武正韵》的 76 个韵部的顺序，作为自己的字顺系统的依据。表中的"東""支"、"齊"、"魚"、"模"等，均称之为韵部。每一个韵部又分别统帅若干同声、同韵的单字。在单字之后，再列以其尾字（或以首字，或以中间之字）与它同韵部、

且同字形的单词、词组和短句等形式的标题。76 个韵部排列的先后次序是：

首先排平声韵部：一東、二支、……。

其次排上声韵部：一董、二紙、……。

再次排去声韵部：一送、二寘、……。

最后排入声韵部：一屋、二質、……。

这就是《永乐大典》字顺系统的基本组织编排方法。

（2）《永乐大典》的词语标识系统　词语标识系统是主题法的基本要素之一。在《永乐大典》中规定的"用韵以统字，用字以系事"，前半部分是指的字顺系统的基本原则，而后半部分则是指《永乐大典》的标识系统，是用"字"来联系和表达事物的基本原则。我们从《永乐大典》的字顺系统中取作标题的实际情况来看，可以了解到这个"字"，其实包括着单字标题、单字词组标题和短句标题等三种形式。这些"字"、"词"和"短句"就是《永乐大典》用来"系事"，即用来表达图书资料所研究和论及的主题内容的标题。这种以文字语言的形式作为事物标识符号，无疑应该是属于主题法的词语标识系统。它和现代主题法的词语标识系统虽有一定的区别，但本质上是一致的。我国对主题法颇有研究的丁珂先生，也曾讲到"韵检字顺类书中的标识本质上就是标题"。1980 年出版的《汉语主题词表》，其标识系统所收录的主题词，同样也包括着字、词和短句等语言形式。

下面分别介绍《永乐大典》中的三种标题的形式：

①单字标题《永乐大典》的单字标题，在其韵部字顺系统中起着承上启下的关键性的桥梁作用。所谓"承上"，是指它与单字的韵部相联系。所谓"启下"，是据此统率其后与这个单字标题同声、同韵且同字形的全部单词词组和短句标题；也就是说这些单词词组和短句标题中的首字、或尾字、或中间一字与单字标题同声、同韵且同字形。因此，这种单字标题是三种标题形式中不可缺少

13

的首要的基本标题。

在每个单字标题下,首先著录从文字学方面对该字进行研究和论述的图书典籍名称。名称之下,再详注该字的音韵训释、字义解释等内容信息。一书完后又另接一书著录。最后列出该字的各种书法字体。例如,在"蓉"字标题下,列出了《洪武正韵》、《许慎说文》、《吴棫韵补》、《郭守正紫云韵》、《杨桓六书统》、《熊忠韵会举要》、《字溙博义》、《赵谦声音文字通》、《韵会定正字切》等共九种图书资料的名称及扼要的训释等。

②单词词组标题 这种标题收录的范围相当广泛,包括各门学科内容、事物名称、人名、地名、语词、典故等方面的词汇。所谓"用字以系事",即是指这些方面的单词词组标题,以及下文所述的短句标题所反映的主题内容。它们都是图书资料所研究和论述的一些主题对象。凡单词词组和短句中的首字、或尾字、或中间之字与某单字同声、同韵、同字形者均排在一起。

例如:在"蓉"字标题下,就列有41个单词词组标题,共收录189种图书资料。

蓉　　　　　　（收录9种图书资料）

　　木芙蓉　　　（收录154种图书资料）

　　地芙蓉　　　（收录2种图书资料）

　　水芙蓉　　　（收录19种图书资料）

　　碧芙蓉　　　（收录2种图书资料）

　　白芙蓉　　　（收录1种图书资料）

　　黄芙蓉　　　（收录2种图书资料）

　　醉芙蓉　　　（收录6种图书资料）

　　并蒂芙蓉　　（收录3种图书资料）

　　…………………………………………………………

　　…………………………………………………………

③短句标题 这种短句标题,已不属词的范畴了。但对当时

人们也具有一定的治学或说教的检索作用。故也都列为标题,供人们查找。例如:"君子遵道而行。半途而废。吾弗能已矣。"(收录 9 种图书资料)又如:"仲尼曰。君子中庸。小人反中庸。"(收录 11 种图书资料)

(3)《永乐大典》的著录 《永乐大典》的著录与现代目录索引检查工具的著录大致相近。其范围均包括图书资料的内容特征和外表特征。但在著录项目、格式上则又有一定的区别。其著录项目主要有:标题、标题参照、图书资料名称、内容摘录或全录。古代的图书资料的作者,少数与书名紧连在一起,但许多在《永乐大典》的著录中都没有予以反映。

首先《永乐大典》著录的标题,其结构形式主要是单一标题(或称单级标题),但也有一些带有复合标题的性质。例如:在"螽"这个单字标题下,列有"总叙"这单词标题。实际上它的完整概念应该是单字标题与单词标题的组合,即"螽的总叙"或"螽—总叙"。这种做法正是当今主标题与子标题相组合的复合标题的形式。由此可见,单一标题与复合标题这两种标题的基本结构形式,在编制《永乐大典》时就已经为后人开创了先例。

其次,《永乐大典》还具有一种简单的标题参照,即同义词参照。例如:在"地芙蓉"的标题下,著录有反映其同义关系的参照措施,指出"地芙蓉 即木芙蓉"。这种参照和现代的标题参照在作法上稍有不同,这就是在"地芙蓉"、"木芙蓉"这两个同义词标题下,仍然分别列有以各自名称进行研究和论述的图书资料及其内容摘录。在"木芙蓉"标题下列出 154 种图书资料,而在"地芙蓉"标题下,也列出了 2 种图书资料。

此外,《永乐大典》所著录图书资料名称,许多都冠有朝代、作者姓名,有的则进一步列出篇名。

《永乐大典》原书为手抄本,不仅字迹工整秀丽,而且在著录格式上也整齐、划一。所有标题均用大体字加以明显突出。单字标题均顶格书写,其他标题都在相应的单字标题下,退后一个单字标题的位置,而且标题的著录,均占满行。书名和内容摘录或全文抄录,在每格中采用小体字双排书写。图书资料的名称采用红色抄写,以便与内容摘录或全文抄录的文字加以区别。

(4)《永乐大典》与现代标题目录的一些区别

第一、在标题的性质上,《永乐大典》的单字标题,有的是词(单音词),如"湖"、"河"等,其中许多都是单字的性质,如"蓉"等;有的则两者兼具之。另外,它还掺杂着一些句子作标题。因此,字、词、句均可作为其标题。可见其标引语言的范围已大大超出词的界限。这是与现代标题目录一个很重要的区别。现代的标题目录,一般都极力避免"字"和"句"的出现。所采用的词,主要也都是名词,尤其是用单元词法、关键词法和叙词法所组织起来的主题目录。只有当单字同时又具有词的概念性质时,才能作为检索和标引语言列为标题。一般单字很少直接用作标题。对有些特别重要的、作为检索和研究对象的单字,往往都做了一定的变通处理。例如,在《汉语主题词表》中,对"把"字的语法研究,采取了"把"字(语法作用)的标题形式,而不是直接列出"把"字为标题。当然从理论上讲,汉字的单字也是人们长期进行研究的一种对象,尤其是从文字学方面对它们进行研究。而且这方面的图书资料也是不乏常见的。这是社会存在和社会要求的客观现象。显然,当时《永乐大典》把大量单字或句子作为检索标题是无可非议的。

第二、在标题的排列上,《永乐大典》以韵部为字顺原则,以同韵部的单字标题为承上启下的关键。这种韵检字顺系统是符合当时的历史条件的。虽然现代的标题目录和索引工具已经很少采用了,但是值得提出的是,这种作法在当时社会来讲,是具有现实作用的。一是它为当时社会上的文人学士作诗选词提供了方便;二是它部分地起到了集中某些性质相同的主题对象作用。比现代一些单纯的完全割裂主题对象之间联系的字顺系统,也许还具有一定的作用。例如，在"蓉"字这个单字标题下，就把"芙蓉"的各种品种植物名称的研究性标题，均集中在一起了，而且在一定程度上把许多与"芙蓉"相关联的标题也集中于一处了。除集中了"木芙蓉"、"水芙蓉"、"白芙蓉"、"黄芙蓉"等特称标题外，还集中了"芙蓉羹"、"芙蓉城"、"芙蓉馆"、"芙蓉园"等相关内容的标题。因此，对图书资料的检索，在内容上起到了一定的族性作用，它使许多性质相同的主题对象结合为一族。有利于人们研究和查阅，就这一特点来说，也是与现代的标题目录所不同之处。

第三、在内容摘录或全文抄录的著录上，《永乐大典》与现代标题目录不同。现代标题目录，在每条标题款目之下，很少有如此详尽的内容摘录和全文抄录的做法。一般只有经过标引人员加工整理而成的内容提要或文摘，而原封不动地大量摘录原文，甚至整部书、整篇文章抄录，则属类书性质。因此，《永乐大典》在客观上具有这样双重的作用：既可起到查找关于某个标题的图书资料名称的作用；又可起到直接获得有关这个标题的图书资料原文内容的作用，即原文检索（又叫本文检索）的作用。所以《永乐大典》是一部兼具标题目录性质和类书性质的检索工具。

第四、在标题参照上，《永乐大典》则不及现代标题参照那样全面、系统。它仅有简单的同义关系的语义参照，而无反映上下位概念之间的属分关系，以及相关概念之间关系的语义参照。

第五、在标题的规范上，《永乐大典》还没有采取规范化措施，更没有编制规范化的标题表，而是采用自由词的做法。现代标题目录的编制，都是依据规范化的标题表来拟定标题的。这是《永乐大典》不及现代标题目录的一个重要方面。

通过上述对《永乐大典》各方面的分析和论述，可以使我们得到这样的认识：主题法并不是什么外国的独创，而在我国早已就有使用。应该说，《永乐大典》在我国主题法史上，不论从理论上、方法上和技术上都具有不可磨灭的贡献。

由于我国长期受封建王朝的统治,其社会生产、科学技术和文化学术研究等均受到严重的束缚和禁锢。在图书馆学、目录学上,也长期受儒家正统思想的图书分类检索体系的影响,加之字顺的复杂性,因而从客观上就对我国主题法的继续发展,造成了严重的障碍。

2. 近代主题法的发展

1840 年以后,随着西方资产阶级分类法的传入,我国学者开始突破了以封建儒家思想为正统的分类法体系的牢笼,产生了许多反映当时社会的政治、经济、科学和文化发展的新的分类法体系。主题法在我国也开始重新得到发展和提高。在 1920—1930 年出版的《农业论文索引》,就采用了主题法,并开始正式编制我国的主题法词表。1934 年开始诞生了我国第一部主题法词表——沈祖荣的《标题总录》。此书是以《美国国会图书馆标题表》为蓝本,结合中文书籍的需要而编成的,书分上、下两册。上册以英文为主,附列中文,于 1937 年在武昌文华图书馆专科学校出版,共 700 余页;下册以中文为主,附列英文,但由于"七七事变"的发生而未能正式出版。与此同时,1937 年吕绍虞也编制了《中文标题总录》。

1950 年程长源编著出版了《中文图书标题法》。但当时实际采用和建立中文主题目录的单位仍然很少。有些单位都直接采用《美国国会图书馆标题表》、《美国医学科学院图书馆医学主题表》等建立西文图书的主题目录。但也只是为数不多的公共图书馆、大学图书馆和医学系统图书馆等单位使用。例如,北京图书馆、北京大学图书馆、中国医学科学院图书馆、广州中山医学院图书馆等。至六十年代一些情报单位也开始采用主题法建立主题目录、主题索引检索工具。例如:1962 年国防科委情报所开始采用美国《NASA 叙词表》建立外文主题目录;1963—1964 年,第三机械工业部 628 所开始组织力量编制专业性的《航空科技资料主题表》，供本系统建立中文主题目录之用。在检索刊物方面也有一些单位采用主题法编制主题索引。例如：中国医学科学院图书馆自 1959 年开始编制《医学文摘》的主题索引；中国科技情报所重庆分所 1965 年为《化学文摘》、《农业文摘》、《物理文摘》、《冶金文摘》、《微生物学文摘》编制了主题索引；中国科技情报所 1966 年开始为 1965 年创刊的《科学技术译文通报》编制了年度和多年度的累积本主题索引。同时该所为 27 种文摘刊物编制了年度累积主题索引。七十年代以后，检索刊物编制主题索引的作法愈来愈普遍了。

随后由于科学技术、科学研究和图书资料的日益发展，我国主题法事业开始有了长足的进步，进入了一个新的历史时期。在短短几年内，就编制出了不少专业性的和综合性的词表。例如，《原子能科学技术汉语主题表》、《电子技术汉语主题表》、《常规武器专业主题词表》、《国防科学技术主题词典》、《汉语主题词表》等。这些词表许多都已开始用于组织各单位、各专业的主题目录、主题索引。有的则开始用于计算机检索的标引试验。1979 年 12 月国家标准总局宣布成立了"全国文献工作标准化技术委员会词表、分类法及标引工作第五分技术委员会"的组织。开始研究主题法、分类法及标引方法的标准化问题。1980 年 12 月，全国文献工作标准化技术委员会、中国图书馆学会、中国科学技术情报学会联名，召开了"全国主题法、分类法检索体系标准化会议"，提出了《关于选用〈中图法〉作为国家试用标准和试用〈汉语主题词表〉的建议》；1982 年 12 月又召开了《文献主题标引规则》的讨论会。总之，主题法的研究和推广应用已在蓬勃开展。

第三节　主题法在国外的产生和发展

主题法在国外也有相当长久的历史。据英国情报学专家维克里(B. Vikery)认为:亚洲古代巴比伦王国(Babylo－nia)所属地区的索米尔(Sumer),曾发现了一种类似现代组配标题索引法的带有"倒置式排列结构"的泥版。每块"索米尔泥版"上均列有一种疾病的名称,列载具有这种病的具体症状。如果和某个病人的症状相类似,就先把这些症状的相应的泥版检索出来,然后注意比较所检出的每一块泥版上重复出现过的某些疾病名称,那么这种不断出现在每一块泥版上的疾病名称,就可能是该病人所患的疾病。

主题法的真正形成和发展,主要在十九世纪后半期。这个时期,科学技术和文化事业得到了很大的发展,图书资料的数量不断增加。人们对图书资料的查找和研究,愈来愈感到传统的分类法检索方法已不能完全满足需要。读者除了对分类的族性检索要求外,还产生了对具体主题的特性检索要求。主题法即是在这样的要求下应运而生。

1. 早期类型的主题法

主题法的早期类型是传统的标题法。它是以"标题"的语言形式表达图书资料的内容主题,并将其取作著录标目,按标题字顺排列的一种组织检索工具的方法。这一方法开始于 1856 年英国克里斯塔多罗(Crestadoro, Andrea)的《图书馆的编目技术》(Art of making catalogues of library)一书,而正式形成于美国。克里斯塔多罗明确提出,字顺标识系统应取自文献的篇名(或书名)中所用的"词",作为表达内容主题的标题。最初有人称之为"主要词标题登录",(Catchword title entry)。当时英国曼彻斯特图书馆的目录就使用过这种标识系统。这是早期标题目录的款目标目起源于篇名（书名）的原始作法。这种做法虽不完善和科学，但却起到了标题法的开创作用。

1854 年美国波士顿梅堪特图书馆编印了字典式目录。到 1876 年美国克特(C. A. Cutter)发表了他的"字典式目录条例"（Rules for a dictionary catalogue)，正式创立了字典式目录的组织形式。所谓字典式目录，就是把主题标目和著者标目、书名（篇名）标目三者的字顺结合起来，统一排列成一套字顺系统的目录。这种目录兼具着从标题、著者和书名三种途径的检索职能。它的产生和运用，是图书资料检索工作中的一项创举。自此，国外一般图书馆的字典式目录，逐渐占据重要的地位。除此之外，克特还把标题法的理论、方法和技术向前推进了一步。他在条例中规定："图书应在最能表达其主题的标题下著录，而不管此项字面是否出现于书名之中。"这就是说，标题的确定原则，应该取决于图书资料的主题内容，不能只凭书名（篇名）拟定标题。此外，他还提出了标题的规范化及参见注释的规定。这是标题法为了防止图书资料的分散、漏检和加强标题之间的相互联系的重要措施。1895 年美国出版了第一部标题表——《美国图书馆协会标题表》；1911 年美国又诞生了《美国国会图书馆标题表》，从此标题法逐渐普及起来。

标题法的应用和发展，引起了人们对分类法的改进。与克特同时，美国图书馆分类法专家杜威第一次采用标题法的原则，编制出"DC"分类法的相关主题索引。这是把分类法与主题法相结合的一个重大措施。

早期的标题法，为了达到集中同一主题图书资料，在复合标题（即多级标题）的副标题性质上，曾同时采用了主标题的特称概念和方面概念作副标题的原则，例如：飞机—直升飞机；飞机—起落架。直升飞机是飞机的特称概念，起落架是飞机的方面概念，当时比较著名的英国博物院图书馆、美国国会图书馆的标题目录,以及1884 年创刊的《工程索引》的"标题索引"部分,都曾采用过这种以事物的特称和方面作副标题的原则。但是,这种做法是很不合逻辑的。因为飞机与直升飞机之间是一种从属的包含关系,它们之间不是一种概念交叉或限定的关系,不能构成组配。因此,在以后的标题法中,这种以事物的特称作副标题的现象,逐渐被淘汰,而采用倒装标题的形式来集中同一主题的图书资料;或者采用正装标题的形式,把飞机和直升飞机之间的从属包含关系,以"参见"的办法加以联系。到二十世纪初,凯塞(J. Kaiser)则进一步明确提出了关于副标题的确定原则,即"特称—方面"(事物—过程)的公式。目前大多都摒弃了"事物—特称"的副标题形式。但是,在现在的某些主题目录、主题索引中,这种标题形式仍时有出现。到 1959 年,麦特卡尔费(J. W. Metcalfe)在《图书馆文献主题的分类与标引》中,较系统地全面地总结了标题法的理论、方法和技术。

2. 早期的后组式主题法

标题法的产生和发展,开创了图书资料检索方法的新天地。尤其是它们的专指性、集中性、直观性和适应性的特点,给图书资料的检索工作带来了巨大的好处。但是它仍然存在着许多缺点,不像传统标题法那样属于一种将检索标识事先组配的主题法,它的标题固定、一一列举,而且还不能解决多元标引和多元检索的问题。对于适应机械设备、电子设备来说,也还只能算是一种用于组织手工检索工具的方法。因此,人们又继续探索出了一种新的主题法——单元词法。

单元词法是一种早期的后组式主题法,又称单元词组配索引法。它包括比孔式组配索引法和比号式组配索引法两种形式。比孔式组配索引法产生稍早一些,也曾适用于一些简单的机械检索系统,但是实际的应用价值并不广泛。这种方法主要是通过"比孔卡片"(Peek – a – boo – Card),或称"可叠卡片"来体现的。1939 年英国帝国化学公司的 W. E. 巴顿(Batten),为了解决能迅速查找一篇既涉及主题甲,又涉及主题乙的化学专利文献的课题,创造了"比孔卡片"的组配检索方法。1951—1952 年 M. 陶布(Taube)和 C. D. 古尔(Gull)等人,正式提出了单元词组配索引法。他认为:组配索引法"是对情报项目进行分析的方法,从而使检索执行所贮存的代码(指单元词这种检索标识)进行逻辑积、逻辑和与逻辑差的演算。"陶布创造和设计了一种具有比号组配和反记著录特点的单元词卡片。这种卡片只著录两项内容。一是以每一个单元词作为著录标目,二是在单元词标目下著录论及这一单元词内容的文献号码。检索时根据检索课题,分析出构成这个课题的各个单元词因素,然后从单元词字顺目录中找出这些单元词卡片。用比号的办法,找出这些单元词卡片上号码相同者,即为所要查找的文献号码。再通过按号码排列的文献目录,找到自己所需要的那些文献的著录项目的详细内容。这种方法,在美国海军兵器中心(NOTS)、Linde 航空产品实验室、美国专利局和杜邦公司等单位,都曾进行过较长时间的试验和应用。

单元词法的产生和发展、为图书情报部门采用机械设备和电子计算机进行自动化检索开创了发展的方向。早在 1954 年美国海军兵器中心,首先将 IBM701 型计算机应用于图书资料的检索工作。采用单元词法,输出文献号码。1958 年改用 IBM704 型计算机,将输出结果改变为输出篇名、著者、文摘、文献号等著录项目。这个时期一些部门还相继把单元词组配索引法应用在机械检索系统、光电检索系统。

陶布最初提出单元词法的设想,是要舍弃传统标题法的思想体系的一些方面,如(1)单元词来自文献本身的自由词,不要编制词表;(2)不要语义参照系统;(3)不要单元词组配的语法关系;

(4)不要使用多元词。但是经过以后人们长时期的实践,上述设想基本上都被一一推翻。实际上单元词表出现了,如:《美国文献公司单元词表》;参照系统、单元词与多元词的并用又都回到了传统标题法的作法上;在单元词的组配上也产生了控制语法关系的职能符号和联系符号。尽管如此,单元词法的基本原理——比号组配和反记著录均未改变,在标引和检索上的适应性、多元性(多途径)的特点,较比标题法更为先进。以后单元词法经过多方面的改进,逐渐为现代叙词组配索引法——即叙词法所代替。

3. 新型的主题法

几乎与单元词法出现的同时期,一种新型的主题法——叙词法也诞生了。1947—1950 年期间,美国穆尔斯(C. N. Mooers)创造了叙词(descriptor)、叙词法(descriptor method)、情报检索(Information retrieval)、情报检索系统(Information retrieval system)等专门术语。叙词、叙词法是现代高级情报检索语言和检索方法。

实质上,叙词法是在这样几个重要的基础上产生、发展和完善的。

(1)叙词法 继承和发展了分类法的合理思想,突破了分类法的等级限制的束缚,尤其是组配分类法,对穆尔斯的影响很大。他把叙词当着是表达观念(概念)的一种标识符号,认为"叙词就是杜威、布利斯和阮冈纳赞所想象的那种观念的分类标识"。但在检索时,叙词与分类法的类号类目不同,它是十分自由和独立的观念成分,"叙词标识能以任何组合或次序来规定一次检索"。在叙词表的体系结构上,为了弥补字顺割裂的欠缺,它又吸收了分类法的等级性特点,而编制了分类索引、词族索引(或词族图)等作为辅助性措施。

(2)叙词法 继承和发展了标题法、单元词法和关键词法的合理思想。叙词法一方面吸收了标题法所采用的复合性质的多元词(即词组)、参照系统、编制规范化的词表等作法;另一方面又吸收了单元词法那种具有很大适应性、多元性的后组式的组配方法。同时也吸收了关键词的某些特点,编制了叙词的轮排索引。有人把叙词也看作是一种规范化了的关键词。叙词的概念性、语义性更强,它重在拆义,更强调概念组配,而单元词重在拆词。由叙词法编制的叙词表,对每个叙词都必须进行严格的规范化处理,确保每个叙词都具有单义性,使词与概念一一对应。其多元词的选用,主要决定于在图书资料和专业研究中可能出现的、并具有一定频率的专指性要求。一般来说叙词表中的多元词成分占有很大的比重,普遍都在50%以上。多元词的使用,在客观上可以减少组配的手续和误差,提高文献检索的查准率。在参照系统上,叙词法的语义系统已发展得更为详细和完备。由标题法的简单的"见"、"参见"发展到"用"、"代"、"分"、"属"、"族"、"参"和"组代"等语义系统。

总之,叙词法的产生与最后发展,可说是多种图书资料检索方法——分类法、标题法、单元词法和关键词法相结合的产物。尤其是单元词法,它是叙词法发展的基础。在图书资料的检索工作中,许多使用单元词法的图书情报部门,都直接在该法的基础上进行修改和变革,最后都形成了叙词的检索方法。比如,美国武装部队技术情报局"ASTIA",由使用单元词法,逐步改造,直至形成和使用叙词法编制叙词表(Thesaurus of ASTIA Descriptor)。现在,叙词法已经成为一种世界性的现代最新型的图书资料检索方法了。

4. 快捷简便的主题法

在单元词法和叙词法的发展过程中,由于科学技术的飞速发展和图书资料的迅猛增长,人们对图书资料检索的时间性要求提高了。要求加快情报传播和报导的速度,以便使科研工作者尽早地掌握和了解最新的科学技术发展的动态及第一手的图书资料,因而诞生了关键词法及其关键词索引。

关键词法是一种快捷简便,起临时性报导作用的检索方法。其目的在于向人们提供一种从主题角度,快速编制关键词索引、快速检索最新图书资料的途径。关键词法在国外主要用于计算机编制各种关键词索引——单纯关键词索引、题内关键词索引、题外关键词索引等,以大大缩短检索工具的出版时间。

关键词法的主要特点是:词语不必规范,不需要查阅标准词表;一般只需编制一个为数不多的,如冠词、助词、连词、介词以及一些通用概念词(作用、方法、理论)等的"非关键词表"即可。用关键词法编制索引,方法简便、速度快捷,而且多元检索的性能较强。但是,由于编制比较粗糙,词语不规范,因而其查全、查准的效率也相对降低。关键词索引一般都作为检索刊物的临时性索引,要等到年度或多年度的累积主题索引编制后才被取代。

关于标题法、单元词法、关键词法和叙词法的详细内容,将另有专题介绍,在此不再赘述。

第三章　主题法的基本要素、类型、性质和特点

　　主题法这种检索方法,总的归纳起来具有四个基本要素、四种基本类型、五条基本性质和五大基本特点。这是我们了解和掌握主题法的一些主要内容。

第一节　主题法的基本要素

　　所谓主题法,就是直接以自然语言中代表事物、问题和现象的名词术语,作为表征图书资料内容主题的检索标识,并依据这些检索标识的语义和字顺,编制和组织图书资料查询工具的一种检索方法。主题法是相对于分类法而言,以各种代表图书资料内容的主题词语的字顺为基本序列的检索方法。

1. 符号要素——词语标识系统

　　词语标识系统是主题法的第一个要素。任何一种检索方法,都必须具备一种能够用来代表图书资料内容主题的符号,作为检索标识。检索标识是代表一定主题概念的一种标记符号。也就是将图书资料的线索纳入检索工具,或者是从检索工具中检出图书资料线索的一些标识符号。这些标识符号,称之为检索标识。它

是编排、组织图书资料检索工具的依据,也是从检索工具中查出所需图书资料的依据。

检索标识一般分为两种类型:一种是由号码(即采用数字)、字母或二者相结合的符号所组成的系统,称为号码标识系统。例如:分类法就是使用号码标识系统,以此作为代表分类法类目概念的检索标识。另一种是采用自然语言中的名词术语,作为描述和表达图书资料内容主题的检索标识。这种标识称之词语标识系统。例如:主题法就正是使用这种检索标识。词语标识系统主要包括:标题词标识、单元词标识、关键词标识、叙词标识。一般来讲,用自然语言中的词,直接代表图书资料内容主题的各种检索方法,无论是规范的,还是没有规范的,都属于主题法的范畴。

众所周知,任何事物或概念,都有一个"名"。这些"名"在自然语言中都具体是一些名词术语。直接以这些名词术语,作为标引和检索图书资料,编排和组织检索工具,可说是最直接了当、最方便、也最符合人们查找习惯的一种检索方法。因此,主题法广为世界各国图书馆、情报部门所运用,成为一种主要的检索方法。

检索方法所采用的各种检索标识,即标识符号,又形成为各种检索语言。检索语言(或标引语言),是指一套具体用于检索(描述和表达提问内容的检索需要)与标引(描述和表达图书资料内容主题的标引需要)图书资料的检索标识。也就是说,不同的检索标识,则形成不同的检索语言(参见下表)。

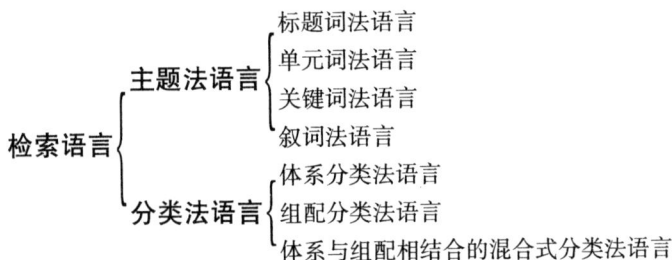

检索语言
- 主题法语言
  - 标题词法语言
  - 单元词法语言
  - 关键词法语言
  - 叙词法语言
- 分类法语言
  - 体系分类法语言
  - 组配分类法语言
  - 体系与组配相结合的混合式分类法语言

主题法语言使用词语标识,是一种选自自然语言的直接性的检索语言。

分类法语言使用号码标识,是一种人为的间接性的检索语言。

表中主题法语言中的各种类型的检索语言,分别是标题词、单元词、关键词和叙词。这些词都是某种不同性质的具体化的检索标识。主题法就是采用这些词作为检索标识,标引和检索图书资料、编排和组织主题检索工具的。

此外,还可把检索语言称为标引语言。标引语言与检索语言都是对检索标识的两种不同角度的称呼。检索标识用作标引(表达描述)图书资料的依据时,称为标引语言;用作检索(表达描述提问需求)图书资料的依据时,则称之为检索语言。

同样,作为检索语言或标引语言的个体单位——概念单位的标题词、单元词、关键词和叙词等,都可以从标引工作和检索工作的角度,把它们称之为标引词和检索词。

如果从表征图书资料内容主题的作用来讲,这些词都可称之为主题词。而这是从它们都是为了表征主题对象这个共性特征出发的称呼。目前我国图书情报界,对主题法中的一些名词术语用法不一。例如:有的把标题法与主题法视为同一概念;有的把主题词、叙词、主题等混为一谈,也有的把主题表(即标题表)、叙词表划为等号,诸此种种似有加以统一规范和正名的必要。

总之,无论是标题词、单元词、关键词,还是叙词,或者是主题词,均是主题法的一些词语标识,也是主题法的一种基本要素。当然,也并不是所有具有这种词语标识的检索工具,就一定是属于主题法的检索工具范畴。比如词典,它所列示的名词术语虽然也是一种词语标识,但它不是用来表达图书资料内容主题,也不是用来检索图书资料的检索工具,而是用来查找名词术语的词义或概念的一种解释性的检索工具。主题词表虽然也可称为主题词典、检索词典、检索词库,但它却是一种专门用来描述和表达图书资料主题概念,并从概念查词的一种工具。一个概念由一个词,即一个标识符号表达;一个词只能表达一个概念。而一般的词典,如哲学词典等,则是从词查找概念,一个词则可能代表几个概念或几种解释。虽然这些词也是一种标识符号,但却不是用来标引和检索图书资料的工具,因而不属于主题法的检索工具的范畴。

2. 编排要素——字顺系统

字顺系统是主题法又一个基本要素,是主题法的基本编排形式。

字顺系统,是依据主题词的每个汉字或是外文字母的形音特点,排列其先后次序的一种系统。我国的汉字字顺系统,在汉代就已经有了非常完整的形式。汉字的字顺系统最初实际上就是一种查找汉字的排检方法,以后才逐渐用来编排和组织图书资料检索工具。它也作为主题法编排组织文献检索工具的一种基本的编排形式。

汉字的字顺系统,即汉字的排检方法,是多种多样的,综合起来主要有两大类型:

第一是音序法,即以汉字的音序作为编排次序的排检方法。主要有声韵法、注音字母法和拼音字母法等。第二是形序法,即以汉字字形的特征出发来编列汉字次序的排检方法。这种方法主要有部首法、笔划笔形法和四角号码法等。

主题法就是以上述各种排检方法的字顺系统作为编排主题词及其图书资料主题款目卡片的基本组织形式。其中主要为推行汉语拼音方法。但是,并不是所有采用这些字顺系统作排检方法的工具,就一定都属主题法范畴。譬如,书名目录、著者目录就不属主题法范畴。然而字顺系统的排检方法,为主题法的产生创造了条件,是主题法的基本要素之一。

3. 语义要素——参照系统

参照系统是主题法揭示主题词概念之间在语义上的相互关系的一种语义脉络。这种语义脉络是通过"用（Y）、代（D）、分（F）、属（S）、族（Z）、参（C）"或"见（See）、见自（See from）、参见（See also）、参见自（See also from）"等参照手段,把事物与事物、概念与概念之间的各种内在联系反映出来。这是主题法为了使读者开阔视野、扩大检索途径和加强族性检索作用的一种十分重要的措施,也是主题法的基本要素之一。

4. 工具要素——主题检索工具

主题检索工具,这是指依据主题法原则编制起来的各种检索工具,如主题目录、主题索引和计算机的主题词倒排资料档。这些都是主题法实践的直接体现,也是读者从主题角度查找图书资料的工具。主题法的词语标识系统、字顺系统和参照系统等各项要素,都直接应用于主题目录、主题索引和倒排资料档的编制过程。

上述四点是主题法的基本要素。对我们认识和掌握主题法具有实际的意义。主题法的各种性质、类型和特点,都是和这四个要素密切相关的。

第二节 主题法的类型

随着科学的发展和图书情报检索工作的实践总结,主题法的理论和方法不断得到提高。在发展过程中,主题法产生了如下几种不同的类型。

1. 从图书资料主题的检索标识的组配程序分

有先组式主题法和后组式主题法两种。

(1)先组式主题法　这是指表达图书资料主题的一组检索标识(即标题),在查找图书资料之前就已经组配好的主题法。在编表时就预先把全部检索标识在词表中加以固定组配好的主题法,称为先组式定组型主题法。用这种方法编制的表,称为先组式定组型主题表,如《美国国会图书馆标题表》。如果检索标识(即标题)在表中不预先加以组配固定,而是在工作人员标引图书资料时再加以组配固定的主题法,则称为先组式散组型主题法。依据这种方法编制的表,叫做先组式散组型主题表,如《美国国立医学图书馆医学主题表》、《苏联国家中央医学科学图书馆主题表》等。

(2)后组式主题法　这是指表达图书资料主题的一组检索标识(即标题),在具体检索(查找)图书资料时才进行组配的主题法。依据这种方法编制的表,称为后组式的主题词表,如《汉语主题词表》。

一般来说,先组式主题法及其先组式的主题表,主要用于编制和组织手工检索用的卡片式和书本式的主题目录、主题索引工具。后组式主题法及其主题词表,主要用于电子计算机检索,编制和组织主题词倒排资料档。

2. 从词语的类型分

主要有标题法、单元词法、关键词法和叙词法等四种类型。除关键词法没有词表外(只编有非关键词表),根据这些不同类型的方法,分别编制出标题表、单元词表、叙词表等供标引和检索用的工具。这几种类型的主题法拟在后面详述。

3. 从词语的规范角度分

可归纳为:规范主题法和自由主题法两种类型。

(1)规范主题法(或叫可控主题法) 这是一种对同义词、多义词、同形异义词有规范,对词量有控制,对词间语义关系有显示的主题法。例如标题法、单元词法和叙词法就是这种类型。

(2)自由主题法(或叫非控主题法) 这是一种对同义词、多义词、同形异义词没有规范,对词量没有控制,对词间语义关系也没有显示的主题法。例如,关键词法就是这种类型。

4. 从广义的角度分

即从文献检索工具的编制体系和结构上,把主题法区分为:系统主题法(指分类法)和字顺主题法(指标题法、单元词法、关键词法和叙词法)两大类型。

目前人们已习惯于把前一种直接称之为分类法,后一种称之为主题法。现在我们所介绍的主要是指后一种主题法。

上述各种类型,最基本、最实质的类型就是标题法、单元词法、关键词法和叙词法四种。从广义的主题法角度,可以总的归纳为如下表。

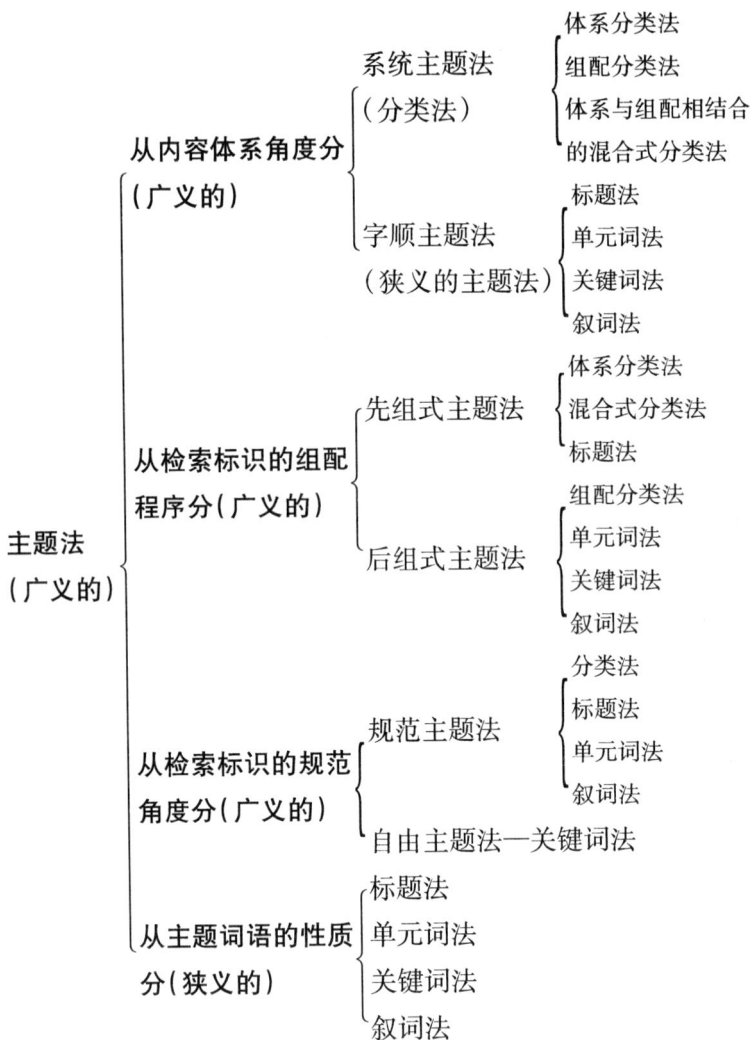

```
                                                      ┌ 体系分类法
                                         系统主题法    │ 组配分类法
                                        （分类法）    │ 体系与组配相结合
                         从内容体系角度分              └ 的混合式分类法
                         （广义的）                   ┌ 标题法
                                         字顺主题法    │ 单元词法
                                        （狭义的主题法）│ 关键词法
                                                      └ 叙词法
                                                      ┌ 体系分类法
                                         先组式主题法  │ 混合式分类法
                                                      └ 标题法
                         从检索标识的组配              ┌ 组配分类法
                         程序分（广义的）              │ 单元词法
   主题法                                 后组式主题法  │ 关键词法
  （广义的）                                          └ 叙词法
                                                      ┌ 分类法
                                         规范主题法    │ 标题法
                                                      │ 单元词法
                         从检索标识的规范              └ 叙词法
                         角度分（广义的）
                                         自由主题法—关键词法
                                         ┌ 标题法
                         从主题词语的性质 │ 单元词法
                         分（狭义的）     │ 关键词法
                                         └ 叙词法
```

第三节　主题法的性质

主题法作为图书资料的一种检索方法,是与它本身所具有的性质分不开的。主题法的性质综合起来主要有以下几点:

1.概念化性质

主题法是建立在概念的基础上的。从整个检索标识的领域来说,概念是至关紧要的问题。任何一种检索标识,无论是分类法的检索标识,或是主题法的检索标识(包括标题词、单元词、关键词、叙词),都是标引和检索图书资料的一种概念化的标识。也即指它们都是用来代表某些特定概念的标记形式。

主题法的检索标识,比分类法的检索标识在表达概念的功能上更直接、更完善。主题法的每一个主题词(包括标题词、单元词、关键词、叙词)都是首先把它们看作是各学科专业领域中有检索意义的概念。这些概念,都能成为一个被检索的主题,或者是构成被检索主题的一个组配的概念单元,即构成主题的一个主题因素。这就是说,凡具检索意义或者是在表达描述主题时具有较强组配作用的概念,一般都可能被编表人员选入主题词表(或标题表)。

由此可见,主题词表实质上是一种汇集具有检索意义的概念表。它也是一种概念化的,用于查找和描述图书资料中各种主题概念的词汇表。这些表达主题的概念都是用经过规范加工过的词语标识来代表的。虽然人们接触到的是词,但实际是一个个概念。因此概念化的性质是主题法的一个重要性质。

众所周知,任何事物无不具有一定的概念。所谓概念是反映事物对象一般的、本质的特征。语言是概念的表达形式,概念是语言的思想内容,又是客观事物的反映。任何一种检索语言,都是在这种"事物、概念和语言(符号)"三者辩证关系的理论基础上建立起来的。

概念有内涵和外延之分。内涵是指概念所反映的事物的一些本质特征,即客观上存在的本质属性。例如"语言"这个概念的本质属性就是"人们社会交际的工具"。外延是指概念所反映的那一类事物,即客观上存在的具体对象。例如"语言"这个概念的外延,也就是指的诸如:汉语、英语、法语、俄语等具体的语言对象。

从概念的内涵、外延、结构以及概念间的关系来分析,主题词表收录的主题概念具有各种各样的类型。主要有以下几种:

(1)单独概念 反映某一特定事物的概念,在外延上只包括一个对象。如:中国、苏联、巴西、鲁迅、周恩来、巴黎公社等。

(2)普遍概念 反映一类事物的概念,在外延上包括许多对象的集合。如:民族、国家、地区、机床、科学家等。

(3)具体概念 反映具体存在的事物本身的概念。如:房屋、桌子、动物、商品等。

(4)抽象概念 反映事物属性的概念。如:人民性、思想性、强度、稳定性、光洁度等。

(5)属概念(上位概念)指两个概念之间,其中一个概念的外延被另一个概念的外延所包含。后一概念,即外延大的概念称为属概念,又可称上位概念。如:经济和工业经济,经济是属概念,也就是上位概念。

(6)种概念(下位概念)指两个概念之间,其中一个概念的外延被另一个概念的外延所包含。这前一个概念,即外延小的概念称为种概念,又可称下位概念、分概念。如:经济与工业经济,工业经济是种概念,也就是下位概念。

(7)同一概念 指在外延上完全重合,并具有同义关系的两个概念。也就是说这两个概念反映的是同一个对象。如:土豆和马铃薯、自行车和脚踏车、孙中山和孙逸仙等。

（8）相关概念　指除了属、种概念和同一概念以外的,具有某种密切关系的两个概念。如:放射性同位素与放射性物质、秦末农民起义与陈胜、吴广等。

（9）单一概念　表达一个完整的意思,并在结构上不宜再分割的概念。如:山、水、尼泊尔、印度、火车等。

（10）复合概念　在结构上可以分解为两个以上的单一概念的概念。如:中国人民、农民起义、工业经济统计等。

（11）并列概念　指同一属概念下的各个种概念,称为并列概念。如:学生这个属概念下的大学生、中学生、小学生等均为并列概念。

上述各种类型的概念,对主题法的选词、组配、语义参照等方面都具有十分密切的联系。

2. 规范化性质

主题法的检索标识与概念之间具有紧密的相互依存的关系。但是,这种相互依存的关系,还必须从图书资料标引和检索的需要出发,用一一对应的规则加以约束。也就是说,每一个主题词只能表达一个概念,而每一个概念也同样只能用一个主题词来代表。同时,每一个主题词和概念也只能代表相对应的事物。这就是主题词的单义性规则。这正是主题法语言（主要指规范化语言）区别于自然语言的关键所在。

由于主题法所采用的主题词是直接选自自然语言,而在自然语言中却普遍存在着各种同义词、多义词、同形异义词以及词义不清的现象。它们在"概念、语言和事物"三者的关系上,并不都符合一一对应的单义性规则。因为自然语言是一种人为性的符号,不同地域、不同观点和不同习惯的人,对事物的认识是不一样的。如对自行车,有人认为是一种运动的工具,也有人认为是一种载人的交通工具;对同一个概念,也可以用不同的词汇来表达,如自行车、脚踏车、单车都是用来表达同一个概念、同一个事物对象的。对同一词汇,也可能用来表达不同范围的概念,如"疲劳"一词,有时是表达生理上的疲劳概念,也有时则是指材料上的疲劳概念。自然语言中的这些现象,严重地影响着对图书资料的标引和检索的效果,造成许多误标、误检和漏标、漏检的不良后果,降低对图书资料的查准率和查全率。所以,对从自然语言中选取的词,必须进行规范化统一,使其符合词和概念、事物对象一一对应的单义性的要求。使图书资料的作者、标引者和检索者在用词上能协调统一。从而克服和消除上述标引和检索上的缺陷。一般来说,主题法的检索语言都应经过规范化加工处理,形成标准的可控的语言。主题法的标题词、单元词、叙词都是经过严格规范化处理的标准词汇。关键词虽然不严格进行规范化处理,但是,它也并非完全没有一点规范。它是从相反的角度编制一些非关键词表,相对于关键词来说,非关键词是可控的。它规定了哪些词不属关键词的范围,不能用于标引和检索。有的采用关键词进行标引和检索时,还编制有关关键词的缩写名称与全称的对照表等。从这些方面来讲,实质上也可算作是一种部分的规范化处理。总之,规范化是主题法的一个重要的性质。

主题法语言,对词的规范化主要有以下几个方面:

(1)同义规范 指对自然语言中的同义词、准同义词的规范。所谓同义词,是指几个含义相同或相近的词。这种词往往表现为如下几个方面:

①真同义词 如,剪接、蒙太奇。

②近义词 如,癌、肿瘤。

③繁称词和简称词 如,国防工业办公厅、国防工办。

④不同译名 如,激光、莱塞。

⑤学名和俗名 如,马铃薯、土豆。

上述所列词例均属同义词的范围。由于人们认识事物、使用语言的角度和习惯的不同,因而对同一事物对象采取了不同的名称。对这样的一些词,主题法要求进行规范化处理,即确定一个比较通用和适当的名称作为标准用语,并以此作为正式主题词,而用于图书资料的标引和检索工作中。其他词则作非正式主题词。

另外还有一种是准同义词的规范。所谓准同义词,是指不是真正在含义上相同或相近的词。而是从情报检索和专业研究的实际需要出发,宜于把它们按同义词处理的那些具有类属关系、重叠关系和相关关系的词所起的名称。

例一:三性(体操)与独创性(体操)、惊险性(体操)、熟练性(体操)。

例二:逻辑与逻辑学。

例三:光洁度与粗糙度。

上述例一是把下位概念归到上位概念,也就是从读者对图书资料的检索需要考虑,把"独创性(体操)"、"惊险性(体操)"、"熟练性(体操)"这些过于专指的概念,人为地把它们当作"三性(体操)"的同义词处理。例二是一种对概念上具有重叠关系的词合并归纳。例三是一种反映概念上具有某种相关关系的词,由于它们在图书资料的论述和研究中密切不可分割的缘故而把它们当作同义词处理归并。总的原则是有利于研究和检索。这种规范在客观上也起到了控制词量的作用。

(2)词义规范 这是对自然语言中的多义词、同形异义词等的规范。这种规范主要是对词的概念范围、含义和观点上的规范处理。在处理方法上表现为下列三个方面:

①范围注释 所谓范围注释,是用于说明具有同一字面形式的、并在概念上具有完全不同含义的同形异义词的规范,即从不同的角度和范围对词的含义进行控制和规定。这种词在不同的场合和领域往往代表不同的概念。譬如:"六书"一词,在汉字造字法

上是指象形、假借、会意、形声、指事和转注等六种造字方法;而在汉字书法上,则是指大篆、小篆、隶书、行书、楷书和草书等六种书法。这种范围注释,要求对这些同形异义词,在其词尾括号中加上适当的限定词,限定该词的概念范围。括号中的限定词也同时作为该主题词的组成部分。

例如:六书(汉字造字法);六书(汉字书法)。

范围注释中的限定词的确定,应该以最能确切限定该词的实际范围为准绳。一般可以从时间、地域、学科事物和特征等任何一个方面加以控制。

例如:法(法律)

法(宗教)

黑旗军(广西)

黑旗军(山东)

红巾军(北宋末年)

红巾军(元末)

后　蜀(405—414)

后　蜀(925—965)

疲劳(生理)

疲劳(材料)

②含义注释　所谓含义注释,是指对自然语言中的多义词和某些词义不清的词,做一种含义上的或用法上的简括说明。譬如:"精神"一词,在图书资料中就存在五种含义:哲学名词;指精力、体气;指神采、韵味;指事情的要旨(即精神实质);指心理。此外,还有一些在概念上含混不清的词。譬如:"新生"一词,可能是指新同学,也可能是指改造自新从而获得了新的生命。又如:"计算机分析"一词,可能是指用计算机进行分析,也可能是指对计算机进行分析。

对上述这些词的规范处理,方法不一。一般情况下都采取加含义注释的办法,用简短的语言对这些词进行含义上的说明。

例如:轻车

注:西汉,驾轻车作战的士兵

三大政策

注:孙中山联俄、联共、扶助农工的政策

也有的仍采用上面加限定词的办法加以控制词义、确定词的使用范围。

例如:键盘(乐器)

白方(棋类运动)

还有的则可能什么都不加,而是靠把它们置于一定的范畴之内,通过范畴分类号而对词义加以限定,或者是靠词间语义关系的参照系统加以约束。如:"经济"一词在辞海中虽有多种含义,但在《汉语主题词表》中是靠范畴分类号"05A"把它限定控制在指国民经济领域的概念范围。又如:"价值"一词,在《汉语主题词表》中有两种用法,在政治经济学领域直接选用"价值"作主题词,它是依靠参照系统的"D 代"、"S 属"、"C 参"而加以限定的。另外是在哲学领域,则是采用加限定词的办法加以限定使用范围的,即以"价值(哲学)"作主题词。

③观点注释 某些主题词为了从政治观点上明确其含义,在必要时应加观点注释。所谓"必要时",意思是说,不一定所有的专用术语都加观点注释,而是指那些易于使人们迷惑、误解的词才加这种注释。

总之,对词义的规范,是多方面的。可以从限定词、注、范畴分类号、词间语义关系参照系统等方面判断和控制词的含义及使用范围。

(3)词类规范 这是指主题法检索标识的主题词的词类范围。一般要求把它们控制在具有实在意义的名词(包括动名词)的范围。自然语言中的词类比较复杂。总的来说有实词和虚词两种。实词包括名词、动词、形容词、代词、数词和量词等。虚词包括吗、吧、了、啊、的等。

作为图书资料检索用的主题法语言的词汇,则需要对这些词类进行选择、规范和控制。使每一个主题词必须具有实在意义,能反映事物的各种对象、问题、现象等的本质属性和特征。从而使主题词能更好、更确切地又能比较简洁地描述表达图书资料的主题。因此,主题词的词类范围,应在实词中进行选择,必须是实词中的名词(或动名词)。形容词一般不要单独选作主题词,但少数通用性广、使用频率高和组配作用强的形容词,也可以有控制地选取一些作主题词。其他词类一般都应避免选取。

(4)词形规范 主题词的词形包括它的字面形式(词序、繁简体)、标点符号、字母符号和数字等方面。为了尽量统一和减少主题词在计算机的信息存贮容量和程序操作的复杂性,便于计算机处理起见,必须对主题词的词形加以控制和规范。

上述四个方面的规范,最基本、最重要的是词义规范和同义规范。进行这些方面的规范和控制,主要是为了消除概念上的含混,明确词义,排除词的二义性,满足单义性(即一词一义)的要求,然而才有可能成为主题词。主题词的这种规范化性质,将使自然语言、标引语言和检索语言取得协调一致,从而克服图书资料标引和检索中的误标、误检与漏标、漏检等的现象,以提高查全和查准的性能。

3. 组配性质

图书资料中的主题,大多数都包含着几个主题词,必须用几个主题词进行描述和表达。只用一个主题词进行描述和表达的图书资料是很少的。因此这就产生了主题词与主题词之间的组合(即组配)问题。

所谓组配,就主题法来说,就是通过主题词表中,选取两个或两个以上的主题词,依据一定的概念组合关系和符号,把它们有机地结合在一起,以表达和描述所要标引和检索的图书资料的专指主题。因此,每一个主题词都具有组配的性质,都是组配专指主题的一个基本的概念单元。无论单元词(单一主题词)还是多元词(复合主题词)也都是表达和描述专指主题的一个概念因素。

主题词的组配性质,是以语言学和哲学的理论为依据的。从语言学的角度讲,这种组配是由词与词之间的相互组合的语法关系出发的。从哲学角度讲,它是由概念之间的相互组合的逻辑关系出发的。主题词是概念的表达形式,而概念则是词的思想内容。因此主题词的组配把词的组合与概念的组合牢固地结合在一起。词或概念,许多时候都可以把它们分解为几个部分,即几个单词、几个分概念(除了像北京、鲁迅等这一类的单词、单独概念之外)。由几个被分解出来的词或概念又将它们逻辑地组合在一起,就可表达那个原来被分解了的词和整体概念。这就是组配的实质。主题词的组配是这样,分类号的组配也是这样。只不过分类号的组配不是用词,而是用号码。

例如:"宗教社会学"从主题法角度,可以用"宗教—社会学"或"社会学—宗教"进行组配来表达。从分类法的角度,可以《中图法》*类号为例,用"B92∶C91"或"C91∶B92"进行组配表达。

这种组配就是检索语言的概念组配、或主题词组配、或类号组配(类目组配)。但就本质来讲都是概念的组配。

从哲学的观点来看,一事物与一事物的不同,最根本的原因,就是因为它们思想内容之间表现在概念上的固有属性(特性)的差异。每个事物的概念都具有它自己的固有属性(特性);同一类事物的各个对象的概念,既有它们各自的固有属性,又有它们的共同属性(共性)。如果给某个事物的概念,增加一个新的固有属

---

* 这是书目文献出版社出版的《中国图书馆图书分类法》一书的简称,下同。

性、或减少一个固有属性,那么这个事物的概念就变成了另一个新的事物的概念。

我们以"管理"这个通用的泛指概念为例,当给它增加"经济"这个新的固有属性(特性)时,则形成了"经济管理"这一新的专指概念;如再给它增加"商业"这个新的固有属性(特性)时,则又形成了"商业经济管理"这个新的专指概念;如继续给它再增加"中国"这个新概念时,则形成了"中国商业经济管理"这个更具体、更专指的概念了。这是哲学上的所谓概念限制(或称概念的缩小法)。概念的限制是由外延较宽的大概念演变到外延较窄的小概念的逻辑方法。如果用图来表示其演变过程就是:

管理→经济管理→商业经济管理→中国商业经济管理(图1)。

图 1

相反,如果我们从上面"中国商业经济管理"这个专指概念中,逐步减去某些固有属性(特性)时,则会形成一个新的泛指概念(较广义的概念)。当去掉"中国"这个固有属性(特性)时,则形成"商业经济管理";当又去掉"商业"这个固有属性(特性)时,则又形成"经济管理"这个更泛指概念;当再去掉"经济"这个固有

44

属性(特性)时,则最后只是一个更泛指的"管理"概念了。这就是哲学上的所谓概念概括(或称概念扩大法)。概念的概括是由外延较窄的小概念,演变到外延较宽的大概念的逻辑方法。

从图1中就形成:中国商业经济管理→商业经济管理→经济管理→管理。

上图的概念演变,正好是相逆的方向。这里我们只是例举了最一般常见的例子,以说明组配的实质问题。所以,主题词的概念组配,实际上就是这种事物与事物在概念上的固有属性(特性)缩小和扩大。这也就是主题词概念组配的基本原理。

如果从中国、经济、管理和商业这四个词的交叉关系的逻辑积组配来说,则可表现为如下图2所示。

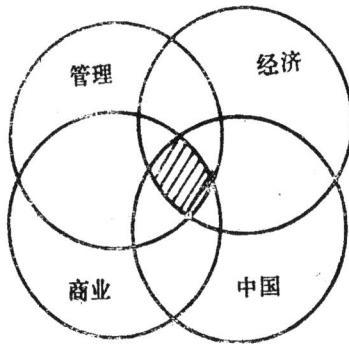

图2

图中带斜杠的部分即▨,是"中国商业经济管理"这一概念,它兼具有上述四个概念的特征属性。

组配,不仅适用于主题法、主题词,而且也适用于分类法、分类号。本文主要是从主题法、主题词的角度来论述组配性质的。

主题词组配的方式,有先组式和后组式两种:

（1）先组式　这是先期组配的方式。传统的标题法、标题表就是采取这种方式。

所谓先期组配，是指每篇（种）图书资料的主题的各个构成因素（主题词、标题词），及其相互之间的组合关系或组合形式。在检索图书资料之前，先由编表人员或标引人员明确地组配在一起，使之形成一种描述和表达图书资料主题的固定标题形式，也就是我们组织手工检索用的先组式的主题目录、主题索引的款目标题（即款目的主题标目）。简单地说，就是把描述和表达文献主题的标题形式，通过编表人员或标引人员事先用主题词或标题词组配出来的方式，称之为先组式。

例如：一篇《图书馆工作者的职业道德》的资料，如果我们分析确定该资料的主题涉及"图书馆员"和"职业道德"两个主题词时，按照先组式的方式，就必须事先把它们具体地固定地组配成："图书馆员—职业道德"或"职业道德—图书馆员"的标题形式。这种标题形式，一种是由编表人员根据图书资料中可能具有的各种主题内容的实际经验，把这种描述和表达各种主题的"标题"，逐个收集起来列入标题表。当标引人员标引图书资料时，则直接从这种标题表查出合适的标题，赋予图书资料作为检索标识而列入目录、索引系统中。另一种是编表时不列入这种已经组配好的标题形式，词表中只是一些独立的主题词、标题词，而是由标引人员根据图书资料的主题及其构成因素的具体情况，临时从词表中选用合适的主题词或标题词，组配出描述和表达图书资料主题的标题形式，作为款目的标题列入目录、索引系统。总之，这种先组式的款目标题，一旦被列入标题表或列入目录、索引系统后，就不能轻易再改动。对检索者来说，就只能依据目录、索引系统中现成的标题形式，来查找自己所需要的图书资料。

（2）后组式　这是后期组配的方式。单元词法、叙词法主要采用这种组配方式。

所谓后组式,就是在编表和标引时,事先不把检索标识组配成固定的标题形式来表达文献的主题,而是在查找文献时,才临时选用主题词进行组配检索,包括手工式的比号组配检索、比孔组配检索或计算机的逻辑组组配检索。采用这种组配方式,从编表人员和标引人员来说,他们并不需事先把图书资料中的一个个主题的表达形式——标题,固定地组配起来。标引时,只需把各个主题所涉及的主题词及其反映主题词组配关系的组配符号或联系符号、职能符号标引出来,并列入后组式的目录、索引或计算机资料档就可以了。因此,这种组配方式的实质问题,主要是指读者或检索者,临时依据自己所要查找的检索课题,进行主题分析,确定出主题及其所涉及的各个主题词与组配关系。然后,再从后组式的主题目录、主题索引或计算机资料档中,进行比号组配检索、或比孔组配检索,或逻辑积、逻辑和的组配检索。

从上述先组式和后组式的情况来看,这是两种不同的组配方式。先组式主要是从图书资料的实际主题出发,为建立手检用的款目标题,而把组配用于编表和标引阶段;后组式是从检索课题的实际主题出发,其组配用于检索阶段。

先组式和后组式所建立起来的检索系统,其优缺点主要表现在以下几个方面。

先组式的优缺点:

①不便于计算机资料档的存贮和编排。

②不利于实现自动化检索。

③不便于实现真正的完全的多维(多元)标引和多维检索。多维一般被强制为一维的线性序列。除了"入口"的一维外,其他几维往往被埋没,不能同时被显示出来。尽管可以采取改善的办法,实行某种程度的轮排,但实际只能解决一部分检索途径,而且实行轮排加重了目录、索引的体积和成本。

④组配是采取固定的组配形式,不灵活。组配出的标题,一旦

印在书本上或卡片上,就被限制在一维的线性序列中。这在检索的功能上、效果上和速度上就受到了较大的局限性。

⑤组配的级别和层次不能太深、太多,否则不利于目录、索引标题款目的组织编排。由于组配的级别和层次受到影响,标引深度不宜太深,组配的主题词不宜太多,因而影响了描述和表达某些很专指的图书资料主题的准确性。

⑥由于事先实行人工组配,因此不容易发生误标误检。

后组式的优缺点:

①便于计算机资料档的存贮和编排。

②便于实现自动化检索。

③便于实现真正的完全的多维(多元)标引和多维检索。彻底解决了多途径检索图书资料的问题。对目录、索引和计算机资料档的体积影响不大,不像先组式目录、索引那样,要实现多维标引和多维检索而成倍地加大目录索引的体积。

④组配比较灵活,能充分地发挥主题词之间的组配作用。完全克服了先组式组配的那种线性序列的局限性。因而在检索的能力上、效果上和速度上,一般都能得到充分的发挥。

⑤组配的级别和层次可以不受影响,标引的深度、标引的主题词可以不受限制。因而能较好地描述和表达某些很专指的图书资料的主题,充分揭示图书资料中的有用情报。

⑥由于临时进行组配检索,则易发生误检现象。

4. 语义性质

语义是指词语的意义。主题法的主题词都有一定的语义。主题法着重于揭示主题词与主题词(即概念与概念)之间在语义上的相互关系。这种关系称为语义关系。每个主题词与其他主题词之间都具有一定的语义关系。如何正确地、有效地显示这种语义关系,是主题法的一个重要问题。

词间语义关系,主要有同义语义关系(又称等同关系、等价关系、同一关系、用代关系),简称同义关系;属分关系(又称等级关系)和相关语义关系(简称相关关系)三种。

(1)同义关系　是指同一概念在语义上的反映。同义关系的几个主题词所表达的一般是同一个事物对象。由于人们认识事物的角度和习惯不同,对同一事物对象采取了不同的名称。自然语言中具有同义关系的词是很多的,它们经常对同一事物对象以不同词语形式出现在图书资料之中,从而影响人们在用词上的一致和统一,不利于图书资料的标引和检索。因此,对具有同义关系的词的揭示是主题法的一个十分重要的问题,也是主题词规范化的一个主要问题。

(2)属分关系　主要是指属、种概念,整体与部分概念在语义上的反映。也指上位概念(属概念、广义概念、整体概念)与下位概念(种概念、狭义概念、部分概念)的主题词之间在语义上的相互关系。

属分关系主要有以下几个方面:

①属种关系　指属概念与种概念的几个主题词之间的一种属分关系。

例如:航空兵　(属概念)

轰炸航空兵　(种概念)

歼击航空兵　(种概念)

强击航空兵　(种概念)

前线航空兵　(种概念)

远程航空兵　(种概念)

运输航空兵　(种概念)

侦察航空兵　(种概念)

②整体与部分关系　指整体概念与部分(分支)概念的几个主题词之间的属分关系。这种关系只适用于下列三个方面:

A. 学科分支或专业领域

例如:语言学　（学科整体概念）

语音学　（学科分支概念）

语法学　（学科分支概念）

文字学　（学科分支概念）

语义学　（学科分支概念）

方言学　（学科分支概念）

词汇学　（学科分支概念）

修辞学　（学科分支概念）

翻译学　（学科分支概念）

词典学　（学科分支概念）

B. 地理区划领域

例如:日本　（整体概念）

八幡　（部分概念）

北方四岛　（部分概念）

北海道　（部分概念）

本州　（部分概念）

长崎　（部分概念）

冲绳　（部分概念）

大阪　（部分概念）

东京　（部分概念）

广岛　（部分概念）

关东　（部分概念）

横滨　（部分概念）

横须贺　（部分概念）

京都　（部分概念）

九州　（部分概念）

名古屋　（部分概念）

　　　　神户　　　　（部分概念）

　　　　四国　　　　（部分概念）

　C.人体器官与系统

　　例如:呼吸系统　（整体概念）

　　　　肺　　　　　（部分概念）

　③包含关系　是指少数事物及其所包含的诸方面问题之间的一种语义关系。这种性质的属分关系应尽可能少用。

　　例一:置信

　　　　置信界

　　　　置信区间

　　　　置信水平

　　例二:飞行

　　　　编队飞行

　　　　低空飞行

　　　　高空飞行

　　　　过渡飞行

　　　　海上飞行

　　　　滑翔

　　　　进场

　　　　拉平

　　　　盘旋

　　　　爬升

　　　　起落

　　　　下滑

　　　　悬停

　　各种不同的属分关系,都可据以形成一种等级层垒的结构。通过一定的参照手段揭示主题词之间在语义上的等级性。

　　属分关系确定得是否正确合适,除了极少包含关系的以外,一般大都可以通过这些主题词所表达的概念类型是否一致,而加以考查和识别。属分关系是建立在前面所述的单独概念、普遍概念、具体概念和抽象概念等几种类型的基础上的。一般总的原则是:上位概念与下位概念应同属于一种概念类型,或者是从它们之间的某一共性角度的基础上建立属分关系。上位概念与下位概念都同时是属于单独概念、或普遍概念、或具体概念、或抽象概念。换句话说,也就是它们都同时是代表事物,或表达行动,或表达性质等。这是构成属分关系的基本条件。

例如:飞机(表达一种事物)与设计(表达一种行为)两个词,由于它们各属于不同的概念类型,因此相互不能构成属分关系。而飞机(类称事物)与直升飞机(特称事物)两个词,则都属于同一概念类型——具体概念,因此它们之间确是一种属分关系。

在属分关系中,还存在某些主题词具有多重性质的跨族属分关系。也就是说,一个主题词具有几个上位主题词。这种主题词则具有多重的属分语义关系,可以被置于几个等级结构之中,属于几个不同性质的族系的成员。

例如:生物化学既属于生物学的一个分支,又属于化学的一个分支。因此,生物化学一词具有两个上位主题词;又如:医学心理学也同样具有两个上位主题词即"心理学"和"医学"。

主题法的主题词属分语义关系,与自然语言中的词间属分语义关系,划分并不完全一致。划分时主要还应依据图书资料的检索需要而定。它们之间的区别主要表现在:一是等级结构的一组词在数量上多少不一致,有的下属词可以根据检索需要而省略;二是在自然语言中的一个完整的等级结构所包括的词,而在主题法来说,则可能被截断为若干个等级结构。也就是说,被变成几个等级性的词族。

例如:

地理　　　　　　　　　　　　　　　　(第一级主题词)

经济地理	（第二级主题词）
城市地理	（第三级主题词）
工业地理	（第三级主题词）
农业地理	（第三级主题词）
区域经济地理	（第三级主题词）
人口地理	（第三级主题词）
商业地理	（第三级主题词）
运输地理	（第三级主题词）
自然地理	（第二级主题词）
海洋地理	（第三级主题词）
化学地理	（第三级主题词）
生物地理	（第三级主题词）
水文地理	（第三级主题词）
数理地理	（第三级主题词）
土壤地理	（第三级主题词）
人文地理	（第二级主题词）
军事地理	（第三级主题词）
旅游地理	（第三级主题词）
区域地理	（第三级主题词）
人口地理	（第三级主题词）
社会地理	（第三级主题词）
文化地理	（第三级主题词）

　　上例并不一定严格归纳成一个三级等级系统，可以依据主题法标引和检索图书资料的需要，归纳为"经济地理"、"自然地理"、"人文地理"三个独立的两级等级系统。而且每一系统中的下属词也不一定全部列齐，需要根据下属词是否已被选作主题词而确定列出与否。"地理"一词与"经济地理"、"自然地理"和"人文地理"之间的属分语义关系，也可作为相关语义关系对待，作相关参

照处理。

主题法的建立和揭示它们之间的这种属分语义关系,对图书的查询具有十分重要的意义。这样可采取分类法族性检索优点之长,弥补主题法特性检索的不足,加强主题词的等级性和系统性,通过属分语义关系的参照符号的指引,使读者可以随时扩大和缩小自己对图书资料的检索范围。

(3)相关关系 这是一组相关概念在语义上的反映。所谓相关关系,就是主题词除了同义关系和属分关系之外的其他语义关系。诸如事物之间的交叉关系、矛盾关系、对立统一关系、形式与内容关系、本质与现象关系、原因与结果关系等,都是反映事物内在联系相关概念之间的语义关系。这些不同方面的相关关系,反映了事物之间的某种密切的联系。主题法的建立和揭示主题词的这种联系,使读者在检索和研究某一课题的图书资料时(通过相关关系的语义符号的指引),能联系到对该课题产生重要影响的各种因素的图书资料。

例如:工农差别 与 脑力劳动和体力劳动差别
　　　　(具有交叉重叠性质的相关关系)
　　贸易逆差 与 贸易顺差
　　　　(具有反义性质的相关关系)
　　无产阶级 与 资产阶级
　　　　(具有矛盾关系的相关关系)
　　银行 与 银行制度
　　　　(具有事物与其方面之间的相关关系)
　　量变 与 质变
　　　　(具有对立统一关系的相关关系)
　　京汉铁路罢工 与 林祥谦、施洋
　　　　(具有行为动作与其施事者之间的相关关系)
主题词的上述各种语义关系的建立和揭示,是主题法的一个非常重要的问题,也是各种主题词表建立语义参照系统的理论依据。词间语义关系揭示的好坏,即语义参照系统建立的好坏,直接影响着词表的编制质量和标引与检索的效果。

语义关系的揭示方法,主要有以下几种:

①在字顺表中建立主题词的参照系统　采用各种语义关系符号(即参照符号)加以联系和反映。参照的双方一般是互逆的对应关系。不同类型的主题法,其参照系统、参照符号在处理时有所不同(详见下例)。

例一:理　学

　　　　参见.朱熹

　　朱　熹

　　　　参见自.理学

例二:利　息

　　　　参.利息率

　　利息率

　　　　参.利息

例三:均田制

　　　　分.北魏均田制

　　　　　　唐代均田制

　　北魏均田制

　　　　属.均田制

　　唐代均田制

　　　　属.均田制

例四:火箭部队

　　　　用.导弹部队

　　导弹部队

　　　　代.火箭部队

例五:迪　化

见.乌鲁木齐

乌鲁木齐

见自.迪化

②建立范畴索引 这是把全部主题词依据它们的学科性质或概念范畴,划分成适应专业需要的若干个大小不同的词群,并把它们置于一种更为广泛一些的语义场合中加以揭示和反映。范畴索引的编制,实质上就是对具有不同学科性质或概念范畴的主题词的一种分类。一个大类所包含的主题词就是一个较大的词群。每个词群就构成一个学科类目或概念范畴[*],并各自配备一定的分类号码加以联系和反映。例如:

07D 版本学

百衲本	校雠(Y.校勘)
版　本	校订(Y.校勘)
版本学	校　勘
藏书印	校　释(Y.校勘)
抄　本	金刻本
殿　本	巾箱本
孤　本(Y.善本)	卷子本
活页本	聚珍本
活字本	刻　本
家刻本	明刻本
监　本	铅印本
校　本	清刻本
	写本(Y.抄本)
	修订本
善　本	影写本(Y.抄本)

---

[*] 这种类目或范畴,就是在学科或范畴上语义相关联的一种较广泛的语义场合。

书院本	影印本(Y.抄本)
宋刻本	原　本
套　版(Y.套印本)	元刻本
套印本	增订本(Y.修订本)
图书鉴定	珍本(Y.善本)
伪　书	朱墨本

　　这种以类为基础的词群中,每个主题词下还可以同时附上参照系统。把这种范畴索引当作词表结构的主体,另附单纯的(无参照系统的)主题词字顺索引。

　　③建立词族索引或词族图　这是一种以每一个词族中的族首词(即最广义的主题词)为中心,结合它的全部下位主题词以及它们的同义词和相关词,逐级向下、向左右展示的完全的语义系统。这是揭示和反映主题词语义关系的重要措施和方法。可以采用索引和图示两种办法加以反映。参见书末"主题法的语义参照系统"表。

5. 动态性质

　　动态性是整个主题法的一个基本性质。它主要体现于主题词的不断增删和更迭的发展过程。尤其是主题法的字顺系统,对主题词的增删和更迭十分方便。

　　主题法与分类法不一样,主题法检索语言是一种处于不断发展变化的动态性检索语言。分类法则是一种难于随时改变数目体系的相对稳定性的检索语言,尤其是普遍使用的学科体系分类法。分类法把本来都处于发展中的事物和研究对象,将它们分别纳入在一定的学科体系的位置上,配以固定的号码标识。一旦事物和研究对象发生变化,或有了新的突破时,原有体系的安排和号码的配备就将产生问题。分类法的体系发生变化时,既牵涉到类号本身的改变,又牵涉到大量的目录款目卡片的改编。还会产生对图书资料实行繁重的重新分类的负担。因此一部分类法编成之后，总是要求它能保持相当时期的稳定性。而主题法检索语言并不要求这种在实际上非常难于办到的稳定性。相反，主题法检索语言倒是充分允许自己不断发展和增补，以便随时跟上科学技术的发展和图书资料检索的实际需要。主题法的字顺系统的设计和使用，正是为了适应这种发展变化的需要。字顺系统，对于满足经常出现的新兴学科、新的事物和新的研究课题方面的图书资料的标引和检索，具有非常重要的意义。

此外，主题法的动态性，还体现在它的标引工作和检索工作之中。由于组配而带来的一种动态性的标引和检索方法，也就是说，标引人员对图书资料主题的表达和描述，检索人员对自己检索课题主题的检索，处于一种上下不断变动的状态。可以因主题的深浅、多少的不同和读者检索的需要，而具有较大的灵活性、伸缩性和适应性。分类法的标引与检索一般是固定的，而主题法的标引与检索却是可以根据需要加以变动。尤其是后组式的主题法，其检索点（即检索入口）是不固定的，多维的。

在图书资料的检索应用电子计算机以后，主题法的上述动态性，更能得以完全地、充分地实现。

第四节　主题法的语法关系

人类的文献典籍无不以自然语言的文字形式记录、保存和流传。人们的思想、感情和行为的交往，也是以自然语言为媒介。同样，主题法之所以用于文献的标引和检索工作，也正是以这种自然语言为基础、以语言学的原理为指导的。但是，主题法语言则是一种专门对文献的检索语言。它和自然语言之间是一种应用和被应用的关系，是现代语言学的一个重要研究课题。

58

主题法语言与自然语言之间有区别,首先表现在词类范围上的不同。主题法语言主要是采用名词和名词性的词组,包括名化物了的动词,即动名词,以及少量的形容词。这比自然语言的词类范围要狭窄得多。其次是语言的人为化、规范化、标准化是主题法利用自然语言作为检索标识的前提条件。主题法选用自然语言中的名词和名词性词组,作为描述文献主题的检索标识,为文献检索工作开创了一个崭新的时代。

主题法语言中的主题词和自然语言中的词,虽然分属于两个不同的范畴领域,但是它们都具有一种共同的本质。这个本质就是:词是概念的表达形式,概念是词的思想内容。同时,人们只有在客观存在的事物对象的基础上,才能在思维和认识的过程中形成一定的概念。因此,代表概念的词又是客观事物对象的名称和高度概括化的反映。也就是说,词是概念和事物对象的统一体。这种本质,是我们研究主题法语言的基本出发点。可以说,主题法的理论和方法,主要依据于语言学。语言学是研究语言的一门科学,而语法关系和语义关系则是语言学的两条重要的理论。语义关系已在上文中论述过,这里主要论述主题法的语法关系问题。

1. 什么是语法关系

主题法依据自然语言中的词,作为文献标引和检索的标识符号。它存在有两个最大的问题:首先是语义、语义关系的问题;其次是语法、语法关系的问题。语义、语义关系和语法、语法关系是不同的:前者是指主题词的词义及其相互关系;后者则是指主题词在组配(即组合)中的相互关系。前者是解决词在语义上的显示、规范和控制问题。它直接影响标引和检索的准确性和一致性。后者则在对文献进行组配标引和组配检索的过程中,起着重要的作用。

语法是一门研究语言结构规律的科学,也就是从结构上研究词语是否符合组词造句的规则的科学。语法关系则是指词与词之间在结构上的相互组配(组合)的关系。

任何一种语言,不仅需要以词为基础,而且还要以语法为锁链。词是语言的组织单位,但语言不是词的堆砌。它必须通过语法来加以组织和控制,才能变成有意义的语言,使人们看到或听到明确表达的意义。主题法语言同样需要有这种语法,藉以表达和描述文献的主题内容。因此,在对文献进行的组配标引和组配检索的过程中,弄清主题词与主题词之间组配的语法关系,对于确切地描述文献的主题具有重要的作用。

2. 主题分析与语法关系

主题分析是标引员对文献的主题,进行概念分解和概念综合的过程。概念分解,就是从主题中找出它的各种组成结构的主题因素,例如,主体因素(主题中的核心概念,包括具有独立检索意义的事物对象、材料、方法、条件、过程等)、通用因素、位置因素、时间因素和文献类型因素等。概念综合,就是将分解出来的各个主题因素,转换成词表的规范化主题词。并拟定正确的组配词序、配备一定的组配符号,或者是给以联系符号、职能符号和加权等措施,从而形成检索款目的标题。对文献主题进行这种概念分解和概念综合的过程,既是将文献主题的自然语言转换为词表检索语言的过程,又是找出文献主题中所包含的主体因素,以及围绕着这个主体因素进行限定、修饰和说明的其他因素的过程。在这个过程中,搞清各个主题因素之间的语法关系是正确标引文献的关键。

从语法关系的角度来讲,主题有的表现为一个单词或词组,有的表现为一个句子。前者简单,后者复杂。但是,无论是词还是句子,标引员在进行主题分析时,都一定要分析其组成结构上的语法关系,牢牢地抓住主题中心。主题中心,就是文献论述的关键性的主要概念。这些概念一般大都被包含在主体因素之中。

60

从词组来说,大多数主题表现为二元词组、三元词组,也有的表现为四元词组、五元词组,譬如,中国山脉(由二个单词组合的二元词组)、中国经济政策(由三个单词组合的三元词组)、中国体制改革的方针(由四个单词组合的四元词组)等。

这些词组,其单词与单词之间的语法关系(词法关系)比较简单,逻辑限定的层次比较鲜明。因此,在对它们进行主题分析时,抓住主题的中心并不困难。这三个举例的主题中心,分别是"山脉"、"经济"和"体制",其它词都是对它们进行限定、修饰和细分说明。

从句子来说,进行主题分析就比较困难一些。要抓住句子的主题中心,就必须搞清句子的语法关系(句法关系)和句子的结构成分。汉语句子的结构成分,可以分为两组。一组是基本成分;一组是附加成分。基本成分指主语、谓语和宾语。这三种成分中,主语是谓语陈述的对象(指出谓语说的是谁或是什么),谓语是对主语的陈述(说明主语怎样或做什么),而宾语则是谓语所涉及的对象。附加成分则指定语、状语或补语。这三种成分中,定语是限定、修饰主语或宾语的成分。它可以从所属、材料、时间、地点、数量、范围、对象等各方面对主语或宾语进行限定和修饰。状语是限定和修饰谓语的成分。它从时间、地点、数量、程度、结果、状态等各方面对谓语加以补充说明。因此,对句子式的主题,在进行主题分析时,首先要抓住句子的基本成分。因为句子的基本成分在一般情况下都表达了主题的中心。尤其是主语和宾语,往往反映了文献研究的具体事物对象。附加部分都是对各个基本成分的限定、修饰、补充和说明。当然,并不是所有的句子式主题都完整地包含上述各种成分,有的简单,有的复杂。譬如,《提高转炉炉龄的初步探讨》一文,其主题是"提高转炉炉龄"。在这部句子式的主题中,只有三个成分:谓语、定语、宾语。如果"转炉炉龄"作一个词组看待,也可算作两个成分,即:谓语和宾语。显然这篇文献研究的具体事物对象是"转炉炉龄"（宾语），这是该主题中关键性的、具有专业独立检索意义的主题因素。因此这篇文献首先应抓住"转炉炉龄"这个主题因素，或"炉龄"和"转炉"两个因素。其款目标题应拟定为"炉龄—转炉"、"转炉—炉龄"，或"转炉炉龄"。"提高"这一概念一般可以省略。

总之，在对文献进行主题分析时，要掌握和了解主题的诸因素的语法关系，抓住主题中心，尤其是主题中反映文献研究的具体事物对象。首先应该是主语及其定语，或宾语及其定语；其次是谓语。无论是词组式主题或是句子式主题，其语法关系都集中表现为一种限定、修饰、说明与被限定、被修饰、被说明的相互关系。被限定、被修饰、被说明的词，一般都属于主题中心，是主要的概念，标引时不能省略。限定、修饰和说明的词，一般都是次要概念，标引时有时可以省略，有时则不能省略。在大多数情况下，主标题都选自主题中心，即选自词组式主题的中心词和句子式主题的基本成分。由此可以看出，语法关系的分析是主题分析的一种重要方法。

3. 主题词组配与语法关系

主题词的组配，除了语义上的规范化要求以外，还必须掌握它们之间组配时的语法关系。主题词之间组配的语法关系，实际上就是指自然语言中词与词的那种组合关系。组合关系主要指词与词的联合关系、偏正关系、主谓关系、动宾关系等。

例如：长江和黄河　　　（联合关系）
　　　苏联的农业　　　（偏正关系）
　　　飞机设计　　　　（主谓关系）
　　　攻克喀山　　　　（动宾关系）

这几种类型的语法关系，它与概念上的逻辑关系密切联系，集中体现为概念上的交叉关系、限定关系和并列联合关系。

交叉关系和限定关系的概念组配,对于文献标引和检索的布尔代数的逻辑运算来说,都同属于一种单一的逻辑积的运算。并列联合关系的概念组配,则属于逻辑和的运算。

(1)逻辑积的运算　凡在语法关系上具有偏正、主谓、动宾等相互关系的主题词,即具有概念上的交叉、限定关系的几个主题词之间,均采用这种逻辑积的组配运算方式,对文献实行组配标引和组配检索。逻辑积的运算符号为"∩",其运算公式为 A∩B。

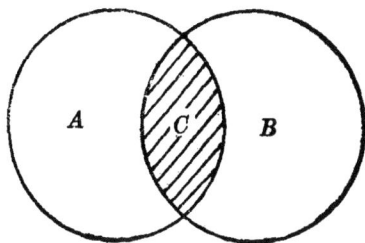

图3

现以图 3 所示的概念交叉、限定关系的 A、B 两个主题词概念的组配来说,A、B 两个概念相交部分的 C 概念,既含有 A 概念的特征属性,又含有 B 概念的特征属性。它们在内涵上不同,但在外延上则有部分重合。C 概念既包含在 A 概念里,是 A 概念的下位概念,同时又包含在 B 概念里,也是 B 概念的下位概念。或者说,C 既是 A 的子集合,同时又是 B 的子集合。

假如涉及 A 概念的文献有五篇,即:

015、084、129、218、325(文献号码);

而涉及 B 概念的文献也有五篇,即:

013、054、084、218、475(文献号码)。

那么其运算结果是:

A∩B = [015、084、129、218、325] ∩ [013、054、084、218、475]

= [084、218]

在这两个概念的文献集合中,能符合既属于 A,又属于 B 的这两个条件者,只有 084 和 218 号两篇文献。这两篇文献即为组配检索结果。

当然,从文献的组配标引来说,如果一篇文献通过主题分析后,其主题概念既属于 A 概念,又属于 B 概念时,必然也要相应标引 A 和 B 两概念的主题词。其文献号码也应同时标引著录在 A、B 两个主题词款目下。先有了这种对文献主题的组配标引,才能有对文献的组配检索。组配标引是组配检索的客观依据。·

(2)逻辑和的运算　在语法关系上凡具有并列联合关系,并处于同等地位的几个主题词之间,均采用这种逻辑和的组配运算方式。逻辑和的运算符号"∪",其算公式为 A∪B。

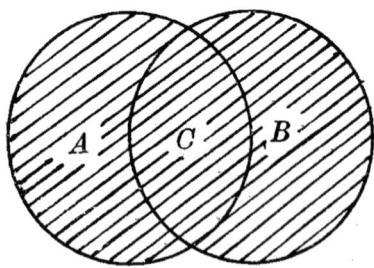

现以图 4 中所示的概念并列联合关系的 A、B 两个主题词的组配来说,A 概念与 B 概念的并列联合(或称并合)所构成的集合 C,其成员或者属于 A,或者属于 B。如果 A 与 B 之间有公共成员时,则公共成员在"和集"(或称并集、联集)C 中,只能出现一次。

图 4

假如涉及 A 概念的文献集合有五篇,即:68、79、80、91、95(文献号码);

而涉及 B 概念的文献集合也有五篇,即:69、75、80、91、96(文献号码)

那么其运算结果是:

$$A∪B = [68、79、80、91、95]∪[69、75、80、91、96]$$
$$= [68、69、75、79、80、91、95、96]$$

运算结果,共有 8 篇文献,符合或者属于 A,或者属于 B 这个条件。这种逻辑运算非常近似数学中的加法运算。所不同的是,在逻辑和的运算过程中,必须去掉相重复的成分。所以上述 10 篇文献,运算后只剩下 8 篇文献。

这种逻辑和的组配运算,对计算机检索来说是相当简单的,但对手工检索来说,则应视为几个主题对待,分别进行独立的文献标引和检索。

(3)多种逻辑组配的运算　这是一种对具有多种语法关系的复杂主题所采取的逻辑积、逻辑和相互混合的逻辑运算方式。其复杂程度,视文献主题或检索课题的实际情况而有所不同。

例如:"猪的饲养和马的生理"这个课题的检索。

这是一种具有联合语法关系的复杂主题。在这个复杂主题中还包含有偏正语法关系,是两个逻辑积的逻辑和。因此需要采用逻辑积、逻辑和两种运算方式。

设:猪 = A,饲养 = B,

马 = C,生理 = D,

其课题的逻辑运算公式为 $A \cap B \cup C \cap D$。

假如涉及 A 的文献有:016、021、028、035 $-_1$、036;

涉及 B 的文献有:015、021、035 $-_1$、041、052;

涉及 C 的文献有:020、028、035 $-_2$、044、082;

涉及 D 的文献有:016、022、035 $-_2$、082、097。

其逻辑运算是先运算"积",然后运算"和":

$$
\begin{aligned}
A \cap B \cup C \cap D &= [016、021、028、035 -_1、036] \cap \\
&\quad [015、021、035 -_1、041、052] \\
&\quad \cup [020、028、035 -_2、044、082] \cap \\
&\quad [016、022、035 -_2、082、097] \\
&= [021、035] \cup [035、082] \\
&= [021、035、082]
\end{aligned}
$$

这种较复杂的逻辑运算,可以从图5中看出:图中的"横线"为 A 与 B 的逻辑积;"竖线"为 C 与 D 的逻辑积。

"横线"与"竖线"的逻辑和则为运算的结果。去掉"和"中的重复成分,最后结果只有 021、035、082 三篇文献符合检索课题的

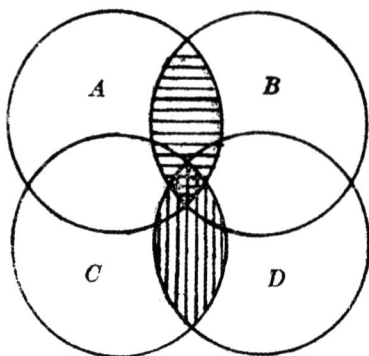

图5

要求。在这三篇文献中,021号文献是讲"猪的饲养"问题;035号文献既涉及到"猪的饲养"问题,又涉及到"马的生理"问题;而082号文献则是讲"马的生理"问题。

这种看来十分复杂的逻辑组配的运算方式,对计算机检索是非常容易和迅速的。但对手工检索来说,则比较麻烦。一般都要把它分解为几个单独的主题,分别进行组配标引和组配检索。将两个逻辑积的"和集"分开成两个逻辑积,分别标引和检索,在结果上是一致的。

上面所述主题的组配中的若干语法关系及其逻辑运算方式,是标引和检索工作中经常出现和使用最多的一些基本情况。

(4)克服组配误差的语法作用(关系)符号

在对文献进行组配标引和组配检索中,由于各种原因,可能会发生一些虚假组配、二义性组配等现象。从而造成对文献标引和检索的误差,降低主题检索工具的使用效率。因此,需要制定某些语法作用符号,对主题词的组配加以控制。

①**语法职能符号** 所谓职能符号(又称职符或职号)是一种用来表示某些主题词在组配中的语法关系的职能作用的标志。其作法就是用代表各种语法关系的职能作用的一些字母符号A、B、C、D……等,附于有关相互组配的主题词之后。对组配的主题词进行语法上和范围上限定、控制。这些职能符号,一般都事先人为地根据需要,制定有关职能符号表(参见下表)。

66

职符	职能作用
A	主语
B	谓语
C	宾语
D	定语
E	状语
F	补语

例如:"图书馆对现代化的影响"问题,在加了一定的职能符号,从语法上进行限定以后,即:"图书馆 – A∩影响 – B∩现代化 – C"。这三个主题词之间的组配,就不会变成"现代化对图书馆的影响"的问题了。但是,在遇到类似问题时,并不是都要附加这种符号。有时候由于实际文献主题和读者的检索课题,并不存在上类问题时,可以不再附加这种职能符号。采取加职符的措施,主要是为了提高查准率,减少检索误差。

②**语法联系符号** 所谓联系符号(又称联符、联号)是一种用来表示几个主题词组配时,在语法上彼此相关联的分组标志。一般做法是,在主题词后附加数字 1、2、3……表示,数字相同的主题词是在语法上相关联的一组组配概念。数字相同的主题词各自分别组配在一起。在联系符号中,数字"0"则是一种共同联号,表示可以和该文献中的任何一组主题词进行组配。

例如:一篇文献既论述了"加拿大的小麦育种",又论述了"加拿大的玉米管理"问题。这是两个具有偏正语法关系的偏正词组。在为手工检索标引时,应分为两组主题词分别组配标引为:小麦—育种—加拿大;玉米—管理—加拿大。而在为计算机检索标引时,则应在主题词后附加上各自的联号:加拿大 – $_0$,小麦 – $_1$,育种 – $_1$,玉米 – $_2$,管理 – $_2$。建立索引档时,则应将联系符号转换著录在文献号之后。若这篇文献号为 135 号时,其形式为:

加拿大 135 – $_0$

小麦	$135-_1$
育种	$135-_1$
玉米	$135-_2$
管理	$135-_2$

主题词经过这样的语法联系符号的处理后,如果读者提出"加拿大的小麦育种"或"加拿大的玉米管理"这两个检索课题时,这篇文献将被命中检出。但是当读者提出"加拿大的玉米育种"或"加拿大的小麦管理"这两个检索课题时,这篇文献由于标引时附加了联系符号,所以也就不会被命中检出。因为文献并没有论述这两个问题。这样也就避免了由于虚假组配所产生的检索误差。如果标引时不附加联号,那么在检索后两个课题时,由于文献号相同就可能被读者误检。

4. 标题的读法规则与语法关系

在主题法中,标题是表示文献主题的一种形式。它与一般报刊文章的所谓"标题",在书写形式上是不一样的。在主题目录、主题索引中,大多数的标题都表现为复合标题(即多级标题)的形式。这种标题是由两个或两个以上的主题词进行组配,共同完成描述和表达某类文献主题的任务。这种描述和表达,存在一个词序的问题。词序是词与词相互联系的语法规则,是自然语言中词与词相互组合的手段之一。自然语言的词序与主题法语言的标题词序是有一定区别的。

譬如说,"美国飞机发动机的设计"这个主题,假如需要选用四个主题词(飞机、发动机、设计、美国)去共同描述和表达,那么依照自然语言上下文语法关系去书写编列标题,即:美国—飞机—发动机—设计,当然是十分清楚的。或者是依照层层限定修饰的方法去书写编排,如:设计—发动机—飞机—美国,这也是不难理解的。但是主题法标题词序的书写编排,还必须结合考虑对文献进行手工检索的实际需要。标题中,主标题是领头的主题词(或称领词),它是人们检索查找某类主题文献的一个入口,或者说是一个查找途径。一般来讲,主标题词是主题诸因素中的关键性的主要概念。上例中分别以"美国"和"设计"作为领词的复合标题,从语法理解上来讲比较满意,但从实际文献检索来说,却没有什么必要。因而"美国"、"设计"两词一般不宜选作主标题,这就是说不能作为检索文献的领词(主标题),而只能作为领词(主标题)下的展示词(副标题)。所以主题法的标题中,往往都是采用具有专业检索意义的关键性的主题词作为主标题。上例中的"飞机"、"发动机",是文献论述的实质性问题。专业检索意义是不言而喻的,应该作为主标题。可是这两个词,在上例自然语言的上下文语法关系的词序中,并非处于领词的地位,而是居中的地位。因此,我们从文献检索的实际需要出发,就必须变动原来的词序,以符合专业检索的要求。这种情况,在客观上给标题的处理造成困难。

例如:飞机—发动机—设计—美国

("美国"一词,按照主题分面组配的结构公式,已移至后面。)

发动机—飞机—设计—美国

(为了增加一个检索途径,将"发动机"一词移至前面做主标题,词序又发生了变化。)

这两组标题,已经打乱了原先按自然语言上下文语法关系书写编排的次序。因此,我们(主要是读者)在理解主题法的这种标题所表达的主题含义时,必须要有一定的读法规则,以利于理解标题,查找文献。这些读法规则是:

(1)一般标题的读法规则(指大部分带短横"—"的组配标题) 一般标题的读法规则是限定词读于主标题词的前面,而间接限定词又读于直接限定词之前;方面词读于主标题词之后,而间接方面词又读于直接方面词之后。

设限定词为"X";主标题词为"Z";方面词为"F"。

其读法公式则为:$X{\rightarrow}Z{\rightarrow}F$。

"X"包括 X_1(直接限定词),X_2(间接限定词)等。

"F"包括 F_1(直接方面词),F_2(间接方面词)等。

所以,$X{\rightarrow}Z{\rightarrow}F$ 公式,也可以列为:$X_2{\rightarrow}X_1{\rightarrow}Z{\rightarrow}F_1{\rightarrow}F_2$。

主标题词与它的每个标题词之间的语法关系,大量的都表现为限定与被限定、事物与其方面的关系。要正确对标题进行阅读和理解,必须要以主标题为中心,分析区别各个副标题词与标题词之间的这种语法关系,弄清哪些副标题词是作定语用的限定词,哪些又是作细分用的方面词。按照语言学的一般规则,限定词(定语用的)一般总是读于被限定的词之前,方面词也总是读于事物名称之后。我们搞清了组成标题的各个主题词之间的这些语法关系,也就掌握了这个标题的正确读法。从而能够达到正确理解这个标题所表达的主题的真正含义。

总之,对于主标题来说,副标题属于限定词的采用逆读方法,而属于方面词的则采取顺读方法。无论顺读或逆读都可以连读,有时也可以加助词"的"字以助读。

例如:飞机—发动机—设计—美国
　　　(Z)　(F_1)　　(F_2)　　(X)

其阅读顺序为:$X{\rightarrow}Z{\rightarrow}F_1{\rightarrow}F_2$。

即读为:美国(X)飞机(Z)发动机(F_1)的设计(F_2)。

此外,我们为了增加一个新的检索途径,可以把原来作副标题用的"发动机"一词,移至前面做主标题。词序虽然变了,但在表达主题的含义上仍是一样的。词的地位发生了变化,但在标题的读法规则上仍然不变。

例如:发动机—飞机—设计—美国
　　　(Z)　　(X_1)(F)　(X_2)

其阅读顺序为:$X_2{\rightarrow}X_1{\rightarrow}Z{\rightarrow}F$。

70

此标题与上种形式的标题所表达的主题是完全一致的。

美国(X_2)飞机(X_1)发动机(Z)的设计(F)

      = 美国(X)飞机(Z)发动机(F_1)的设计(F_2)。

即：$X_2 \rightarrow X_1 \rightarrow Z \rightarrow F = X \rightarrow Z \rightarrow F_1 \rightarrow F_2$

所以，无论标题组成的词序如何变化，而最后阅读总的公式是保持不变状态：$X \rightarrow Z \rightarrow F$。

（2）倒装标题的读法规则　倒装标题从语言学的语法规则来讲，它是一种语言上的易位现象。一般来讲，倒装标题与正装标题在基本语义上是一致的，只是其语法的侧重点，即强调重点不同而已。前置的部分往往是被强调的东西，后置的部分则都是对前置部分的补充和修饰。

例如：无线电手册　　与　手册，无线电；

      内燃机车　　　与　机车，内燃。

这两组标题，正装标题与倒装标题，它们在含义上是一致的。

这种倒装标题的读法规则是：采取逆读。即先读被倒置部分的词语，后读前置部分的词语。

（3）同级词组配标题的读法规则（即并列交叉概念的几个主题词之间组配标题的读法规则）　这种标题的读法和理解，主要依从于学科专业的习惯语言进行阅读。读时两词中概念相重复部分，只读一次。

例如：超音速飞机：轰炸（飞）机；

      轰炸（飞）机：超音速飞机。

上例我们应结合学科专业的习惯，读为："超音速轰炸机"。不能读为："超音速飞机轰炸机"，也不要读为："轰炸超音速飞机"。

（4）复杂标题的读法规则　复杂标题指从一般标题的结构形式上，同时采用冒号"："、短横"—"、倒装符号"，"等相混合的一种标题。这种复杂标题的读法，应以上述第1、2、3条读法规则结合起来进行阅读和理解。例如：

超音速飞机:轰炸(飞)机—结构设计,由计算机进行的
　　　　(Z)　　　　　　　　　　(F)
—美国。
(X)

其阅读顺序为:美国(X)超音速飞机:轰炸(飞)机(Z)—结构设计,由计算机进行的(F)＝美国(X)超音速轰炸机(Z)由计算机进行的结构设计＝X→Z→F。

(5)带省略性质的松散的组配标题的读法规则　这一规则应结合一定的专业知识和介词成分进行分析和理解。

所谓省略性质的松散的组配标题,主要是指从介词结构中选取,并省略了介词成分的一些主题词之间的组配标题。省略是指介词的省略。而松散的意思是指这些组配的主题词之间的语法关系不是十分紧密和明显。由于省略了介词,才致使主题词之间的上下文语法关系不是那么明显。因而人们在理解和阅读这种标题时,就感觉比较困难。只有非常熟悉专业的同志,才比较容易理解这种标题的真正含义。

例如:"电子计算机在图书馆的应用"。

其标题为:电子计算机—图书馆—应用;

　　　　图书馆—电子计算机—应用。

这两个标题,虽然把介词"在"字省略了,但是对于熟悉计算机专业或图书馆专业的读者来说,并不难分析和理解它的含义。"电子计算机"与"图书馆"之间,一般只能理解为"图书馆的计算机",而不能理解为"计算机的图书馆"。而"电子计算机"与"应用"两词之间,也只能理解为事物与其方面的关系。"电子计算机"是被应用的对象,较明白地表示是电子计算机的应用。因而"图书馆"这个概念,就只能是电子计算机应用的场所。表示场所的介词成分,一般大多用"在"这个介词,即"电子计算机在图书馆

的应用"。"在图书馆的"这个介词结构短语,是说明"应用"场所的成分。从专业知识的角度来讲,人们一般不会读成"图书馆在计算机的应用",否则就文理不通了。

当然,如果把此标题书写成:电子计算机—应用—图书馆,也是可以的,即把直接联系的两个词排在相近的位置;或者加语法职能符号。

上述这种省略介词成分的较散的组合形式,大都用于主题索引,以便有利于向计算机输入和检索。

如果从手工检索用的主题目录来说,则无须省略介词成分,可以采用倒装标题的形式,则比较明确醒目。读起来也容易掌握。

例如:电子计算机—应用,在图书馆的。

标题的结构形式,有时与所使用的词表的收词情况有很大关系。上面例子是假设没有收录"电子计算机应用"这个复合主题词时的组配标题情况。如果词表已经收录了这个复合主题词时,其标题形式也就发生了变化,就可以不用三个词组配形成标题,也不必再使用倒装标题的形式,而直接用"电子计算机应用—图书馆"或"图书馆—电子计算机应用"这两个标题。必须说明的是:采用倒装标题,将来却不利于向计算机输入和检索的转换。

总之,我们遇到这种带省略性的松散的组配标题时,关键是要抓住主标题词与各个副标题词之间的语法关系。如果顺读不通时,可以逆读。如果逆读也感觉不明白或生硬时,则应基本断定它可能是一种省略了介词成分的松散的组配标题。因此,则应结合专业知识和一定的介词成分进行分析和理解。

第五节　主题法的特点

采用主题法组织和编制的各种主题检索工具,在检索图书资料的过程中具有十分重要和独到的特点。归纳起来主要有以下五大特点：

1. 直观性特点

从表达图书资料主题的检索标识来讲，由于主题法是直接以自然语言中的名词术语作为标记符号，所以能给读者以直观的效果。比如要查找"马"的资料，就直接按"马"这个词的字顺在主题目录中查找"马"这个标题。如果专找"马的饲养"方面的资料，则在"马"这个主标题后的副标题"饲养"下去进一步细查。我们知道，任何事物、问题或概念，都有一个语言表达的名称，而直接以这种语言的名称去标引和检索图书资料，则是最直观、最方便的方法。

2. 专指性特点

专指性是指揭示和检索图书资料的内容主题的深度而言的。由于主题法是直接从图书资料所论述和研究的具体对象和问题出发进行选择主题词，并采用组配的方法来描述主题，所以不论图书资料的主题如何专深，也不论其主题的学科性质相互交叉渗透如何，只要具有实际的检索意义和文献论述，一般都可以根据需要，或者把它直接选作主题词，或者通过几个主题词的组配而加以表达。检索时也同样依据这些主题词，或是用几个主题词的组配去进行查找。比如有关"城市社会学"这一专指主题的图书资料，在标引和检索时，既可以直接选这个词，也可以采用城市和社会学两个词进行组配表达。又比如："民用飞机的氢燃料发动机的结构设计"这一更专指的主题，可以直接选取这一多元词组作为专指性很强的主题词。也可以通过对这个主题概念的分析，选用"民用飞机"、"氢燃料"、"飞机发动机"、"结构设计"等几个主题词的组配去标引和检索。这种组配既可表达图书资料主题的专指问题,又可以较好地解决一些具有学科交叉渗透特点的主题的标引和检索的需要,也符合现代科学技术向综合交叉和专门细化的发展方向。

3. 适应性特点

主题法的字顺系统和组配方法,使其对图书资料的标引和检索工作,具有很强的适应能力。对于人类社会、科学文化、经济建设、工业技术等的迅速发展,以及不断涌现的新学科、新事物、新概念和新的研究课题方面的图书资料,它能及时增补新的主题词,在主题目录、主题索引中设置新的标题。对计算机检索来讲,由于其载体(如磁带、磁盘、磁鼓等)具有自动消磁和再生的作用,以及计算机本身的巨大的处理功能,所以在实际标引和检索时发现的新词,经过研究和规范后可以增补为新的主题词输入计算机贮存。同时,如果发现词表中有的词没有使用价值的,也可以随时删除。如果主题词在语义上发生变化,也可以随时对参照系统加以调整和修改。

4. 集中性特点

主题法对反映同一主题的各个方面性质不同的图书资料,可以达到高度集中的效果。也就是说,从不同学科领域论述和研究同一事物、同一对象或同一问题的图书资料,可以集中在同一标题之下。例如,在"气象学"这一标题下,可以集中气象学各方面的有关图书资料(见例一)。又例如,在"棉花"这一标题下,也同样可以集中棉花的各方面的有关图书资料(见例二)。

例一:

气象学

——海洋

——航空

例二:

棉花

——病虫害

——产销

—军事	—加工
—农业	—生产管理
—森林	—育种

因此,读者可以通过上述这样的一些标题,查到关于某一研究课题的全部图书资料。例一和例二在组配性质上有一些不同,其语法关系是相反的。例一组配的结果分别是海洋气象学、航空气象学、军事气象学、农业气象学、森林气象学这样一些特称性质的主题。也就是说它们都是气象学的一个特称对象(即一个学科分支)。而例二组配的结果则都是棉花的各个方面的问题。鉴于上述情况,主题法不仅可以集中某个事物及其各个方面问题的图书资料,而且有时也可能集中这个事物的各个特称对象的图书资料。这主要是依选词的实际情况而定。譬如说,如果"农业气象学"这个特称词已经直接选定为主题词时,那么"农业气象学"这个词组标题就不能和气象学排在一起了。读者如果要查全气象学的全面资料,就必须再通过主题词的"属S"、"分F"参照的指引再去查找"农业气象学"标题下的有关资料。另一种办法是把类似"农业气象学"这样一些特称词,由正装词序改为倒装词序,即"气象学,农业"的标题形式,这样就能较好地集中"气象学"的图书资料了。

5. 多元性特点

所谓多元性,是指对某些图书资料的主题,采用多个概念单元(即多个主题词)进行的标引和检索(包括组配标引和组配检索)。这种标引和检索可称之为多元标引(多面成族)和多元检索(多面检索)。用一个概念单元(一个主题词)进行的标引和检索,叫做一元标引和一元检索;用两个概念单元(即两个主题词)进行的标引和检索则称作二元标引和二元检索。总之,用几个概念单元就称几元。一般来讲,每一个概念单元都代表一个对图书资料内容主题的揭示和查找的途径。组配的或标引的主题词愈多,则检索某一资料的途径也就愈多,也就愈能提高对资料的揭示能力和利用率。这就是我们常说的对某一图书资料的引得深度和标引深度的问题。譬如,"农业气象学"这一主题的图书资料,可以用"气象学—农业"、"农业—气象学"进行组配标引、组配检索。即是说这一主题的图书资料,既可以从"农业"这一标题的字顺下进行揭示和查找,又可以从"气象学"这一标题的字顺下进行揭示和查找。如果某一图书资料涉及多个并列主题时,则可进行分组分别组配标引、组配检索。

据报导,美国有一篇化学专刊文献曾被标引了450个主题词,这实际意味着从450个途径揭示这篇文献。读者也就可以分别从450个途径检索到这篇文献。当然,这样做的主要目的是为了充分报导出这一文献的各个重要的情报内容,并达到使这些重要的情报内容充分地为人们所利用的目的。

第四章　主题法与分类法的关系

.

第一节　主题法与分类法的区别

主题法和分类法是图书情报单位广泛使用的两种主要的检索方法。这两种方法既有相同的共性方面，又有各异的特性方面。从相同的共性来说：首先，它们揭示和检索的对象是一致的，即都是各种类型的图书资料。它们都是依据这一对象的客观存在而产生和发展的；第二，它们都是从图书资料的内容途径进行揭示和检索的一种方法；第三，它们在目的和作用上是一致的，即都是图书情报单位用来组织与编排图书资料检索工具，向读者揭示、宣传和流通图书资料的一种手段。从主题法与分类法相互区别的特性来说，主要表现在如下几个方面：

1. 体系结构的不同

字顺系统是主题法体系结构的主体。这种字顺系统是指主题词表的全部主题词和主题目录、主题索引的全部标题。它们都是依据字顺排列先后的。主题法的这种体系结构，是为了满足对事物进行特性检索的需要。此外，有的主题词表还根据需要，编列了用于组配使用的各种类型的辅助标题或附表主题词，如：地域标题、形式标题、国家标题、人物标题、组织机构标题等。另外，还编制一些用于提高标引和检索效能的分类索引、词族索引、文种对照索引、轮排索引等辅助性的结构措施。

而按学科性质划分的等级层累结构的逻辑分类系统,则是分类法体系结构的主体。这种逻辑分类系统,是指各门学科知识类目的划分,遵循从总到分、从一般到特殊、从低级到高级、从简单到复杂、从上位到下位、层层展开、上下隶属的逻辑序列。这是分类法在体系结构上区别于主题法的主要特点。分类法的这种体系结构,是为了充分揭示事物之间严格的从属派生与平行的相关关系,便于读者从学科门类进行族性检索。既能"鸟瞰全貌"、"触类旁通"、"辨章学术、考镜源流",又能随时扩大和缩小检索范围。此外,分类法在体系结构上,还编列了一定数量的辅助复分表、专类复分表、类目索引或相关主题索引等辅助性的结构部分。用于对主表类号从内容、形式、题材、时间、地域等各方面作进一步的细分,或从不同的途径和方法查找类目。加强分类法的深度和适应能力,提高分类法的使用效果。

2. 揭示事物的角度不同

主题法主要是从图书资料内容的主题字顺角度进行揭示。它所揭示的是某个具体的事物、对象和问题。主题法不问学科分野,也不管学科之间的逻辑系统,而只是对事物的特定对象及其各个方面的问题进行研究和探索。

分类法则主要是从图书资料内容的学科性质出发对事物进行分类揭示的。它所揭示的是事物属于什么学科门类,便于读者把这个事物置于一定学科体系之中进行研究和探索。

3. 对图书资料的集中与分散的不同

主题法是把同一主题的图书资料集中,却把同一学科性质的图书资料分散。相反,分类法把同一学科性质的图书资料集中,但却把同一主题的图书资料分散。譬如,主题法把它们分散排列在不同的字顺位置,分类法则把有关"浮游生物"、"游动生物"、"漂浮生物"和"水底生物"等同一学科性质的图书资料,集中在"Q179 水生生物学"类下。又比如,主题法把有关"中草药药理学"、"中草药制剂学"、"中草药化学"、"中草药栽培学"等同一主题的图书资料,集中在"中草药"这一标题之下。而分类法则把它们分散在医学(R96 药理学、R943 制剂学、R932.1 中草药化学)和农业中的 S567 栽培学等类目下。

4. 标识符号的不同

主题法主要采用直接的词语标识系统,以规范化的或不经规范的自然语言,作为图书资料的内容主题的标识符号。这种标识符号比较直观,给人以一目了然的效果。读者检索图书资料比较方便,迅速准确。概念与标识之间紧密结合为一体,不存在象分类法那样的转换过程。但是,其不足之处是采用这种标识编排图书资料检索工具时,词与词之间是机械地按字顺序列,在编排上不能揭示和反映学科体系上的内在联系。

分类法采用的则是一种间接的号码标识系统,即以字母、数字或二者相混合的号码,作为大小类目的标识符号。分类法所组织和编排的检索工具,主要依据类号进行序列。图书资料的学科体系,也主要是靠这种类号去揭示和反映。类号与类目名称紧密结合,一旦类号完全脱离类目名称,则难于知道类号的含义。在馆员分类编目时,必须把语言文字形式的内容主题转换为号码,再依号码来编排分类检索工具。而在读者查找图书资料时,则必须依据分类法把要检索的主题概念的语言文字形式,转换成相应的号码,再按号码来查找所需要的图书资料。这种标识符号不仅读者难于查找对口的图书资料,而且对新产生的学科类目以及发生变化的类目进行增删和修改带来相当大的困难。

5. 语义关系的显示方法不同

主题法的主题词之间的语义关系,主要是通过它的参照系统,譬如标题法是采用"见(See)"、"见自(See from)"、"参见(See also)"和"参见自(See also from)"等来分别显示各个标题之间的同义、属分和相关语义关系。发展至叙词法,则具有更完整细致的参照系统,即"用(Y)"、"代(D)"、"属(S)""分(F)"、"族(Z)"、"参(C)"等显示上述各种语义关系。有的还进一步细分为:"组代(英文 UFC)"、"族属(英文 BTG)"、"体属(英文 BTP)"、"族分(英文 NTG)"、"体分(英文 NTP)"等语义关系。其次,叙词法还编制有范畴分类索引、词族索引(或词族图)等辅助性措施来显示词的隶属或等级性质的语义关系。

分类法类目概念之间的语义关系,主要依靠类号类目的等级层次,直接显示上下位类目概念之间的隶属关系、平行并列关系。其次还靠参见法、指入法、交替法以及类目注释说明等方法,显示类目概念之间的同义、相关等语义关系。

总之,分类法的语义关系的显示比较直接、明显。主题法的语义关系的显示,由于受到字顺割裂的影响,词与词之间(或标题与标题之间)的语义关系显示,则是一种间接的、暗含的语义系统。

6. 组配的方法不同

主题法的组配,由于直接采用自然语言的名词术语作为组配标识,它的组配是词与词结合,所以使用起来一般比较直观、灵活。譬如,"国际内燃机会议"可以用:内燃机—国际会议(手检标题的组配),或内燃机∩国际会议(机检的逻辑积组配)。

分类法的单线性逻辑序列,一般很难反映学科之间的多种交叉现象。譬如边缘学科、交叉学科和综合学科的图书资料,在类表中往往难于安排位置,适应性较差。为了满足这一需要,现代许多分类法,则采取许多通用复分组配、专用复分组配和主类号组配等有力措施,来补救这一缺点。这些组配措施在一定程度上加强了分类法的适应能力。但是,这些组配形式仍然是简单的、呆板的,也是有限的和很不彻底的。分类法的组配,主要体现于类号之间的组配上。由于受到号码形式的限制,其组配的深度是有限的。组配的层次多了,则号码特别长,甚至多达数十位之多。这对编排组织分类目录、分类索引,对标引和检索图书资料都相当的复杂和困难。现以《国际十进分类法》(UDC)为例:

(1)"中国茶的育种"的组配号码是

633—152:633.72(510)

(育种)　(茶)　(中国)

(2)"国际内燃机会议"的组配号码是

621.43　:　061.3　　　(100)

$\left(\begin{matrix}内燃机\\主类号\end{matrix}\right)\left(\begin{matrix}会议\\通用复分号\end{matrix}\right)\left(\begin{matrix}世界、国际\\通用复分号\end{matrix}\right)$

(3)"五十年来苏联小麦育种研究的进展"的组配号码是

633.11—152.001.5(47)"1912/1962"(047.1)

$\left(\begin{matrix}小麦\\主类号\end{matrix}\right)\left(\begin{matrix}育种\\专用复分号\end{matrix}\right)\left(\begin{matrix}科研\\通用复分号\end{matrix}\right)$

$\left(\begin{matrix}苏联\\通用复分号\end{matrix}\right)\left(\begin{matrix}时间\\通用复分号\end{matrix}\right)\left(\begin{matrix}进展报告\\通用复分号\end{matrix}\right)$

上述举例中,涉及到各种组配符号、组配的先后次序、目录组织排列等方面的复杂性。而且不了解各个类号的概念含义,是根本无法掌握这一连串号码所要表达的是什么。

7. 组织藏书的功能不同

主题法不可能具有组织藏书排架的功能。

分类法在功能上则具有独到的优点,它既能用于组织编排目录索引检索工具,又能用于组织藏书排架,是管理图书的一种科学的方法。

8.适应自动化的程度不同

从总的使用情况来看,主题法由于直接使用自然语言作为检索标识和采取词语概念的组配方法,以及反记著录的方法,因而它更适应于各种机械设备,便于实现图书资料检索工作的自动化、网络化。当然,主题法也可用于编制手工检索工具。而分类法虽然可以用于计算机检索,但主要是用于编制手工检索工具。

由于主题法和分类法在上述各个方面的不同,因而形成两种不同的检索方法。总括起来说,主题法的最大优越性就是专指性(特性)检索作用;而分类法的最大优越性就是系统性(族性)检索作用。

第二节　主题法与分类法的联系

主题法与分类法既有共性,又有相异的特性。主题法的长处正是分类法的短处,而分类法的长处也是主题法的短处。因此,这两种检索方法在图书资料检索工作的实践发展中,存在着相辅相成、相互补充、相互影响、相互渗透和相互发展的紧密联系。这种联系主要表现如下。

1.分类法中蕴含着主题法的因素

分类法具有比较悠久的历史。如果从(公元 26 年)我国汉代刘向、刘歆的七略算起,已有一千九百多年的漫长历史了。而主题法从产生至现在才只有近百年的历史。主题法是在分类法发展的基础上产生的。它吸收了分类法的合理思想和长处,而形成一种新的检索方法。

分类法在近百年的发展过程中,已蕴含着主题法的各种因素。这些因素是:

(1)组配方法的利用　在分类法的发展中,组配方法的利用愈来愈多。由于应用组配方法,使分类法的面貌为之一新。因而形成几种不同体系结构的分类法类型。不同类型的分类法其组配方法应用的程度则不一样。现分别论述如下。

①学科体系分类法　这种分类法从产生到现在延续的时间最长,使用最广。所谓学科体系分类法,就是把所有类目主要按照学科知识的体系和内在的逻辑性,采取尽量列举类目的方式,组成一个有等级层次的分类系统。这种分类法又叫做层累制或等级制分类法。

学科体系分类法初期,原本没有什么组配方法的应用问题,直至近代1876年产生《杜威十进分类法》以后,组配方法才开始有了应用。但还是比较简单的、少量的组配。这些组配主要体现在各种通用复分表、专类复分表和仿分以部分类目下规定的冒号组配编号法等形式上。

现以我国1980年出版的《中国图书馆图书分类法》为例,将主题法的组配因素列入表中,如下:

分类法名称	类型	含 主 题 法 因 素
中国图书馆图书分类法	学科体系分类法	1. 组配方法的应用 　　(1)通用复分表6个 　　(2)专类复分表32个(含338个复分类目) 　　(3)仿分146处 　　(4)主类号采用冒号组配18处(选择性的) 2. 多元性类目的设立——交替类　416处 3. 按主题集中列类 　　如:"A 马列主义、毛泽东思想";"I210 鲁迅著作"; 　　"TM3 电机"。 4. 相关主题索引

②分面分类法（Facted Classification）这种分类法又称为组配分类法（Coordinate Classification）。分面分类法是一种具有分面结构性质、采取组配方法的分类法。这种分类法，就是把各门学科的主题内容或图书资料的特征因素，分成若干范畴的面，称为分面。换句话说，就是按照一定的标准，将各种事物概念的属性，划分为一个个的方面或剖面，简称为面。这些被划分出来的面，就是一些具有某一共同特征属性的一组事物。即是说，在每一个面里，都包含有许多具有同一范畴性质的类目。把这些面及其面下的细目，配备一定的标识符号，并按照一定的组配顺序编排成一个个分类表。分编图书时，首先分析出主题的各个组成要素，在分类表里选取与主题的各个要素相对应的面及面下的细目的标识符号，按照规定的组配符号和顺序进行组配表达。这种分类法的优点是：使分类号有无限的深入和扩张的余地；在增添新学科类目时而不牵动全局；由于采用分面组配的方法，而便于实现图书资料检索的机械化、自动化。这种类型的分类法，一般比较复杂，形式也多种多样，如：印度阮冈纳赞的《冒号制分类法》以及《英国组面分类法》等。这些分类法已经非常接近主题法，是一种全面使用主题组配方法的分类法。

例如：《冒号制分类法》（Colon Classification）它所编列的各个面、点、相都配置一定的标识符号和组配连接符号，因而形成一种主题分面组配的公式。

面的名称	顺　序	分面指示符号	组配连接符号
本　体	1	〔P〕	，
物　质	2	〔M〕	；
动　力	3	〔E〕	：
空　间	4	〔S〕	·
时　间	5	〔T〕	'

这种分面公式也可写成：

,〔P〕;〔M〕:〔E〕·〔S〕′〔T〕

在同一主题中，它所包含的范畴面可能不只一个。而在同一范畴面也可能在主题中出现多次，则称为第二巡、第三巡……，并分别用2P、2M、2E……来表示。此外，在本体范畴和物质范畴之内，由于可以不止采用一个特征来作为分类标准，所以同一范畴可以有几个面。例如文学类的语言、体裁都属于本体范畴的面，阮冈纳赞称之为同一巡内同范畴的面为层，因而有第二层本体、第二层物质，分别用 $P_2 M_2$ 等来表示。

该分类法共分五部分：分类规则及分类法使用说明；分类表；主题索引；印度经典分类表；复分表——总论复分表、地理复分表、语文复分表、时代复分表。在实际应用中，主要是"分类规则及分类法使用说明"和"分类表"相配合进行使用。

分类表共有 35 个大类，大类下再列惯用类（二级类），有的惯用类下再列惯用类（三级类）。这些类目都称为基本类。每一个基本类都列出该类的分面组配公式，并依据该类的一些特征属性，划分出许多组单一性质的类目。

例如：N2 为雕塑类，其类下的分面组配公式为：

N2,〔P〕〔P_2〕〔B〕;〔M〕:〔E〕

其下面列出：P、P_2 风格用地理复分表和时代复分表区分

P3（形象）

1. 人体

2. 自然物

3. 风景

4. 植物

5. 动物，等等。

M（材料）

1. 木

3. 大理石

4. 石

5. 青铜

6. 其他金属,等等。

E(方法)

……

4. 设计

5. 制模型

在类分雕塑方面的图书资料时,首先将书的内容主题进行分析,找出它的各个分面要素(即主题因素),然后通过类表找出各个要素的类号,再依照分面组配公式顺序填写,即得到这本书的类号。

例如:"雕塑概论"其号码是　N2

"金属雕刻"其号码是　N2;6

"人物石雕的设计"其号码是　N2,1;4:4

"动物雕塑的设计"其号码是　N2,5:4

总之,《冒号制分类法》虽然也列出一些基本类,这些类可能有二级、三级,但它们是作为表达和描述图书资料内容主题的一个概念组配因素。一个主题的表达,往往大多都是由这样的基本类之间组配、或者是由基本类与面中的点或几个面中的点组配实现的。

分面分类法与主题法的组配,是一种极为相近的组配方法。所不同的是它们所使用的标识符号、组配符号相去甚远,一个采用间接的人为的号码标识,另一个采用直接性的词语标识。

③学科体系与组配相结合的分类法　这种分类法是以各学科中的基本类目为基础,结合采用各种专类复分组配、通用复分组配,以及基本类目之间的主类号组配等方法,而形成的一种混合式的分类法。

这种类型的分类法主要是《国际十进分类法》。它的主要特点是:第一、保持和照顾到了分类法的学科体系性质和完整。它的类目最为详尽,约有 15—20 万类目;第二、由于将组配方法扩大到主表的各级学科类目,因此使表达类目的专指性提高了,每个类目的扩张能力加强了(尤其是对边缘学科、交叉学科类目概念的表达能力较好地得到满足);第三、该法类号可以采用轮排方法。表达类目的灵活性、多元性(即多面成族,多面检索的功能)加强了。

　　《国际十进分类法》的一些组配方法,详见下表。

分类法名称	类型	含 主 题 法 因 素
国际十进分类法（简称ＵＤＣ）	学科体系与组配相结合的分类法	1. 主类号组配及其符号。所谓主类号组配是指主表中的类号之间的组配。 (1)用于几个学科类号之间具有并列关系的多主题图书资料的组配。 　　使用两种组配符号: 　①并列符号" +",用于表达两个或两个以上不连贯的并列主题,例如:"化学与农业"54 + 63。这种组配可以交换位置成为 63 + 54; 　②扩充符号"/",用于表达两个以上相连贯的并列主题,将最前的号码和最后的号码用扩充符号"/"连接起来。例如:"地球卫星、行星、流星及彗星"523.3/·6。 (2)用于几个学科类号之间,具有交叉限定关系的复合主题的图书资料的组配。即用于表达两个或两个以上大致同级而又相互有关的类号。例如:农业统计学 31∶63 这种组配也可以交换位置,变为 63∶31。 2. 通用复分组配及其符号。这是采用各种通用的形式复分表类号,附于学科主类号之后的一种对主类号起限定或细分作用的组配。 (1)通用语区分表及组配符号 =。(指主类号所代表的文献是用什么文字写的)如:66(021) =47 俄文化工手册。 (2)通用类型区分表及组配符号(0⋯⋯)。(指文献的写作或出版的类型、形式)如:66(021)化工手册。 (3)通用地区表及组配符号(⋯⋯)如:91 (51)中国历史。 (4)通用种族与民族区分表及组配符号(=)。如:393(=515)藏族的风俗习惯。

分类法名称	类型	含主题法因素

国际十进分类法（简称UDC）	学科体系与组配相结合的分类法	(5)通用时间区分表及组配符号"……"。如:63(42)"18" 19世纪英国农业。
		(6)通用观点区分表及组配符号00……。
		  如:622.33.004.8 煤的废物利用。
		3. 字母辅助区分组配
		  如:53 (092)Einstein 爱因斯坦传记
		    9(42)Bacon 英国哲学家培根
		4. 专类复分表及组配符号——和.……（适用于特定学科的类目区分）
		  如:546.13－121 元素氯,546.13.03 氯的物理性质。
		5. 相关主题索引。

（2）分类法中有些类目按主题集中列类 所谓按主题集中列类,就是对同一事物、同一对象的各个方面的问题,集中于该事物（或该对象）的类目之下,而不管其各个方面问题的学科性质如何。

例如:《中图法》的"I210 鲁迅著作"基本上是按主题对象——鲁迅,集中了鲁迅的一切著作和有关研究学习鲁迅及其著作的一切图书资料。

I210　鲁迅著作

　　.1　　全集

　　.2　　选集、文集

　　.3　　理论著作

　　.4　　杂文、散文

　　.5　　诗

　　.6　　小说

　　.7　　日记、书信

　　.8　　手稿、墨迹

.91　史著

.93　译文集

.96　向鲁迅学习

.97　著作研究

又如《中图法》的"TM 3 电机"基本上也是按主题集中的列类方法。

采取依主题列类的方法,并不是随意的,而是为了照顾专业图书馆和专业读者在组织藏书、查阅图书资料方面的需要。

(3)设立交替类目　交替类目是一种提供选择使用的类目。这些类目一般都反映该类目具有双重或多重学科性质。这种现象主要是由于科学技术发展日益相互渗透交叉所必然带来的结果。交替类目是后来主题法多面成族和多面检索原则的一种早期形式。交替类目与原来类目(即宜入的类目)不能同时选用,只能是二者或多者择用其一。

例如:《中图法》将"农业经济"归入"F 经济"类下的"F3 农业经济",而在"S 农业科学"类下设立交替类目"S〔-9〕农业经济",以便农业学科专业的图书馆选择使用。但是,如选用"S-9",就不能用"F3"。

这种交替类目《中图法》共编制 416 处,是对分类法单线(或单面)排列的一种改进,然而还没有真正实现主题法多线(或多面)排列反映的要求。

(4)编制相关主题索引　这是按照主题法的各项原则,把分散于各类的不同学科性质的类目(包括注释说明中涉及的概念),按主题(即按事物或对象)加以集中,供分类人员类分图书资料时参考使用的一种措施和工具。

例如:《中图法》索引,在"力学"这一主题之下,集中了有关力学的 74 个类目。

力学　　　　　　　　　　　　　　　03[①]

—数学方法	O3－O2*
—应用:在建筑中	TU13
，爆破，矿山	TD235.1+1
，爆炸	O38
，爆炸，应用	O389*
，变形体	O33
，波动	O413.1
，材料	TB301
	〔O341〕
，穿甲	O385
，磁流体(航空理论)	V211.1+2
，等离子体	O53
，地壳内部	〔P313.5〕
，地质	P55
，点阵(固体物理学)	O481.2
，点阵(晶体物理学)	O733+1
，动力学　见　动力学	
，动水	TV131.2
，断裂	O346.1
，断裂，飞机	V215.6
	+V215
，多孔介质	O357.3
，纺织	TS101.2
，飞行　见　飞行力学	
，非线性	O322
，分析	O316
，分子内—关系:与能量	O561.1
，工程　见　工程力学	

91

，统计	O414.2
，统计，量子	O414.2
，土	TU43
	〔P642.3〕
，土木构造	TU311
，土壤	S152.9
，陀螺	O318*
，物理	O369
，一般	O316.9
，岩石（地质力学）	P554
，岩石（工程地质学）	TU45
	〔P642.3〕
，岩石（建筑科学）	TU45
，岩石（矿山压力与支护）	TD31
，岩石（钻探工程）	P634.1*
，应用	O39*
，原子内—计算	O562.1
，植物	Q947.6
力学变分原理	O316
力学量测量仪表	TH82⑦
力学仪器	TH73⑦*

注：* 表示此类号的类目下有注释参考。

〔〕表录交替类号。

⁺表示其后的号码是《中国图书资料分类法》所延伸的类号。

①表示《中图法》的"一、总论复分表"、⑦表示专类复分表,意为需再依各种复分表复分。

（5）编制分类目录字顺主题索引　这是图书馆为了满足读者从主题查找图书资料的需要,特别为分类目录编制配备的主题索引工具。读者所查得的是分类号码,通过分类号码,再从分类目录中查阅有关主题的图书资料。

分类目录字顺主题索引和分类法的相关主题索引，编制的目的作用不同。相关主题索引的编制主要是为分类人员类分图书资料时参考使用的工具，而分类目录字顺主题索引则是专供读者从主题角度查阅图书资料的一种桥梁工具。但是它们的编制原则和方法基本相同。因此，在分类法有了相关主题索引之后，已经完全没有必要再编分类目录字顺主题索引了。图书馆可以充分利用相关主题索引来代替分类目录字顺主题索引。当然，在有了主题目录的单位就更没有必要来编制这种索引了。

这种索引是一种间接性的桥梁工具，使用起来并不方便，读者从索引中查到分类号后，必须把类号抄录下来，再转查分类目录，远不如设立主题目录直截了当。虽然图书馆多花了人力物力，然而读者却节约了大量时间。

在我国现今的情况下，这种索引作为一种学术思想介绍是可以的，但作为推行使用，则大可不必。因为：①目前我国几部主要的分类法都已具有相关主题索引（《中图法》的索引也已出版），可以代替分类目录主题索引；②我国《汉语主题词表》已经出版试用，各单位建立主题目录已有了条件。

（6）分类法的"参见" 这也是主题法继承的一个方面，它是指引分类人员和读者从某一类目去查找另一个或几个相关类目的一种反映语义关系的措施。它一方面可以帮助分类人员正确选择类号标引图书资料，另一方面则帮助读者扩大检索途径。

2. 主题法中吸收的分类法因素

主题法为克服自己的缺点，吸收分类法优点，特别是加强其系统性（族性），而采取了许多必要的措施和手段。

（1）主题法是在分类法的语义参照系统的基础上，进一步发展完善的。分类法类目之间的语义关系，一是靠类目之间的直接等级层次反映属分语义关系;二是采用"参见"法、"交替"法、"指入"法等方法反映学科类目之间交叉渗透、相互影响的相关语义关系;三是在类目之后括号内指出其同义词语义关系。

主题法的主题词之间的语义关系,同样也具有属分、相关和同义等三种类型。但是它所反映的方法不一样,因为受到字顺编列的影响,所以主题法是采取一种间接的暗含的语义参照系统。总的来说,除关键词法没有语义关系之外,标题法和单元词法的语义参照系统比较简单概括,叙词法却比较详细完善。但都是和分类法语义参照相对应的,见下表。

检索方法 语义关系	主 题 法		分 类 法
同义关系	标题法　单元词法	见、见自	部分类目后带括号者,如: 道德哲学(伦理学),即道 德哲学与伦理学为同义 关系
	叙词法	用、代	
属分关系	标题法　单元词法	参见、 参见自	当于分类法的上位类目、 下位类目、直至各大类 类目
	叙词法	属、分、族	
相关关系	标题法　单元词法	参见、 参见自	"参见"法 "交替"法 "指入"法
	叙词法	参	

(2)编制范畴分类索引(又称为范畴索引、分类索引、范畴表等)范畴分类索引,是把全部主题词按照学科性质和词义属性的范畴,划分为若干大类、二级类、或三级类,每类之下再依主题词的字顺排列起来的一种分类系统。这种分类系统吸收了分类法按学科性质归类的特点,有时一个主题词可能需要归入几个类目之下。例如:"民族解放战争"一词,就按学科性质归入了政治、军事、历史和民族等四个类目。目的是为了把这种具有多重学科性质的主

95

题词,使不同学科专业的读者都能查得到。以学科性质归类是范畴分类的主要标准,但也有的主题词类目则是按其词义属性进行归类的,并不完全按学科性质归类而是按其词义属性,即词的某一特征属性归类的。例如:《汉语主题词表》的范畴分类索引中,"02J宗教"类下的子目,以及子目下的主题词就按词义属性列的类目和主题词。

02J	宗教
02JA	宗教一般概念
02JB	宗教教名

        本波教(Y 本教)
        本教
        道教   (按词义属性归类
        东正教   的主题词)
        佛教
        ……

02JC	宗教教义
02JD	宗教教派
02JE	宗教寺名、节日、神鬼名

（3）编制词族索引　这种索引又称等级索引,是主题法在吸收分类法等级层次分明的属分关系的优点后,所产生的一种辅助索引。分类法把具有隶属关系的类目按学科层层编列直至大类类目。主题法也是依据这种层层编列的方法,将有隶属关系的主题词编列在一起,由最下位主题词,直至最上位的族首词。所不同的是:①主题法的等级是片断的、不连贯的属分语义关系的显示,最高概念的族首族可以有成千上万,而分类法最高概念的类目并不太多,一般只有 10 多个大类至 20 多个大类;②主题法的等级是不完整的,只是反映所收录的主题词之间的属分语义关系。许多因采用组配方法而被拆散消失了多元词组的属分关系,都被分解

96

掉了。

（4）编制主题词轮排索引　这种索引的编制,也是主题法用来加强其族性检索和扩大检索途径、以帮助标引选词的一种重要的辅助索引。

（5）标题表的标题配备分类法的号码　美国国会图书馆标题表,在绝大部分标题后标注有美国国会图书馆分类法（LC）的号码。

例如　China—History　（DS701—769）

其中,D 为历史类;DS 为亚洲史类;DS701—769 为中国史所属类目。

这种作法能起到分类法主题索引的作用,便于主题标引工作与分类标引工作的对应转换和结合为一体。

（6）叙词表（主题词表）的叙词（主题词）编制对应的分面分类表　英国艾奇逊（J - Aitchison）主编的《分面叙词表》（Thesauro-facet）,除具有将叙词按字母顺序排列的字顺表外,还对每一个叙词采取分面分类的方法,都给予一个具体的类号。每个叙词的类号都互不相同,依据各个叙词本身的概念属性和等级关系,把它们分别编列为各级类目,从大类直至四、五级类目。并配备一定的分类号码,从而形成一个与叙词字顺表有密切内在联系的分面分类表。分面分类表中的类目,一般也都是叙词字顺表中的一个叙词。类目和叙词相互联系、一一对应。类目通过其名称的字顺与叙词字顺表中的叙词建立联系;而叙词则通过它的分类号与分面分类表的类目联系起来。

例如:在《分面叙词表》的字顺表中,第 358 页列有如下叙词款目:

Library　Catalogues　A2E

　UF　　Catalogues（libraries）

　RT　　Catalogueing

Information retrieval systems

BT(A) Library Publishing

而在分面分类表中,则将"Library Catalogues"这个款目叙词,列为一个具体的类目:

A2E　Library catalogues

这样,许多图书资料的复合主题,既可以选用叙词进行组配标引和组配检索,也可选用类目的类号进行组配标引和组配检索。此外,在类表中也可事先用组配的办法列出许多复合主题,组配符号用斜杠表示。

例如:在类表中,要表达复合主题"Horizontal forging machine tool"(卧式锻造机)用三个相关类目的类号组配在一起即可,其形式为:TE/TA2/ARO。

(TE 为 Forging,TA2 为 Machine tool,ARO 为 Horizontal)。

这种由分面分类表和叙词字顺表所组成的分面叙词表,是主题法与分类法相互联系、相互融合的一项重要发展。它的叙词字顺表可以自成检索系统,用于图书资料的标引和检索。同时,分面分类表也能自成检索系统,用于图书资料的标引和检索。但是,只有二者结合使用才能取得最佳效果。分面叙词表是一种多用途、多功能的检索词表。它既可用于计算机检索,又可用于手工检索;既可用于编制主题检索工具,又可用于组织分类检索工具;既具有标引和检索图书资料的功能,又具有组织藏书分类排架的功能。

总之,主题法与分类法,既有区别,是两种不同的检索方法,同时又有密切的相互联系。它们在实践发展中,相互借鉴、相互补充、取长补短,不断提高和改进标引、检索的效率与功能。

归结起来它们的共同发展趋势是:字顺系统与分类系统、族性检索与特性(专指性)检索相结合、相统一的发展方向。

第五章　标题法

第一节　什么是标题法

标题法是主题法的一种早期类型。它是在标题的基础上所形成的一种手工式的和先组式的主题检索方法。所谓标题,是由英文 Subject heading 一词翻译而来。其意为"主题标目"(或称主题标识)。一般采用自然语言中事物现成的"名",经过一定的规范后,作为概括和表达图书资料内容的主题标目,即为标题。例如:

J222　　绘画—中国—古代
25
　　中国历代绘画
　　　故宫博物院藏画集编辑委员会编
　　　人民美术出版社　1978 年 12 月
　　　　100 + 18 页　6 开　布面精装　100 元

　　　　　　　　○

上例中的"绘画—中国—古代",就是反映《中国历代绘画》一书内容的主题标目,即标题。因此,标题是表达图书资料主题的一种语言形式。

依据这种标题的字顺来编排和组织图书资料检索工具的方法,叫做标题法。

标题法除了具备主题法的一般性质和特点之外,它仍具有其自身的一些特殊性质和特点。

1. 标题法是一种先组性质的主题法

前文涉及到所谓先组,是指表达图书资料内容主题的标题,在读者检索图书资料之前就已经选定和搭配好了。或者是在编表阶段选定和搭配,这是属于先组式中的定组型的标题法,即先组式定组型的主题法。或者是在馆员标引图书资料的阶段选定和搭配,而这又是属于先组式散组型的标题法,即先组式散组型主题法。

在编表阶段拟定标题,这就需要事前对当前科学技术发展的状况和图书资料内容主题的实际需要,做一番较深入的调查研究。而且需要组织数量较多的各学科领域里的专家、权威人士,把所有具有检索意义的事物、问题和现象的名词术语,以及这些事物、问题和现象所需要描述和表达的专指深度作出决断,逐个列举成(即组配成)标题的形式。这种列举的方法,具有一定的局限性。因为世界上的事物、问题和现象被人们所研究的和已写入图书资料的,可说是日新月异、千千万万,一般是很难列举完的。而且这样的逐个列举所有标题的先组式定组型方法,也会造成标题表的篇幅巨大。

如果在标引图书资料时由馆员临时拟定标题,虽然稍灵活一些,但是仍给图书资料的标引工作带来实际困难。对标引人员的专业要求、标引技术也就高了。采取先组式散组型的标题方法,对编表人员来说要相对容易得多。在编表时只需列举出各学科专业中最主要、最基本的"名"作基本标题(主标题),另外再配备一些带共性特征的形式标题、地域标题、国家标题、机构标题、时间标题、书名标题等，作为与基本标题进行组配的辅助性、复分性的部分，这称为辅助标题。或者是在基本标题之下加"说明语"指示标引的具体办法。从总的来说，采取散组型的标题方法，要比定组型的标题方法要简便和灵活得多。

无论是定组型还是散组型的标题法，都必须把读者需要查阅图书资料的检索标题事先组配妥当。这一点是标题法自身的根本性质和特点。

2. 主要适应于手工检索的需要

标题法作为一种早期类型的主题法，主要是为图书馆部门编制手工检索需要的标题目录、标题索引而设计的一种检索方法。因此，它一般不太能适应机器的性能和特点，不利于标引结果的输入（输入量太大），也不适应后组的性能和特点。由于先组性质的局限，而不适宜实现利用计算机进行逻辑积等运算的组配检索。

3. 较大程度地保留着分类法单面成族、单线序列的特点

传统标题法的先期组配出的标题，在检索上是一种单线序列逐级查阅的方法。从事物到方面，也就是说先查事物对象，再查其方面。其先期组配的规则，一般主要是沿着"事物—方面"这样的格局，少数还采用"事物—特称"的规则，而很少采用并列交叉概念的组配。因而较大地限定了组配的范围，影响到许多交叉学科、边缘学科主题的表达和描述。

此外传统的标题法，对图书资料还不能实现真正的多面成族、多途径检索的作用。

4. 标引深度与检索深度浅

组配的级别比较少。一般都二、三级。因此表达和描述主题

的专指性受到标题级别形式的严重影响。而且由于手工目录组织的局限,同一图书资料详细的、多个主题的情报内容,往往得不到充分的揭示和反映。

5. 传统标题法所使用的先期组配,主要是字面式的概念组配

例如:"满族史"这个主题,只采用"满族—历史"的组配标题,而不采用最临近的两个概念的组配标引成"满族—民族历史"。所以人们对传统标题法的标题的理解和阅读比较容易。

第二节　标题表

标题表又称主题表。这是从不同的认识角度对同一事物的不同称呼。从揭示图书资料的主题角度称之为主题表,而从其主题的表达形式,即从标题的角度,则可以称为标题表。所谓标题表,就是按照标题法的原则,把一个个的标题或标题词,依据字顺的方法编排起来的供标引和检索图书资料用的一种控制术语的工具。

标题表有两种基本的类型:一种是按先组式定组型标题法(主题法)原则编制的表,称为先组式定组型标题表;另一种是按先组式散组型标题法(主题法)原则编制的表,称为先组式散组型标题表。

1. 标题表的标题

标题是标题表的基本成分。掌握标题的几个方面的问题,对理解标题表具有重要的作用。

(1)标题的类型　一般分为两种类型:一种是单一标题,另一种是复合标题。单一标题又称单级标题,它是由一个标题词所构成的主题标识。这种标题,从语法上来说主要有三种:

单词标题　　如：物质、经济等。

词组标题　　如：教育心理学。

短语标题　　如：反对自由主义。

　　另一种是复合标题，又称多级标题。主要是为了满足某些图书资料的复杂主题概念的标引需要而设计的。它是由两个或两个以上的标题词，用一定的组配符号（如短横）联接起来，作为主题标目的一种类型。复合标题由于手工形式的局限，一般都在二、三级左右。第一级（即第一个）标题词称为主标题，第二级（即第二个）标题词称为副标题（或称子标题），第三级（第三个）标题词称为副副标题（或称次子标题）。

　　其表现形式为：主标题—副标题—副副标题。

　　主标题是表达图书资料内容主题的关键性概念，一般都具有独立检索意义，能成为读者查询某类图书资料的一个检索入口或检索点。副标题、副副标题一般是对主标题的限定、修饰、说明或对主标题的细分（复分）。

　　上述复合标题的构成形式，在叫法上并不统一。譬如：有人把主标题称为"主题"，副标题称为"副题"；也有人把主标题直接称为"标题词"，其他副标题称为说明词。

　　现把复合标题列举一例如下：

　　　　政治经济学……………主标题

　　　　　　　　　　　　　　（一级标题）

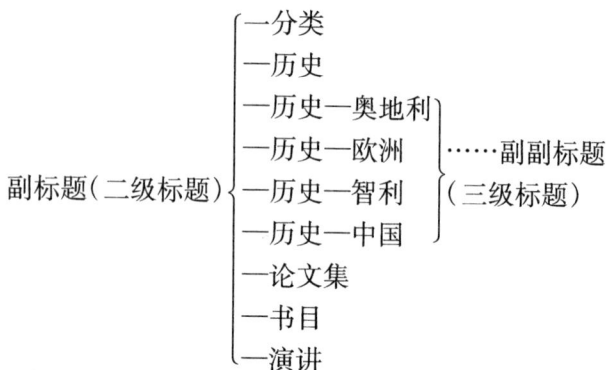

副标题（二级标题）
- 一分类
- 一历史
- 一历史—奥地利 ⎫
- 一历史—欧洲 ⎬ ……副副标题（三级标题）
- 一历史—智利
- 一历史—中国 ⎭
- 一论文集
- 一书目
- 一演讲

Economics
- —address
- —Bibliography
- —Classification
- —Congresses
- —History
- —History—Austria
- —History—Chile
- —History—China
- —History—Europe

在对图书资料主题款目卡片的具体编排中，凡是总讲"政治经济学"的图书资料的主题款目卡片，排在"政治经济学"这个主标题下；专论"政治经济学"的某一方面的图书资料的主题款目卡片，则分别排在有关副标题下；凡是总讲"政治经济学史"的主题款目卡片，应排在"历史"这个副标题下；而专论某一国的"政治经济学史"的主题款目卡片，则分别排在有关的某个国家的三级标题下。

（2）标题的结构形式和符号　标题的结构形式和符号，主要有以下几种：

①组配标题形式　组配符号采用短横"—"加以联系。主要是用于几个具有限定与被限定、事物与其方面关系的标题词之间。

例如:法律—中国

哲学—词典

心理学—研究方法

经济危机—美国—1981 年

组配标题的形式,在早期的标题法中,也有用于事物与其特称对象之间的联系。

例如:心理学

—发生心理学

—发展心理学

—教育心理学

—军事心理学

—医学心理学

由于这种联系不符合组配的概念逻辑关系,在现在的标题中已经逐渐少见了。

②限定标题形式　在标题词后加括号和限定词。这种标题形式和符号,一般都用于对同形异义词、多义词的一种范围限定。

范围限定,一般可以从学科、时间、地点等某方面,选择恰当的、并具有实质性区别的词加以限定约束。

例如:树(数学)

黑旗军(山东)

疲劳(生理)

疲劳(材料)

在早期的标题法中,有的在用法上与此不同。而是用于对学科事物的各个方面的细分,即对学科事物的某一方面的限定。

例如:蒸汽机(材料)

蒸汽机(构造)

蒸汽机（设计）

　　蒸汽机（维修）

　　蒸汽机（制造）

　　③倒置标题形式　其倒置符号用逗号","表示。这种标题的形式和符号,主要是对复合性质的词组进行倒置。一般用于三个方面:

　　第一,为了加强标题目录、标题索引的族性检索作用,即起集中同一事物的各个特称对象及其各个方面的图书资料的作用。

　　例如:广播

　　广播,超短波　　　（即超短波广播）

　　广播,立体声　　　（即立体声广播）

　　广播,卫星　　　　（即卫星广播）

　　广播,无线　　　　（即无线广播）

　　广播,有线　　　　（即有线广播）

　　在早期标题法中,也有的不用倒置符号","而采用加方括号的办法。

　　例如:红楼梦〔小说〕

　　红楼梦〔电影〕

　　红楼梦〔越剧〕

　　第二,用于解决某些专指性很强的图书资料的主题的描述和表达。加强读者在检索时的专指性（准确性）。

　　例如:电能—生产,利用高炉炉顶的剩余压力

　　森林—影响,对气候的

　　第三,用于作某些正装标题的标题见片。

　　例如:

```
   社会学,宗教
     见  宗教社会学

                    ○
```

④复杂标题形式　多种符号相混合的一种形式。

例如:肿瘤—诊断,超声波

⑤正装标题形式　依自然语言词序书写的标题形式。

例如:宗教社会学、超声波广播等。

（3）标题的语义参照　标题的语义参照（即指标题的参照项）是标题法揭示标题与标题之间语义关系的一种重要的措施手段。

标题的语义参照,主要有单纯参照、相关参照和一般参照三种。

①单纯参照　这是一种反映同义关系的参照,是从不用的词语指引到正式使用的标题。采用"见"的形式加以联系指引。

例如:"孙逸仙　见　孙中山"。在标题目录中则制作成标题见片的形式。

```
        孙逸仙
        见    孙中山




                        ◯
```

上例中,孙逸仙是不用的词语,而孙中山是标引和检索图书资料时正式使用的标题。

这种参照,在标题表中有的还作出对应的反参照,即"见自"的参照形式。"见"与"见自"是对应的。

如:"孙中山   见自   孙逸仙"。

但也可以不作这种"见自"的反参照而只作"见"参照。

②相关参照   这是对两个具有等级关系或相关关系而又都是正式使用的标题之间的参照。它们采用"参见"的形式加以联系指引。这种"参见",当反映相关关系时一般都应作对应的反参照,用"参见"或"参见自"加以联系。

例如:"太平天国   参见   洪秀全"在标题目录中则被制作成标题参见片的形式。

太平天国
　　参见　洪秀全

○

洪秀全
　　参见　太平天国

○

　　另一种情况是,有的标题表在反映等级关系的参照时,往往只作上位概念的标题参见下位概念的标题,而不作相反的"参见自"。

　　例如:"心理学　参见　社会心理学",而不作"社会心理学参见自心理学"。

```
心理学
参见　社会心理学




                            ◯
```

③一般参照　这是一种概括性的举例性的标题参照。为了缩减标题表的篇幅,在引导读者或标引者从一个标题去查找许多不胜列举的标题时,而采取举例说明的办法,并不一一列举出来。

例如:"振动　参见　各种类型的具体振动,如测向振动、垂直振动等"。在标题目录中,应制作成标题参见卡片的参照形式。

```
            Zhen dong
            振　动
            参见　　各种类型的具体振动,如侧向
                    振动、垂直振动等




                    ◯
```

（4）标题的排列　标题的排列主要是依据每个标题的字顺方法加以序列的。中文标题,一般大都依据汉字的各种检字法加以编排的。或者依汉语拼音字母顺序编排,或者依汉字的四角号码编排,或者依汉字的部首、笔画、笔形等方法排列。英文标题,则一般依英文字母顺序编排。

复合标题,首先依主标题的字顺编排。同一主标题下的副标题,则一般依副标题的字顺编排。同一副标题下的副副标题,则再依副副标题的字顺编排。少数反映历史朝代或时间概念的副标题或副副标题,则可考虑依朝代的先后、时间的先后编排。不必拘泥于字顺。

例如:cha

茶

茶—管理

　—贸易

　—种植

茶,红

茶,绿

jingji

经济

　—加拿大

　—美国

　—日本

　—苏联

　—中国

kaogu wenhua

考古　文化

　　　—唐代

　　　—宋代

—元代

　　—明代

　　同一标题字顺后的各种符号,其排列次序为:先"短横"(—)后"逗号"(,)。

　　2.标题表的体系结构

　　不同类型的标题表,在体系结构上是不一样的。即使是同一类型的标题表,在体系结构的设计和编制方法上也不一定尽同。

　　(1)先组式定组型标题表的体系结构　这种标题表的体系结构一般都比较单纯,除了使用说明以外,主要是将搜罗起来的各个单一标题(少量的)和复合标题(大量的)依照字顺原则编排的标题字顺表。在标引时,直接从表中选取现成的标题来描述和表达图书资料的主题。

　　(2)先组式散组型标题表的体系结构　这种标题表,除了使用说明以外,主要分为两大部分:基本标题表和辅助标题表。

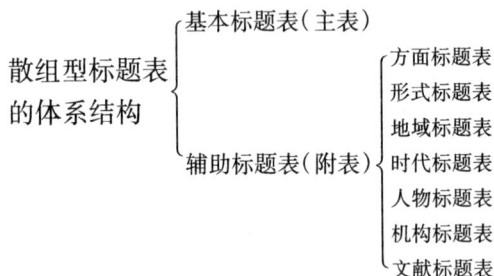

散组型标题表
的体系结构
{
　基本标题表(主表)

　辅助标题表(附表) {
　　方面标题表
　　形式标题表
　　地域标题表
　　时代标题表
　　人物标题表
　　机构标题表
　　文献标题表
}
}

　　①基本标题表　这是散组型标题表的主体结构,或称主表。基本标题表中所收集的标题(或称标题词),均是各学科领域中具有检索意义的最基本的标题概念。也就是描述和表达图书资料主题中关键性的概念部分。

　　其范围包括下列各个方面的名词术语:

　　A　学科名称。如:哲学、社会学、化学等。

　　B　事物、研究对象。如:飞机、坦克、汽车等。

C　事物的理论、定理、定律、学说。如:认识论、辩证唯物主义、牛顿定律、米丘林学说等。

D　事物的过程、现象、状态。如:交换、流通、温度、疲劳等。

E　事物的研究方法、工作方法等。如:化学分析、高空模拟、心理测验、阶级分析等。

F　事物的制造工艺。如:锻造、焊接、切削、热处理等。

选取上述名词术语作标题词,可以是单词,也可以是词组。主要从专业检索的需要出发,并考虑这些标题词的网络性(概括性)和专指性两个因素。

②辅助标题表　这是基本标题表的辅助性部分,或称附表。一般用于对基本标题表中的标题词起限定、修饰和复分的作用。在标引时,主表和附表中的词根据它们之间的概念关系相互组配起来,共同描述和表达图书资料的主题。辅助标题表中的标题词,一般都作副标题使用,少数则兼作主标题使用。

辅助标题表收录的概念范围,主要是一般通用概念、著作的形式体裁、专有名词等诸方面的名词术语。

辅助标题表一般包括下列几种:

A　方面标题表　这种标题表中所收录的标题词称为方面副标题。方面副标题是用来对主标题的复分,成为主标题的某一方面。

例如:铁路—管理
　　　　—规划
　　　　—维修

B　形式标题表　这种标题表中所收录的标题词称为形式副标题。这是用来说明图书资料的著述形式、体裁等。

例如:农业—书目
　　　数学—手册
　　　心理学—论文集

医学—词典

这种副标题当它自身被作为研究对象或为了集中某种形式的图书资料时,也可作为主标题。

例如:词典—编纂法

　　　—经济学

　　　—化学

　　　—物理学

　　　—哲学

C　地域标题表　这种标题表中所收录的标题词称为地域副标题。它包括国家名、地名、洲名、行政区划名等。这是从空间位置上对主标题的一种限定和修饰。

例如:工业—中国

　　　农业—美国

　　　刺绣—杭州

　　　地毯—新疆

在使用地域副标题时,有时也可以考虑规定统一添加该地区的上位概念的词作副标题。

例如:工业—中国—上海

　　　农业—中国—湖南

　　　酿酒—中国—浙江—绍兴

D　时代标题表　这种标题表所收录的标题词称为时代副标题。这是从时间上对主标题的一种限定和修饰。

例如:历史—日本—江户时代

　　　—日本—奈良时代

　　　—日本—明治维新

　　　历史—中国—唐代

　　　—中国—宋代

世界史—古代

　　　　—中世纪

　　　　—近代

　　　　—现代

　　同一主标题下的时代,时间副标题的排列,一般可打破字顺方法,改为按时代、时间的先后次序排列。

　　E　人物标题表　这种标题表中的标题词称为人物标题。人物标题既可作主标题,又可作副标题。人物标题的选定,主要是古今中外具有文献论述和研究价值、检索意义的人物名称。以人物名称作标题,不是指这个人本身的著作,而是指对这个人从各方面进行研究的图书资料。因此,应和一般著者目录中的著者标目加以区别。

　　例如:鲁迅—传记

　　　　—治学精神

　　　　—世界观

　　F　机构标题表　这种标题表所收录的标题词称为机构标题。凡具有研究价值和检索意义的各学科的专门研究机构、学术组织、党派社团等名称,均可作为收录的对象。

　　例如:经互会、欧洲共同体、三 K 党、日本自民党、同盟会等。

　　G　文献名称标题表　凡成为研究对象的图书资料的名称,包括书名、篇名等,均可列入此表,成为读者检索的一个对象。

　　例如:《共产党宣言》、《红楼梦》等。

3. 标题表的款目结构

　　在标题表中,每一个查找的单位称为标题款目。标题款目是标题表的基本结构单位。

　　标题款目的结构,一般包括:

　　　　款目标题(词)(定组型由主标题、副标题、副副标题组

成）

　　　款目标题的字顺标记（汉语拼音或四角号码等）

　　　款目标题的注释

　　　款目标题的参照项

　　　款目标题的范畴分类号

例一：

jiao chou xue

校　雠　学

　　参见　目录学、史学、版本学、图书学。

例二：3030_1

　进化论

　　天演论及反天演论以此标，达尔文进化论需制双重标题。

　　参见　生物学、古生物学、人类学、社会学。

例三：China——History　　（DS701－796）

　　　　　　　　　　（LC 的分类号码）

第三节　两部典型的标题表

在世界上颇具影响的标题表，当推《医学标题表》和《国会图书馆标题表》。这是早期的主题法—标题法的代表作。

1.《国会图书馆标题表》　（美国）

这是美国国会图书馆编制的一部先组式定组型的综合性的大型标题表。

这部标题表，自第一版 1910—1914 年发表以来，至今已有 70 多年的历史了。它曾先后修订了 9 次，是一部编制完善、影响最大和使用时间最长的标题表。其标题款目最多时达十多万条。印刷页码高达 2,743 页。这是列举式标题表中的宏篇巨著。其所收标题所反映的新兴学科和现代科学技术,已有相应的增补。

《国会图书馆标题表》的标题款目,在编制体例上主要有两点值得强调:

(1)标题款目的结构比较完善 主要包括:款目标题(由主标题、副标题、副副标题组成);款目标题后一般标注该标题在国会图书馆分类法(LC)中的分类号;标题的注释;标题参照等。

例一:

款目标题   LC 分类号
↑   ↑

Chinese - Japanese War,1894—1895(DS765—7)

见自 ←— X China—History - War with Japan 1894—1895

China—Japan War,1894—1895

Japan—History - War with China,1894—1895

Japanese—Chinese War,1894—1895

Sino—Japanese War,1844—1895

参见自←—XX Eastern question (Far East)

副标题←—— Medical and Sanitary affairs(UH302 1894)

↓

LC 分类号

例二:

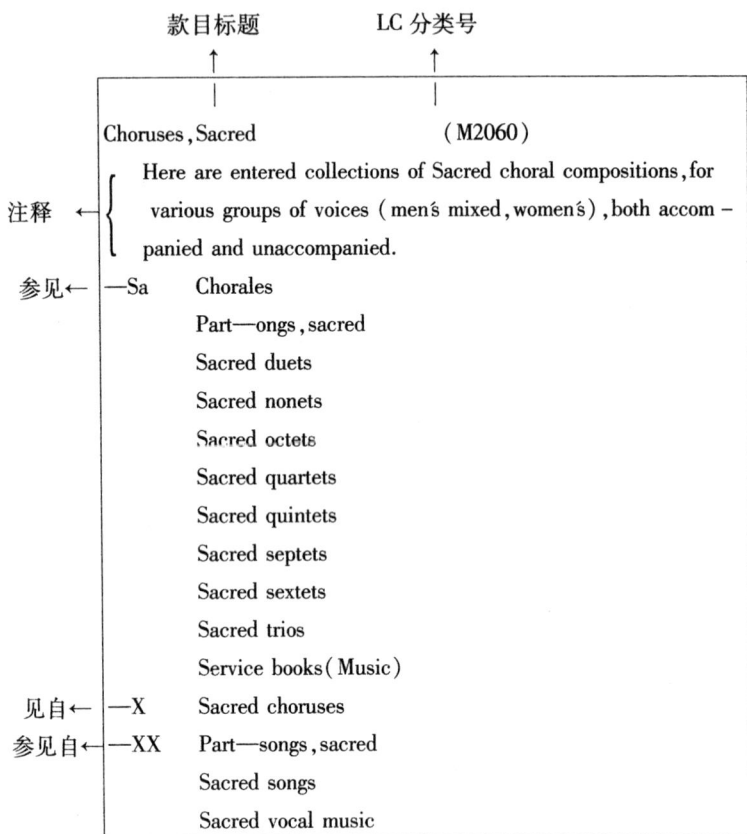

款目标题　　　LC 分类号
↑　　　　　↑
|　　　　　|

Choruses, Sacred　　　　　（M2060）

注释 ← { Here are entered collections of Sacred choral compositions, for various groups of voices（men's mixed, women's）, both accom-panied and unaccompanied.

参见 ← —Sa　Chorales

Part—ongs, sacred

Sacred duets

Sacred nonets

Sacred octets

Sacred quartets

Sacred quintets

Sacred septets

Sacred sextets

Sacred trios

Service books（Music）

见自 ← —X　Sacred choruses

参见自 ← —XX　Part—songs, sacred

Sacred songs

Sacred vocal music

　　　在款目结构中, 最具特色的作法是: 在标题之后注明国全图书馆分类法的分类号码, 从而将标题与学科分类系统相互联系在一起。这对于图书馆员进行主题标引和分类标引的相互结合, 创造了有利的条件。在一定程度上便利和加快了主题标引和分类标引的效率。标引时, 通过图书资料的内容分析, 确定了标题词, 就能较迅速地从标题表中找到恰当的标题。再依据标题, 又可以了解

118

和知道该标题在分类法中的一般位置和学科范围。该标题表不仅对主标题显示它的分类号,而且对整个复合标题(包括副标题、副副标题)也都显示其分类号。这就在客观上加强了标题表与分类法之间,即字顺系统与分类系统之间的有机联系。

例如:China

———History （DS701—796）

DS701 - 796 是美国国会图书馆分类法类号。其中"D"为历史,"DS"为亚洲史,"DS701—796"为中国史的类号。

(2)该标题表的第二个特色是标题之间的语义关系的参照比较完善 为了充分显示标题之间的同义、属分和相关关系,该标题表采取了下列三种参照办法:

①单纯参照 这是一种对标题和它的同义词、近义词等之间的语义参照。是从不用的词语引见到正式使用的标题,采用"See"为参照符号,表示"见"的意思;或者是从正式使用的标题指明它所包含的各种同义语,采用"X"（即代表 See from）为参照符号,表示"见自"的意思。这是一种既有正参照,又有反参照的双向参照。许多其他的标题表采取只有 See 而没有 See from 的单向参照,这是该标题表与其他一些标题表不同的一点。它主要包括下列几个方面:

第一、标题及其同义词、近义词之间的相互引见。

例如:Chiromancy

See palmistry

Palmistry （BF908—935）

X Chiromancy

第二、正装词语与倒装标题之间的相互引见。

例如:Chinese silk

See silk , Chinese

silk , Chinese

X　Chinese silk

第三、繁简称之间的相互引见。

例如：Chinese junks

　　　　See junks

　　　junks

　　　　X　Chinese junks

第四、包含与被包含之间的相互引见。

例如：Chinese question

　　　See China——History

　　　　　Eastern question（Far East）

　　　China　History

　　　　X　Chinese question

　　　Eastern question（Far East）

　　　　X　Chinese question

第五、单复数之间的相互引见。

例如：Mouse

　　　　See Mice

　　　Mice

　　　　X　Mouse

第六、并列单词组成的标题中，后一单词与前一单词之间的相互引见。

例如：Science and the Bible

　　　　See Bible and Science

　　　Bible and Science

　　　　X　Science and the Bible

第七、俗名与学名之间的相互引见。

例如：Diesel engine

　　　　See Diesel motor

120

Diesel motor

    X   Diesel engine

第八、新称与旧称之间的相互引见。

例如:Spanish America

    See Latin America

Latin America

    X   Spanish America

②相关参照　这是一种包括属分语义关系的标题之间和具有并列相关语义关系的标题之间的参照联系。其参照符号为"Sa"(See also),即"参见","XX"(See also from),即参见自。

属分语义关系的标题之间,本属于等级性的参照,但在标题法中是与相关语义关系的标题参照统一处理的,都同时作为相关参照对待。这种包括等级性的相关参照,是从上位概念的标题参见下位概念标题,或从下位概念标题参见自上位概念标题。

例如:Quartets

    Sa Jazz quartets

Jazz quartets

    XX   Quartets

其次相关参照中还同时包括许多相互之间密切相关的(如原因与结果关系、矛盾关系、交叉关系等概念)标题之间的参见。

例如:Quietism

    Sa   Mysticism

Mysticism

    XX   Quietism

③举例式参照(或称一般参照)　这是由于被参见的标题的数量很多,为了精简款目,指引检索者从某个标题去查找与它相关的不胜列举的标题,而只采取举例说明的参照方式。也用"参见"和"参见自"的符号表示。其参照的范围,可以从广义标题参见不

能——列举的各种狭义标题、或人物标题、或地名标题、或者是指出相近标题。

例如：Winter resorts（Indirect）

　　　Sa　Health resorts，watering－places，etc。

　　Health resorts，watering－places，etc.

　　（Indirect）

　　　XX　Winter resorts。

2.《医学标题表》（美国）

《医学标题表》（Medical subject Headings Annoteted Alphabetic List），是美国华盛顿国立医学图书馆在1960年编制的一种先组式散组型的标题表。该表包括基本标题和辅助标题两部分。基本标题收5,000多个；辅助标题包括体裁副标题（67个）、时间副标题（9个）、形式副标题（22个）和地名副标题等。这部标题表在世界医学界有较大的影响，它主要有如下一些特点。

（1）正装标题和倒装标题同时并用。表中一般主要采取依自然语言次序书写的正装标题，如：工业护理等。但是，为了使某些医学专业性标题，使用得更为有利和更为合理，以便突出和集中某一事物、问题等的不同特称概念，即集中和突出某一主题的图书资料，因而又采取了不少倒装标题的形式。

例如：精神病，酒精中毒性

癌，管状

（2）该表规定，主标题（基本标题）和副标题（辅助标题）之间可以交替使用。

例如："微生物学"既用于主标题，又可用于作副标题。

（3）该表对副标题的使用，规定比较简括。只作出这些副标题应该怎样使用和在什么时候使用的说明，而不把副标题列入表的本身。

这种作法,与某些标题表不同。

日本图书馆协会 1971 年编的《基本件名标目表》(改订版)(BSH),对主标题的细分和副标题的使用有更具体的规定。如对地域副标题的使用,则直接在某个标题后注上 ⑯ 的记号,或 ⑭ 的记号。吸取了分类法的辅助复分的作法。

例一:"绘画 ⑰",意思是可以加国家副标题对"绘画"这一标题作进一步区分为:

绘画—中国、绘画—日本等。

例二:"地图 ⑯、⑭",意思是可以按国家、地名作进一步区分为:

地图—中国—湖北、地图—苏联等。

苏联国家中央医学科学图书馆的《医学标题表》,是直接在某些标题后,用括号( )注明该标题应使用哪一种副标题进行组配区分。

例如:"维生素 E(3)",意思是说"维生素 E"这个标题,还应依照第 3 组副标题进一步区分为:

维生素 E—应用、维生素 E—生产等。

(4)该表自 1960 年发表以来,随着医学科学的发展和图书资料不断增长的实际标引的需要,曾作过多次经常性的修订。每次修订都有不少新标题增加、过时标题删除,以及某些标题的合并和深化。

(5)该表在标引中,遵循专指性标题的原则,以组配主题索引的概念为基础。所以一个专指性的主题概念,一般都用几个较泛指一些的标题词组配起来表达。而且由于该表已应用于 NLM 计算机数据库的联机检索,使该表既用于手工式的图书卡片的标引和检索,又用于对期刊论文实行计算机后组式的标引和检索。因此,该表已直接使用"叙词"(Descriptor)这一名词概念。该表名为标题表(主题表),而又实有叙词表的性质。在参照系统上,仍然维持着"见"和"参见"两种语义参照的方法。

第六章　单元词法

第一节　什么是单元词法

单元词法是以单元词（又称元词）作为图书资料内容主题的检索标识和查找依据的一种后组式的主题法。它是由 M. 陶布和 C. D. 古尔等人，在本世纪五十年代初期提出的一种主题检索方法。后组式是指被查阅图书资料的主题的检索标识，是在读者检索资料时才进行组配的主题法。单元词（Uniterm）是指从图书资料的主题内容中，抽出的最基本的、并在字面上不宜再进行分解的单词。比如：山、水、玻璃、火车、资料等都是单元词。这些单词一般来说，在字面上不能或者不宜再拆开，否则在专业上已不具独立意义了，如玻与璃、火与车、资与料。每一个单元词都是作为描述图书资料主题的一个概念单元，是组配主题的最基本的主题因素。

最初，陶布为了实际应用这种检索语言，他创造和设计了一种具有深远影响的单元词卡片。这种卡片可以是 75 毫米 × 125 毫米的普通目录卡片，也可以用较大一些的 203 毫米 × 125 毫米的卡片。每张卡片均印有一条横栏和十条直线组成的纵行。每一个单元词都填写一张这样的卡片。单元词被著录在卡片的横栏之上。10 条纵行，用来记录资料的主题中含有某一单元词概念这个主题因素的全部登录号码，即每种（篇）图书资料的代码或贮藏的地址码。登录号按递增数字的次序排列。也就是每一直线纵行里的登录号均由小到大,从上至下排列。并且登录号的记录方法,必须以其号码的尾数为基准,同一尾数者均集中排在同一直线纵行里。譬如尾数是"0",则将登录号记录在第一条纵行里;尾数是"1",则将登录号记录在第二条纵行里;尾数是"2",则将登录号记录在第三条纵行里;……余依此类推。

采取这种以登录号的尾数为基准的记录方法,可以起到找号醒目、快捷的作用。

见下面单元词卡片的示例。

飞机									
00 10	0001	0002			0005	0026	0007		0009
	0091	0092			0035	0056	0017		0319
		0182			0095	0076			0529
		0312				0126			

(卡片实际尺寸为:宽75毫米×长125毫米)

在标引时,当某种(篇)图书资料的主题涉及几个单元词概念时,就将它的登录号分别重复记录在每个单元词卡片中的相应尾数的直线纵行内。这是图书资料著录上的一种反记法,或称反记著录法。

例如:005号资料的主题是"飞机发动机的设计",分析出三个单元词概念:即飞机、发动机和设计。因此,需要制作三张单元词卡片,并把005号码记录在第六个直行里。见"飞机"、"发动机"和"设计"三张单元词卡片示例。

发动机

0020	0001	0002	0003		0005		0027		
0030	0041	0012			0055		0037		
0080		0052			0095				
					0115				

设计

0110	0001	0002			0005	0076	0007		
	0191	0192			0085	0056	0047		
		0202			0195	0086			
		0322				0226			

　　然后,把所有这些单元词卡片,按照款目单元词的字顺排列起来,则形成一种单元词目录。

　　检索时,首先依据检索课题,分析课题中的主题因素,确定构成这一课题的各个单元词及其逻辑关系。然后从检索系统中,即单元词目录中,提出这些单元词卡片,对每张单元词卡片上的登录号进行手工式的逻辑比对查找。如果这个课题的各个单元词之间是一种逻辑积的关系,则同时出现于几张单元词卡片上的那些相同的号码,即是读者所要检索的那个课题的图书资料登录号。然后依据登录号去查依照登录号排列起来的资料目录,就可得到自己所要查找的资料。这种按号码进行逻辑比对查找的方法,称之为比号法,或称比号检索法。这种方法实质就是一种概念组配的方法,所以也可叫做比号组配法。从单元词来说,又叫做单元词组配索引法。

例如:当读者提出有关"飞机发动机的设计"这一检索课题时,首先必须分析出这个课题的三个单元词主题因素:飞机、发动机和设计。然后从检索系统中找出飞机、发动机和设计这三张单元词卡片。对这三张卡片上的登录号同时进行目视比对查找。比对时,先从第一个直线纵行比对起,直至最后一个直线纵行比对完为止。从上例单元词卡片上,发现只有0001、0002和0005三个号码同时出现在三张卡片上。因此,可以判定0001、0002和0005这三个登录号,正是读者所要检索的图书资料的号码。依据这些号码再去查找按登录号排列的图书资料目录,或直接在书架上找到这些图书资料。

这种比号法,其主要的缺点是:

1.标引时的登号工作和检索时的比号手续,一般都比较麻烦。新到资料的登号,必须从检索系统中把卡片抽出,登完后又要插入检索系统。检索比号时,同样也要将卡片抽出和插入。

2.读者检索图书资料,必须经过两道工序。通过比号后,读者只能见到号码,而见不到有关图书资料的详细内容。因此,读者无法进行挑选他所急需的或最合适的图书资料。而必须借助于其他图书资料目录才能真正达到自己的检索目的。

上面论述的是单元词法中的一种主要的类型。一般都称之为比号法。

单元词法的另一种类型是英国巴顿提出的比孔法,又称重叠比孔法,美国则俗称为比孔卡片(Peek – a – boo – Card)。

所谓比孔法,就是在每张概念单元(单元词)卡片上,划分成上千或上万个极小的方格,全部方格从左至右、从上至下按阿拉伯数序编号。每个方格的号码即代表一篇图书资料的登录号。比孔法的资料记录是采取打孔的办法。譬如在标引时,要记录某个单元词的0005号资料时,就在0005号方格上打上小孔。同样,要记录0999号资料时,就在第0999号方格上打上小孔。在图书资料藏量比较多的图书馆和情报单位,则可根据需要把这种比孔卡片的方格设计得更多一些。如果一张卡片方格不够使用,还可续用第二张同样的卡片。

采用比孔法标引资料时,如果一篇资料涉及几个概念单元时,就分别在这几个概念单元的卡片上的同一号码的小方格打上小孔。

例如:第0028号资料其主题是"苏联坦克的制造工艺",可分析出"苏联"、"坦克"、"制造"和"工艺"四个概念单元(单元词),因此需要在这四个单元词比孔卡片上的第28号方格上,分别打上小孔。当然这些卡片上还记录有别的资料号码的孔。

在检索这一主题的资料时,则从检索系统中抽出这四张卡片,把它们重叠对齐后,面向光源观察,凡是各张卡片上穿孔一致的地方,就能马上透过光线,透光的那个孔位的编号,即为所要检索的这一主题的资料号码。这就是比孔法标引和检索图书资料的基本原理和过程。见下页图6所示。

这种比孔法的优点是:

(1)查找多个概念单元组配的主题资料时,手续简便,只需一次比孔手续即可。而比号法则需要多次进行比号比较才能确定命中的资料代号。

(2)一般来说,比号法和比孔法在检索时只能得出资料的代号,还必须借助于其他目录工具了解资料的篇名、著者、出版时间、内容摘要等内容。但是比孔法可以加以改进,将两道工序合一道工序。这就是在孔位上放置一张文摘卡的缩微胶片,透光时,文摘胶片被放大投像,即可了解这篇资料的详细内容,进而可以把这张文摘胶片复制出来。

(3)比孔法剔除资料时比较容易。不必像比号法那样,抽出有关的卡片一一进行修改。它只需要另制一张记录剔除资料的卡

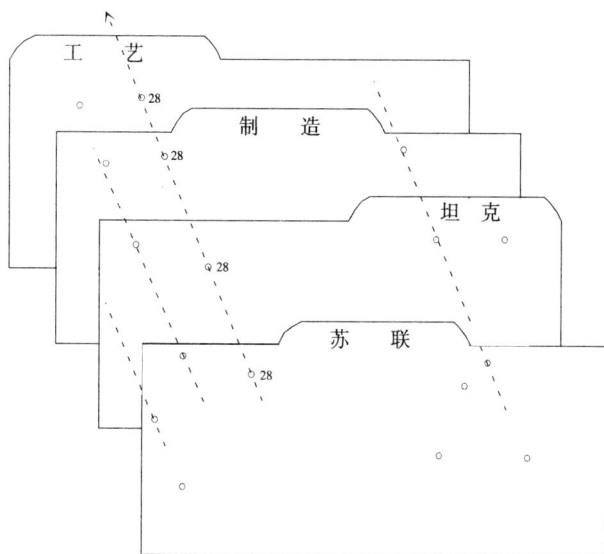

图 6

片,凡是被剔除的资料,就在其号码的相应孔位上贴一块带色的透光薄膜。比孔时,凡发现小孔透出的光是带色的,则说明这篇资料已被剔除。

（4）比孔法实际都应用于手工操作的半机械性质的检索系统,它比完全机械化、自动化的检索系统成本便宜,检索速度快。

比孔法的主要缺点是:它需要具有打孔和透光的设备。

总的来说,比号法和比孔法,主要适合于小型的专业研究单位和文献藏量比较小的单位使用。

第二节　单元词法的特点

陶布等人提出的单元词法,是组配法(或称组配索引法)的一种。它是以最简单而又有独立意义的单元词作为组配的基本单位。每一个单元词在检索系统中都处于同等的地位。单元词检索系统,一般需要具备两种目录配合使用。一种是按字顺排列的单元词目录,另一种则按编号排列的图书资料目录。这两种目录,采取的著录方法完全不同。单元词目录采取概念单元方式的反记著录法,而后者是采取以每种(篇)图书资料为单位的正记著录法,或称正记法。实际上这种单元词目录,相当于后者的一种索引工具,即一种后期组配的组配索引。所以单元词法又称单元词组配索引法。

反记法,是当时单元词法采用的一个重要原理,随后逐渐应用于整个主题法领域。如叙词组配索引法、关键词索引法、标题索引法等。它们是作为组织编排各种目录的一种索引的方法。所谓反记法,是以每一个单元词,或叙词、或标题的概念标识,作为存贮和检索图书资料的索引款目的标目。在这些标目下,将图书资料的登录号,或其他藏址号,分别记录在它所涉及的每一个单元词款目标目下。每个单元词下都记录着大批的号码。单元词和号码共同构成一个存贮和检索的款目单位。换句话说,每个单元词卡片都是检索系统中的一个存贮单位和检索单位。这种方法与图书馆传统的著录方法、著录项目不一样。反记法的著录方法和项目特别简单和方便,只包括两项基本的内容,即单元词名称和图书资料的登录号。图书馆传统的著录方法是采用正记法(或称正记著录法)。所谓正记法,是以一种(篇)图书资料作为检索系统存贮和检索的款目单位。它的著录项目比较详细,包括这种(篇)图书资料的各种内容特征和外表特征的记录。换句话说,每种(篇)图书资料都是检索系统中的一个存贮单位和检索单位。

正记法与反记法两者之间迥然不同,现用下面图示加以说明。

正记法

标　识	A	B	C	D	E	F	G	H	I	J
图书资料卡片（每一个数字即为一张卡片）	1	1	1			1	1			
		2		2	2	2				2
	3		3			3				
		4					4	4	4	
	5		5					5	5	
			6		6		6	6		
	7		7						7	7
		8	8	8				8		
			9				9		9	9
	10	10						10		

说明:1. 以图书资料卡片为存贮单位,每一张卡片的著录项目均包括:书名项、著者项、出版项、主题项等。

2. 每张卡片均标有一个以上的主题词标识,如1号资料卡就含有5个标识。

3. 一篇资料有多少标识,就需制作多少张卡片,如1号资料卡就需要同样制作5张。被分别排在不不同的标识之下。

反记法

标识	图书资料登录号									
A	1		3		5		7			
B	1	2		4				8		10
C	1		3			6				10
D		2			5			8	9	
E		2				6		8		
F	1	2	3				7			
G	1			4		6			9	
H				4		6				10
I				4	5		7	8	9	
J		2			5		7		9	

（概念单元卡片 —— 每个主题词标识即为一张卡片）

说明:1. 以概念单元的各个标识(表中的 A. B. C......等)为存贮单位,每个标识只需制作一张卡片。每张卡片只著录单元词名称和资料号。

2. 每个存贮单位即每张单元词标识卡片可以记录大批的图书资料号码,如表中的 A 标识卡片,就记录有 1、3、5、7 等四篇资料的号码。

3. 卡片的总数量与主题词标识的数量完全一致。

根据单元词法的原理和方法,可以归纳为如下几个重要的特点:

(1)编制的单元词检索工具的体积小、篇幅少。在上面两个图示中,是同以 10 篇资料为例,即登录号 1—10。第 1 篇资料标引 5 个标识,第 2 篇资料也标引 5 个标识,第 3 篇资料标引 3 个标识,第 4、5、6、7、8、9 等篇资料均分别标引 4 个标识,第 10 篇资料标引 3 个标识,共计是 40 个(次)标识,如果除去相同的部分,则实际只有 10 个标识。平均每篇资料的标引深度为 4。对于正记法来说,由于以文献为存贮单位,一篇资料需要排在多个标识之下,因此需要制作多张卡片,10 篇资料就需制作 40 张卡片。而反记法由于以概念标识为存贮单位,一个标识只需制作一张卡片,因此同样 10 篇资料就只要制作 10 张卡片。正记法检索系统的体积是反记法检索系统的体积的 4 倍。可见采用反记法具有相当重要的意义。这种卡片式的著录形式,一般都可以改为书本式的著录形式。

(2)对图书资料的标引深度大。由于单元词法是一个标识(即一个单元词)一张卡片,单元词的数量一般总是有一定的数量限制的,目录卡片的体积基本不受图书资料数量增长的影响,所以有条件使用更多的标识(即单元词)来标引资料的内容主题。每张单元词卡片,一般可记录 200 个资料号码,而且还可以续第二、第三张卡片。如果采用单元词比孔卡片为载体时,则可记录更多的资料号码。这样就可以极大地提高标引深度,使资料中的有用情报内容得到充分的揭示。

例如:美国杜邦公司的几个检索系统,有许多资料标引了 400 多个单元词,美国专利局也曾有一篇资料标引了 450 个叙词。如此之高的标引深度是一切采取正记法的检索系统所难以实现的。

(3)具有灵活性、专指性和多元性的特点。由于单元词法对图书资料的检索采用比号组配的方法,可以使用多个单元词比号组配,得到较深的专指性主题;也可以因实际检索课题的不同需要而随意伸缩和变换,无论检索课题深和浅,都能较好地满足要求。

(4)单元词法的另一个重要特点是较容易地向机器检索的方向发展。比号法的原理实际上是电子计算机组配检索的基础。

第三节　单元词法演变的几个问题

实际上单元词法是一种过渡性质的主题检索方法。因为单元词法在提出的初期,陶布是以舍弃传统标题法的原则为思想基础的。尽管单元词法是一种新创立的检索理论和检索方法,但是经过10年的不断实践和应用,单元词法逐渐发展演变,而被新型的叙词法所代替。在当代图书情报检索系统中,已很少再采取单元词法了。其演变的几个主要问题是:

1.关于单元词的控制及其词义的规范

按照陶布的想法,单元词的选取可由标引人员直接从图书资料中抽出,并且认为从新的资料中选取单元词时,可以不必核对该词是否使用过。似乎这种方法无需编制标准化的、规范化的单元词表来加以控制。譬如,美国军事技术情报局最初的单元词组配索引手册,就是这样规定做的。但是,人们普遍认为十分有必要编制一部标准化的、规范化的单元词表。如《美国文献公司单元词表》就是一例。单元词表是控制词量、规范词义的最有效的标引工具。因为有了词表,单元词的词量得到了有效的控制,使检索工具的体积和篇幅受到了应有的限制。词表中所收录的单元词,在概念上、词义上、词形上进行必要的规范。即对同义词采取"见,see"和"见自,see from"的引见语义参照,对多义词或同形异义词采取范围注释,明确单元词的词义范围。

由于单元词法对大量的复合词组都拆成单元词的简单形式,词与词之间在概念上的语义关系,尤其是等级属分语义关系受到了极大的破坏,使单元词法的族性检索功能大大削弱。因此,单元词表中一般都无法反映等级属分语义关系。各个单元词之间在概念上的地位是平等的。此外,部分单元词表则带有"参见,see also"和"参见自,see also from"的相关语义关系的参照。

单元词法是一种由没有词表到编制词表,由不反映语义关系到建立一定的语义参照的演变发展,这就使单元词法向标题法靠近了一大步。

2. 关于多元词的使用

起初,陶布的思想是完全选用最简单的、具有独立意义而又字面不能再分解的单词作为图书资料的标引词。然而在实践中,这种选词的原则,对图书资料的标引和检索产生了三个重要的问题:第一是破坏了词与词之间在概念上的语义关系;第二是单元词本身的专指性减弱了,因而影响了图书资料标引的准确性;第三是增加了表达图书资料主题的组配级别和层次。给图书资料的检索带来较多的误检。就连陶布本人也承认"使用一个字以上的固定词组的必要性"。

据国外报导,有人试用单元词法处理 200 篇美国原子能委员会报告,曾产生严重的误检现象。如何避免误检曾提出过两种处理办法:一种办法是对文章的每一段落分别编号、分别登录,这种办法不涉及到单元词选词原则的改变;另一种办法是采用所谓"多元词",即由几个单词组成的复合词组。在单元词表中增加这样的多元词,就等于打破了单元词法的选词原则,而回到了传统标题法的选词原则上,譬如:"飞机拦截控制系统"就是一个多元词,它是由四个单词组成。飞机结构是由两个单词组成的多元词。采取增加这种多元词的作法,显然可以加强词的专指性,减少登录工作量和组配的层次,从而可以降低误检率。多元词闯入单元词表领域的这种发展演变,使单元词法接近了标题法和以后的叙词法的选词原则。

3. 关于单元词之间的组配

组配是单元词以及叙词法的核心问题。这个问题的基本理论就是:具体专指概念可以通过若干个更一般的泛指概念的组合得到。通过这种概念的组合,在图书资料的标引和检索中可以达到较高的专指度。对这种单元词的组配,陶布认为:"单词组合得到的概念意义与组合的次序无关"。但是实际的经验证明并非如此。在单元词的组配中,由于词间次序或语法关系而引起许多检索噪音和假联系。譬如,检索"图书馆学校"这一主题的图书资料时,由于分解成"图书馆"和"学校"两个单元词,其组配的结果致使读者所不要的"学校图书馆"这个主题的图书资料也随着检索出来了。这就是人们常说的所谓检索噪音,即误检问题。此外,在单元词的组配中,由于词与词之间在实际资料主题中的联系和词的排列组合可能具有的联系的区别,致使产生虚假组配(或称假联系)的可能。

例如:一篇1001号资料,标引了12个单元词,即:玉米、小麦、棉花、芝麻、大豆、油菜和管理、育种、播种、施肥、病害、收获等。它们分别论述的六种农作物的六个不同方面的问题。但这12个单元词,如果进行两元组配,其排列组合却可能产生36种不同的组合结果,也就产生36种不同的主题。因为每种农作物都能存在六个方面的问题。反过来说每个方面的问题同样存在六种农作物的区别。

这36种组配联系是:

1. 玉米—管理√	2. 玉米—育种
3. 玉米—播种	4. 玉米—施吧
5. 玉米—病害	6. 玉米—收获
7. 小麦—管理	8. 小麦—育种√
9. 小麦—播种	10. 小麦—施肥
11. 小麦—病害	12. 小麦—收获
13. 棉花—管理	14. 棉花—育种
15. 棉花—播种√	16. 棉花—施肥
17. 棉花—病害	18. 棉花—收获
19. 芝麻—管理	20. 芝麻—育种
21. 芝麻—播种	22. 芝麻—施肥√

23. 芝麻—病害	24. 芝麻—收获
25. 大豆—管理	26. 大豆—育种
27. 大豆—播种	28. 大豆—施肥
29. 大豆—病害√	30. 大豆—收获
31. 油菜—管理	32. 油菜—育种
33. 油菜—播种	34. 油菜—施肥
35. 油菜—病害	36. 油菜—收获√

上述36种组配联系,对该1001号资料来说,实际上其有效性只是第1、8、15、22、29、36等六种组配形式,占1/6。其余诸种均为虚假联系,占5/6。这样其余这30种组合的主题,在读者检索时,就可能把1001号资料检索出来。而实际上这篇资料并没有论述这30种主题的内容。叙词法的创立者C. N. 穆尔斯(Mooers)和其他人都曾指出过,采用无定语单词(即单元词)组配会造成极高的误检率。

由此可见,如果没有一定的语法关系和措施对上述情况的组配进行控制,那么单元词法将是一个失败。所以陶布在1961年不得不发表评论,对单元词法作出修正。他同意"利用逻辑积、逻辑和与逻辑差作为词间联系的组配索引,检索时有可能出现500%的'噪音'"。因此他也承认采用职能符号和联系符号的作用。

美国专利局和杜邦公司,用一种简单的语法控制符号,表示组配的单元词之间的实际联系。其作法是在往单元词卡片上著录登录号时,附加一个以数字表示的相关连的标记符号,即分组组配的联系符号。

例如:

玉米　1001－1	管理 1001－1
小麦　1001－2	育种 1001－2
棉花　1001－3	播种 1001－3
芝麻　1001－4	施肥 1001－4
大豆　1001－5	病害 1001－5

油菜　1001 - 6　　　　收获1001 - 6

这样,也就把1001号资料的12个标引词,36种形式的词间联系,限制在与资料主题实际相符合的六种组配形式上。在检索资料时,只能是联系符号相同的一组单元词发生组配关系,即玉米1001—1 与管理1001—1、小麦1001—2 与育种1001—2、棉花1001—3 与播种1001—3、芝麻1001—4 与施肥1001—4、大豆1001—5 与病害1001—5、油菜1001—6 与收获1001—6 等各组之间分别进行组配。也就是说在检索时,无论是机器还是人,既要比对资料的号码是否相同,又要比对号码后的联系符号是否相同。只有号码相同和联系符号都完全一致时才是所要检索的那份资料。这样当读者在检索"玉米的病害"这个主题的资料时,1001号这篇资料就再也不会出现了。因为这篇资料在实际内容中,并没有论述"玉米的病害"这个主题,所以采取这种联系符号后这篇资料就不会被检出。

这些部门还采用了一种更为有效的职能符号,表达单元词组配中的各种语法功能。即在组配的单元词后,附加一种起区别作用的职能符号。一般都事先人为地制订一定的职能符号表,按照表中所规定的符号使用。

在标引时,若表达"造林对气候的影响"这一主题的图书资料,其标引形式是:

造林1203—A、影响1203—B、气候1203—C

在检索时,既要比对其号码,而且还要符合职能符号A、B、C的语法要求,才能判定检索的资料是否对口径。

上面论述了初期的单元词法所存在的几个重大问题及其实践解决的办法,从侧面反映了单元词法发展演变的路向。一方面它继承了标题法的某些原则;另一方面它又由早期注重单元词字面的组合,引进职能符号、联系符号的组配措施,逐渐演化为后期的叙词法形式。陶布早期的单元词法,虽无法坚持使用,但是在这方

法的基本原理的基础上,却为今天的叙词法的形成奠定了基础
(参见下表)。

序号	对比方面	单元词法	叙词法
1	主题法类型	后组式主题法	后组式主题法
2	选词原则	纯粹选取单元词的语言形式,每个单元词都是表达主题的一个概念单元	既选单元词,又选多元词。一般多元词占50%以上。每个叙词也都是表达主题的一个概念单元
3	组配性质	重在拆词,采取字面组合一致的概念组配	重在拆义,既允许合理的字面组配,又主张最临近的、字面不一定一致的概念组配
4	组配方法	主要采取人工比号或比孔的逻辑组配。但也可用于计算机的逻辑组配方式	主要采取计算机的逻辑组配方式。但也可用于人工比号或比孔的逻辑组配
5	词的规范控制	由无规范词表,到有规范的词表	有规范的词表
6	组配的语法控制	由无控制,到引进职能符号、联系符号	采用职能符号、联系符号
7	词间语义关系显示	从无到有见和参见。但无等级属分语义关系的显示	规定有关更细致的"用Y、代D、分F、属S、族Z、参C"的语义参照
8	著录方式	主要采取"反记法",组织单元词目录、索引	主要采取"反记法",组织叙词目录、索引和计算机倒排档。也可采取"正记法",用叙词拟定标题,组织主题(标题)目录
9	使用特点	直观性、适应性、专指性、多元性、集中性	直观性、适应性、专指性、多元性、集中性

第七章 关键词法

第一节 什么是关键词法

由于科学技术的迅速发展和图书资料的迅猛增长,情报检索的时间性要求提高了。因此需要提高情报传播速度,使科研工作者尽快地了解和掌握新的动态和图书资料。为了满足这一需要,国外有人提出编制两类索引,即所谓传递索引和检索索引。而关键词索引就是一种传递索引。传递索引是使用劳动最少而传递最快的一种工具,以便及时报导图书资料的重要任务。这是一种起临时性、报导性和快速的检索工具。检索索引是一种经过仔细编制、起永久性作用的检索工具,如标题索引、单元词索引和叙词索引等。

关键词法是一种以关键词作为图书资料主题的检索标识和查找依据的主题法。而所谓关键词,是从图书资料的正文、摘要或书名、篇名中抽出的,并在表达图书资料内容主题方面具有实在意义起关键性作用的词汇。它是一种非标准化的主题词。关键词主要有单纯关键词、题内关键词(Keyword in context)和题外关键词(keyword on context)之别。

关键词法的主要原理和特点是:

(1)直接从文献的正文、摘要或书名、篇名中选取关键词,词语不必规范或只有少量规范。标引和检索文献时均不需要查阅词表。因而关键词法具有编制检索工具速度快、简便容易的特点。一般主要用于编制各种关键词索引。

（2）对关键词概念之间的同义、等级和相关语义关系没有显示、没有参照措施。因而不具有随时扩大和缩小检索范围的性能。

（3）以关键词的字顺序列和对每个关键词都作为检索入口实行轮排的方法，来编制和检索文献资料。所以关键词法对文献资料，具有多面成族、多途径检索的特点。

关键词法的主要缺点是：

（1）同一主题的文献资料可能分散在不同的关键词之下。检索时读者往往需要考虑关键词的同义词问题，因而可以产生漏检，影响查全的效果。

（2）表达主题的专指性、准确性较差。因而容易产生误检，影响查准的效果。

第二节 单纯关键词索引

单纯关键词索引是指把从图书资料的正文、摘要和题目（书名、篇名）中，分析出的一组关键词，依据其字顺轮流领头进行编排的、没有上下文修饰词的一种索引。每一组关键词后著录文献号码，组成一条索引款目。

例如：《计算机在神经生物与行为学中的应用》这篇资料，由资料中分析出：计算机、神经生物、行为学等三个关键词。这三个关键词即为一组，它们共同显示这篇资料的主题内容。并轮流领头，作为关键词索引的三条检索款目。假定其资料代号为005，省去"在……中"、"的"等前置词和虚词，即可轮排成下列三种检索款目的形式：

计算机　神经生物　行为学　（005）

神经生物　行为学　计算机　（005）

行为学　计算机　神经生物　（005）

若按照汉语拼音字顺组织关键词索引时,上述三种形式的款目应分别排列在"J"、"S"、"X"等字顺里。因此,005号资料无论读者从哪个关键词入手都能检索到这一资料。

外文的单纯关键词索引,原理和方法与上述中文例子基本相同。

例如:《Computer in neurobiology and behavior》这篇资料,可分析出三个外文关键词:Computer、neurobiology、behavior,省去前置词in和连词and等,也可排成三种款目形式:

Computer neurobiology behavior(005)

Nuerobiology behavior computer（005）

Behavior computer neurobiology（005）

因此,它们分别被排入B、C、N等字顺中。检索时,无论从Computer,还是从Neurobiology或Behavior中,按其字顺都能找到005号资料。

这种单纯关键词索引,其主要特点是:(1)每一组关键词并不成为一个独立的语句,也不能表达一个完整的意思;(2)编制、著录比较简单、规整和醒目。只著录资料的代号,不著录资料的题目。这种索引较难判断、较难查准。

美国《化学文摘》的关键词索引,就是属于这种单纯关键词索引的类型。这种索引又称关键词主题索引（CA Keyword subject index）。CA的关键词主题索引,是从1963年第58卷开始编制,而从1971年第74卷才开始采用计算机编制。其编制目的在于向读者提供一种从主题的关键词角度,快速检索文献资料的途径。它是CA各种索引中使用较广泛的一种索引。这是一种报导性、临时性查找作用的索引,作为主题索引的一种辅助性的检索手段。待到半年后CA的主题索引出来时,就完成了它的历史作用。借助这种索引,可以由关键词查到相应的文摘号,然后根据文摘号去查阅文摘内容,最后确定该资料是否切合自己的检索需要。

例如:当需要查找有关"防火塑料"这一主题的资料时,首先将该主题分析出"防火(fire resistance)"和"塑料(plastic)"二个关键词。分别从这两个关键词出发,若从 1975 年第 82 卷第 14 期的关键词索引中,就可以找到如下两条索引款目:

Fire resistance plastic 87102z

Plastic fire resistance 87102z

这两条款目的文摘号均为 87102z,再依据这个文摘号便可查到如下这篇有关"防火塑料"的资料:

87102z   Flame—ratardant phosphoramidates for polymers. Vanderlinde, William; Morgan, Albert Wayne; Schumacher, Ignatius(Monsanto CO.) Ger. ffen. 2,338,506 (Cl. C 07f, C08Rf),21 Feb. 1974, US Appl. 276,810,31 Jul. 1972; 55pp. ……。

第三节   题外关键词索引

题外关键词索引(Keyword on context index),是单纯关键词索引的一种演变形式。其编制原理和方法与单纯关键词索引基本一致。所不同的是把从资料中分析出的一组关键词同时放在题目、号码的上面,轮流领头进行排列。或者是单个关键词轮流放在题目、号码的前面。

这种索引在每条检索款目下,不只著录资料的代号,而且还著录出资料的题目。以便读者选择资料时参考。从前例中文的形式来说,即为:

计算机   神经生物   行为学

《计算机在神经生物与行为学中的应用》005
神经生物　计算机　行为学
　　《计算机在神经生物与行为学中的应用》005
行为学　计算机　神经生物
　　《计算机在神经生物与行为学中的应用》005
　　或者为：
计算机
　　《计算机在神经生物与行为学中的应用》005
　神经生物
　　《计算机在神经生物与行为学中的应用》005
行为学
　　《计算机在神经生物与行为学中的应用》005
从外文的形式来说，即为：
Computers neurobiology behavior
　　《Computers in neurobiology and behavior》

　　　　　　　　　　　　　　　　　　　　　　005

Neurobiology behavior computer
　　《Computers in neurobiology and behavior》

　　　　　　　　　　　　　　　　　　　　　　005

Behavior computer neurobiology
　　《Computers in neurobiology and behavior》

　　　　　　　　　　　　　　　　　　　　　　005

　　或者为：
Computer
　　《Computers in neurobiology and behavior》

　　　　　　　　　　　　　　　　　　　　　　005

Neurobiology
　　《Computers in neurobiology and behavior》

144

Behavior

　　《Computers in neurobiology and behavior》

　　上述三条不同的关键词检索款目,分别排在索引的不同字顺位置。从三个途径分别反映同一主题的资料。

第四节　题内关键词索引

　　所谓题内关键词索引(keyword in context index),又称上下文关键词索引,就是把关键词保留在资料的题目之内,关键词的上下文和词序都不变动。在编制索引款目时,将题目全部排印出,题目中的每一个关键词按字顺轮流作检索标目,排在版面的中间固定位置,并用黑体字表示作标目的关键词,其关键词的上下文(即前后文)均随之移动位置。现以中文为例,如下所示:

　　联机 **计算机** 对核反应堆的应用　　　　　　002
　　　　计算机 和信息系统引论　　　　　　　003
　　以 **计算机** 为基础的信息系统导论　　　　004
　　　　计算机 在神经生物和行为学中的应用　　005
　　图书馆和 **计算机**　　　　　　　　　　　006

　　如果以一篇资料为例,其关键词的排列位置为:

　　　　计算机 在神经生物和行为学中的应用　　005
　　计算机在 **神经生物** 和行为学中的应用　　005
　计算机在神经生物和 **行为学** 中的应用　　005

　　在题目后著录其资料的代号。

　　外文的题内关键词索引其原理方法与中文基本相同。见下例:

Automation in	libraries	008
Handbook of data		
processing for	libraries	009
	libraries in New York City	007
University	library administration	010
An introduction		
to University	library administration	011
Planning and		
implementing aca –		
demic	library antomation programs	014
The School	library media center	012

这种题内关键词索引的主要特点是:(1)在列出关键词时,同时保留了题目中的非关键词,而且词序不变。这样关键词和非关键词构成一条短语,即一条上下文。因而便于明确关键词在题目中的含义,使检索者对题目中的各个关键词之间的语法关系有一个清晰的了解,帮助检索者更好地理解资料的主题内容,确定自己所需要的检索资料。(2)这种索引便于采用电子计算机编排,因而编制容易、速度快,可以起到快速报导的作用。

其主要缺点是:(1)同义词、单复数无法规范。基本上是原文用什么词,就用什么词作检索标目。因而使同一主题的资料因关键词的词形不同而被分散,影响查全的性能。(2)揭示资料的专指性、准确性受到影响。由于这种索引主要取关键词于资料的题目,而题目往往非常概括和简单。有的甚至题文不符或题小文大、题大文小,因此可能使许多重要的情报信息得不到充分的反映。

第五节 关键词的规范问题

一般来说关键词法不需要编制规范化的词表,对每个关键词没有统一的规范。但是各个专业在实际编制关键词索引的发展过程,也都逐渐对关键词进行了一定的规范。这些规范主要是:

(1)对非关键词进行规范,编制非关键词表。所谓非关键词,是指那些没有实在意义和没有专业独立检索意义的词。主要包括:①冠词、②连词、③介词、④助动词、⑤某些形容词、⑥通用词(如:设计、方法、分析、报告等)。上述这些非关键词的确定,实质上是对关键词的一种规范。编制这种非关键词表,其目的是作为机器标引和人工标引资料,抽取关键词的一种依据。

(2)根据实际需要,有时对资料的题目进行必要的修改更动。在题目意义不完全时,常加入适当的词。

(3)为了避免混乱,或者由于条件设备的限制,往往对一些词和符号进行改写。对希腊字母、数学符号、元素、原子团和化合物的名称,一律拼成完整的词。例如:将"β—glucronidase"改写成"beta glucuronidase",将"Nacl"改写成"Sodium chloride";对分子式尽量改用化合物名词,不能确定名称的,就用元素名称,并在后边的括号内注明原子数。例如:将 C_3H_2 改写成 Carbon(3)Hydrogen(2);对同位素的原子量,在元素名称后用短横线连接。例如:将"I_{131}"改写成"Iodine—131"。

(4)有些常用词,如果太长,则将其规范为一定的缩写形式。并编制其全称与缩写对照表,附在关键词索引的前面,供读者检索时参考。

(5)为了扩大检索途径,可以将一些合成词拆成几个关键词编入索引。例如:将 Hypoglycemia(低血糖),拆成 Hypo glycemia。

因藉助于轮排,既可在"H"字头下,又可在"g"字头下查到。又如:"Ribo nucleotides"(核糖核酸)和"Deoxyribo nucleotides"(脱氧核糖核酸),除了在 R 和 D 字头下可查到之外,同时还可在 N 字头下找到。但是对一些专有名词或者是拆开后没有专业独立检索意义的合成词,则不必拆成两词轮排,而应该当作一个词编入索引,词间加短横连接起来。如:将 Escherichia coli(大肠杆菌),改写成 Escherchia – coli,以避免混乱。

第八章　叙词法

第一节　什么是叙词法

叙词法(Descriptor method 或 method of descriptor)，是二十世纪五十年代随着电子计算机在图书情报工作中的应用发展而逐渐产生的。也是在分类法、标题法、单元词法和关键词法的基础上，适应现代科学技术和图书资料迅猛增长的需要应运而生的。

所谓叙词法，就是以叙词作为标识符号，标引图书资料的主题和检索图书资料的一种新式的检索方法。

叙词法的基本原理是多种检索方法原理的综合与发展。它吸收和继承了分类法的类目组配、族性系统，标题法的选词原则、语义参照，单元词法的后组式特点，关键词的轮排方法等合理思想而发展形成的。因而叙词法具备一般主题法所具有的基本要素、性质和特点。同时，它又比其他类型的主题法更为全面、深刻、科学和完善。

叙词法的基本原理之一，就是以文献所研究和论述的具体对象、问题，作为文献标引的依据。这与其他类型的主题法一样，没有什么区别。

经过加工的自然语言中的词语标识——叙词，可以作为标引和检索文献的标识。

叙词是叙词法的基本要素之一。国内一般称为主题词。它是一些以概念为基础、经过规范化的、具有组配性能、显示词间语义关系和动态性的词和词组。这些词和词组是用来描述与表达文献主题,标引和检索文献的一种比较完善的后组式的检索语言。

叙词与标题、单元词、关键词不同。

(1)对标题来说,虽然它们在选词原则上基本相同,都是以具有检索意义的词和词组为选取的依据,但是,就其表达主题的方式来说是不同的。首先,标题是属先组式的检索语言,表达主题比较固定,而叙词是后组式的检索语言,描述主题比较灵活。叙词具有更强的组配性和灵活性。其次,标题描述和表达主题的深度受到组配级别上的限制,一般在三级左右。而叙词的组配级别和表示主题的深度一般可以不受限制,多元检索的功能可以得到充分的发挥。此外,标题主要用于编制手工检索用的主题目录、主题索引;而叙词则主要用于电子计算机检索,有利于实现文献检索的自动化。

(2)对单元词来说,它们之间的主要区别是选词原则的不同。单元词的选取着重从词的结构上考虑,重在拆词,选取的是一个个不能再分解的单词;而叙词的选取,则主要取决于专业研究和专业检索的实际需要。叙词着重从专业上的主题概念出发,重在拆义。一般来说,在叙词中,多元词(即词组)占有相当大的比重,普遍都在60%以上。单元词在描述和表达文献主题时,其专指性、准确性都大大不如叙词。其次,单元词的组配,基本上属于单纯的字面组配的形式,误检率较大。叙词法则强调最邻近概念的组配,同时也合理地采取一些概念与字面相一致的字面组配。

(3)对关键词来说,二者的最大不同就是:叙词是经过严格规范的,解决了自然语言中的一词多义,多词一义和词义不清的现象,具有单义性;而关键词则没有严格的规范,用词没有一定标准,也没有一定的词表加以控制。因此,关键词就严重影响了文献检索的查全率和查准率。

从上述几点来看,使用叙词作标识要比标题、单元词、关键词优越。这是叙词法区别于其他检索方法的最重要的特征。

从各种途径和手段充分显示词间的语义关系,是叙词法的基本原理之一。

叙词法的语义关系,主要从以下几个方面加以揭示:

(1)在字顺表(主表)中,建立了"用(Y)"、"代(D)"、"分(F)"、"属(S)"、"族(Z)"、"参(C)"等较细致的参照*措施。

①同义参照或称等同参照,用代参照　这是揭示几个同义词或准同义词之间的语义关系的参照。同义词是指几个含义相同或相近的词。准同义词则并不是真正的含义上相同的词;而是从情报资料的检索和专业研究的实际需要出发,而人为地把某些具有类属关系、重叠关系和相关关系的并按同义词处理的词。这是一种人为性的同义语义关系。

对同义词或准同义词必须进行规范,以便克服自然语言中多词一义的现象或解决实际检索的需要。因此需要优选一个比较合适的、通用的名称作叙词(即正式主题词),其他名称作非叙词(即非正式主题词)。叙词是正式用于标引文献和检索文献的词;而非叙词则是在标引和检索中只起桥梁引导作用的词。它们之间采取同义参照加以揭示和联系。其参照符号规定为"用(Y)"、"代(D)"。"用(Y)",就是从不用的词,即非叙词,指引到正式用于文献标引和检索的叙词。"代(D)",就是从叙词指引到非叙词,即指明该叙词所包含的同义词或准同义词。

例如:脚踏车与自行车是一组同义词,如果我们优选"自行车"这个名称作叙词,那么"脚踏车"就是非叙词。

如果从非叙词指引到叙词,其参照形式是:

脚踏车(非叙词)

　　Y　自行车　(叙词)

---

* Y、D、F、S、Z、C等字母符号,分别为"用、代、分、属、族、参"等字的汉语拼音的第一个大字母。

如果从叙词指引到非叙词,其参照形式为:

自行车　　(叙词)

D　脚踏车　　(非叙词)

"代(D)"为"用(Y)"的反参照。这种反参照具有一定的作用。在文献标引和检索中,可以对标引人员、编目人员或读者起到提示的作用。标引人员、编目人员在标引中启用到这个叙词时,看到"代(D)"这种参照,就必须为主题目录、主题索引编制出来"脚踏车Y自行车"的主题参照卡片或主题参照款目。假若没有"代(D)"这一参照的指引,则使主题参照卡片或主题参照款目的编制失去了依据。

②属分参照或称等级参照　这是一种揭示具有上位概念(属概念)与下位概念(分概念)的叙词之间语义关系的参照措施,是一种等级性质的参照。其参照符号一般规为"属(S)"、"分(F)"、"族(Z)",以此加以联系和反映。"属(S)"就由下位概念的叙词指引到上位概念的叙词;"分(F)"则是由上位概念的叙词指引到下位概念的叙词;"族(Z)"是指明这个具有等级属分语义关系的一组词族中,它们最大最高的那个概念,即族首词是什么。参照的双方都是叙词。这种属分参照的建立,加强了叙词的等级性、系统性和族性检索作用。通过属分参照符号的指引,读者可以随时扩大或缩小自己的检索范围。

例如:跳跃项目

F　撑竿跳高

跳高

跳远　　　}(下位概念)

三级跳远

S　田赛　　(上位概念)

Z　田径运动　(族首词)

③相关参照　这是一种揭示具有相关关系的几个叙词之间的

参照措施。叙词法的相关关系与标题法的相关参照在包括的范围上是不同的。叙词法的相关关系,是指除了同义关系和属分关系以外的其他语义参照;而标题法的相关参照,则包括属分关系和相关关系。

叙词法的相关参照符号为"参(C)"。"参(C)",是从一个叙词指引到另一个或几个与它相关的叙词。参照的双方也都是叙词。

例如:太平天国

    C   洪秀全

洪秀全

    C   太平天国

叙词法的上述"用(Y)"、"代(D)"、"分(F)"、"属(S)"、"族(Z)"、"参(C)"等语义关系显示,比其他类型的主题法要全面和细致。

(2)叙词法的语义关系,除了在字顺表中采取各种参照项加以显示之外,还以编制的范畴索引、词族索引加以显示。

以叙词或叙词组配起来的标题的字顺序列,即字顺系统编排文献、检索文献。这是叙词法的又一基本原理。这一原理与其他主题法基本相同。

叙词法主要是吸收了单元词法的后组式特点,即以后组式的组配标引、组配检索为依据,而建立起来的一种检索方法。它所建立起来的是后组式的主题检索工具,主要是为建立计算机主题词索引档服务的。同时,为了适应手工检索的需要,也可用叙词法来建立先组式的主题检索工具,即标题目录、标题索引。这是叙词法的又一个基本原理。

总之,叙词法是主题法中,比较先进和比较完善的一种检索方法。依照叙词法的原理编制起来的,主要供电子计算机使用的术语控制工具,称之为叙词表。由于利用电子计算机来检索文献,具有速度快、适应性强、自动化程度高等特点。因此,现在许多国家的文献部门,都积极采用叙词法来编制叙词表,以适应文献自动化检索的需要。

第二节　叙词表的体系结构和发展趋向

叙词表,又称主题词表,从其功能来讲,它是将文献著者、标引者和读者的自然语言,转换成规范化的叙词语言的一种术语控制工具。从其体系结构来讲,这种工具实际上是以规范化的、受控的和动态性的叙词作为基本成分,以参照系统显示词间语义关系,并通过叙词的字顺表和辅助索引,用于标引、存贮和检索文献的一种情报语言词汇表。

叙词表与其他类型情报检索语言的词汇表、类目表,如分类表、单元词表、标题表等,都是转换自然语言的工具,作用基本一致。但是,从体系结构方面来看,由于叙词法继承了分类法、标题法、单元词法、关键词的某些原理和方法,因此,叙词表在体系结构上更为完善,并具有独到的特色。其总的概貌如下表:

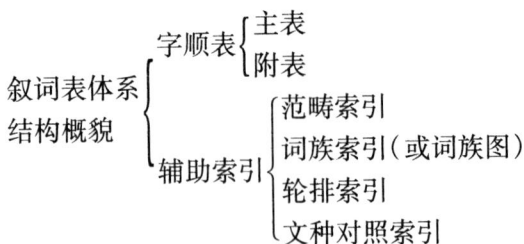

$$
\text{叙词表体系结构概貌}
\begin{cases}
\text{字顺表}
\begin{cases}
\text{主表} \\
\text{附表}
\end{cases} \\
\text{辅助索引}
\begin{cases}
\text{范畴索引} \\
\text{词族索引(或词族图)} \\
\text{轮排索引} \\
\text{文种对照索引}
\end{cases}
\end{cases}
$$

(1)字顺表　将全部叙词(正式主题词)和非叙词(非正式主题词)款目集中起来,依据款目词的字顺系统排列组织的表。字顺表有时又分为主表和附表两部分。这是叙词表的主体结构,是标引和检索文献时用词的主要依据。字顺表的基本结构单位是叙词款目和非叙词款目。在叙词款目中,包括款目叙词、注释、参照系统、范畴类号、外文译名等。

例如:

```
nong ye jing ji
农  业 经 济          05LA
Agricultural economy
    D   农村经济
        农家经济
    F   林业经济
        畜牧业经济
        渔业经济
        作物经济
    S   部门经济*
    C   工业经济
        商业经济
                        ◯
```

*　族首词符号

在非叙词款目中,只包括款目非叙词、"用 Y"参照、范畴类号、外文译名等。

例如:

```
nong cun jing ji
农  村 经 济       05LA
Rural economy
    Y   农业经济


                     ◯
```

主表一般是一部叙词表的核心部分,他收录的叙词是学科专业最常用的基本术语词汇。附表只是主表词汇的一种特殊形式和补充。为了控制主表词量的臃肿庞大,而将一些特殊范畴领域的词汇,主要是一些专有名词,加以集中也按字顺编列而成的,如国家地域名称,人物名称,组织机构名称等。

一般叙词表往往并不另编附表,而只有主表,故而常统称为字顺表。

(2)辅助索引 又称辅助表。它是把字顺表中的叙词,根据某种特定的标引和检索的需要,如分类的、等级的、轮排的和语种对照的需要,分别采取不同的方式方法而编列起来的一些对字顺表起补充配套作用的索引。这些索引是文献标引和检索的辅助性工具,是吸收分类法、标题法、关键词法的某些长处的具体体现。

①范畴索引 又称分类索引或范畴表、分类表。这是将字顺表的全部叙词、非叙词按照该词的学科和词义范畴,划分为若干大类、二级类或三级类,在最低一级类下再依字顺将叙词、非叙词排列起来,而形成的一种概念分类系统。

这种范畴索引,吸取了分类法的系统性优点,其目的主要是为了从分类的角度满足查找叙词的要求,作为标引和检索图书资料的一种辅助性工具。

例如: 05 经济 (一级类)

05 Q 商业经济 (二级类)

05 QL 商业加工和机械 (三级类)

豆制品加工
冷冻冷藏设备
粮食加工
棉花加工
商办工业
商业加工
商用电子设备
售货机械 （叙词或非叙词）
糖果糕点加工
调料酱菜加工
土特产品加工
屠宰加工
油料加工
脏器制药
中药加工

②词族索引 又称等级索引或词族表、族系索引、族系表。一般来讲,凡具有属分语义关系的同一组叙词,称为一个词族,也可称为一个族系。将字顺表中具有等级属分语义关系的各个词族,分别按等级形式汇集起来,并依据词族中最广义(即最上位)的概念—族首词的字顺编排起来的一种索引,称为词族索引。每一个词族都是索引的一个款目结构单位,以族首词作款目词,族首词下的其他所有下属词,均按一定的等级形式编列。词族有大有小,大的词族可能多至 900 个叙词,小的词族则可能少至几个叙词。

例如:《汉语主题词表》中"田径运动"这一词族,共 30 个同族词。

tianjing yundong

田 径 运 动   09J

   ·径赛   09J

词族索引的作用:主要是第一满足族性检索的要求;第二限定词义,提高文献标引与检索时选词的准确性、专指性;第三起自动扩检和缩检(缩小检索范围)的作用。

③轮排索引 又称轮排表。它是对字顺表中,由两个以上单词所构成的多元词组,即复合叙词,以其每一个单词为单位,按字顺实行多次轮排的一种索引。一般来说,一个复合叙词含有几个单词,就在相应的单词字顺轮排几次。轮排形式可以采用倒置形式或移动版面位置的形式。

例如:"军事心理学"这个复合叙词,是由"军事"、"心理学"两个单词构成的。因此,这个复合叙词在索引中重复出现两次。

jun shi

军　事

军事理论

军事气象学

军事心理学

军事原则

…………

xinlixue

心理学

心理学,构造	用.构造心理学
心理学,关系	用.关系心理学
心理学,机能	用.机能心理学
心理学,军事	用.军事心理学
心理学,联想	用.联想心理学

心理学分析

心理学家

心理学史

…………

这种轮排索引是吸收关键词法优点的一种作法。其主要目的是加强族性检索作用和增加检索途径、方便查词。此外,轮排也可直接在字顺表中反映,而不另编轮排索引。

④语种对照索引 又称语言对照索引、文种对照索引。一般主要是两种语言的对照索引。这种索引是为了从另一语种文字的字顺出发,将两种语言的词对应起来,是对另一语种文献进行标引和检索的一种辅助性工具。

例如,《汉语主题词表》已经编制了"英汉对照索引",也还可以继续编制"俄汉对照索引"、"日汉对照索引"等。

在对照索引中,关键的问题是要处理好两个语种的词之间在语义上的对应关系。一般来讲,其对应关系主要有以下五种情况:

第一完全对应(完全等义);

第二部分对应(不完全等义);

第三相互都不对应(相互都无等义词);

第四一对多(一个词和几个词对应);

第五多对一(几个词和一个词对应)。

以上几种对应关系处理得好坏,则是衡量对照索引编制质量的主要标准。

上述几个部分,是一般叙词表的体系结构。七十年代以来,随着计算机检索系统的普遍发展,叙词表也随之有了较大改进和发展。其改进和发展的趋势主要有以下几种情况:

从检索的功能上来讲,叙词表更紧密更有机地把主题法与分类法融合起来,产生了一种新型的"分面叙词表"。

例如:英国艾奇逊(Aitchison, Jean)主编的《分面叙词表》(Thesaurofacet; a thesaurus and faceted classification for engineering and related subjects),其体系结构包括"分面分类表"和"叙词字顺表"两个部分。它的主要特点是:

(1)每一个叙词或几个叙词的组合,在分类表中即为一个范

160

畴类目;反之,每一个范畴类目则是叙词字顺表中的一个叙词或几个叙词的组合。叙词与类目相互联系、相互对应。如:

Library catalogues A2E = A2E Library catalogues
　　（叙词）　　　（类号）（类号）　　　（类目）

（2）"分面分类表"与"叙词字顺表",可以各自自成检索系统,用于文献的标引和检索。

（3）将分类标引和主题标引有机地统一和结合起来了。每标引一篇文献,只需一次性主题分析查表,既可得出叙词标识编制主题目录,又可同时得到分类号标识编制分类目录。

从国际标准化来讲,叙词表逐渐向着标准化和统一的方向发展。近几年来,国际标准化组织文献工作技术委员会（ISO/TC46）,为叙词表的标准化做了不少工作。拟定了《文献工作—单语种叙词表编制规则》,正式列为:"ISO2788号—1974国际标准"。为了解决各个文种文献的标引和检索问题,又拟定了《多语种叙词表编制规则》（国际标准草案）,准备正式列为国际标准。叙词表的标准化统一,有利于各国在文献工作中建立一套既有效又经济的标引和检索体系,便于实现文献的联机网络检索、情报交流和资源共享。

从叙词表体系结构本身来讲,也有许多改进和发展。

（1）在字顺表中,许多词表都采取等级语义关系全显示的办法。能把某个叙词的全部上下位概念的叙词,在参照系统中加以揭示。这样便可更好地用于计算机的自动上位登录标引;自动扩检和缩检;帮助标引人员选取更合适更专指的叙词标引文献。《国防科学技术主题词典》、《原子能科技资料主题词典》和国外的《NASA叙词表》等,都采取了全显示的办法。

（2）轮排索引与字顺表相结合为一个总的字顺表,但一般不再另编叙词的轮排索引。这样做直接方便了对文献的标引和检索的选词工作,如联合国工业发展组织编制的《工业发展叙词表》和我国的《原子能科技资料主题词典》等。

(3)范畴索引的类目级别,逐渐由浅而深,由粗到细。

例如:美国医学图书馆编的《医学主题表》,1975 年以前的范畴索引只划分为二级类目,1975 年以后则加强至五级类目,有的则达七级类目。我国《冶金专业叙词手册》的范畴索引,许多范畴类目都划分为四级类目。

(4)词表中非叙词所占比重,逐渐趋向增多,甚至有可能超过叙词的数量。尤其是词表中组代词的使用受到重视。在一些词表中往往大量增加许多非常专指的非正式的复合叙词(即比较专指的非正式主题词),采取"用(Y)"参照办法,注明其应用几个叙词的组配形式来代替,如"绿色计划 Y 农业技术改革 + 国民经济计划"、"经济地理位置 Y 经济 + 地理位置"。这样也就使词表中的非叙词,即自然语言的成分大量增加。因此,大大提高了标引人员和读者在标引文献和检索文献时转换自然语言的效率。如国外的《DDC 叙词表》,国内的《汉语主题词表》和《冶金专业叙词手册》也有少量这种组代词存在。

从检索系统对词表的使用来说,也有许多改进和发展。

(1)国外已有一些单位,单纯使用自然语言于检索系统,如在法律方面、科学情报传播中心和国防与谍报团体中。有人甚至认为:"结构严谨的控制词表,对标引和检索来说是过于陈腐的了。而科学论著的自然语言是完全适用于标引与检索的。"无论如何,叙词语言总是比不上、也达不到文献自然语言那样的专指性。

(2)此外,也有人主张对文献的标引和检索,可以同时使用叙词表的叙词和自然语言的词。这种办法就把规范化的叙词语言和未经规范的自然语言的优长结合起来了。单纯使用词表的叙词语言,虽然可以控制词量、控制同义词、近义词,把语义相关、族系相关的词联系起来,从而可以加强族性检索、方便标引人员和读者选词用词。但是却不能达到高度的专指性。单纯使用自然语言对文献进行标引和检索,虽然可以达到高度的专指性,既省人力经费,又较容易操作使用。但是却缺乏词量控制和对同义词、近义词以及语义关系的控制。因此自然语言检索系统在查全性能、族性检索方面则是一个大的缺欠。所以同时采用叙词语言和自然语言对文献进行标引和检索,用于文献检索系统,这是一个值得高度重视的改进和发展的趋向。这种办法,其具体做法就是对一篇文献,在按词表标引叙词的同时,还可以标引从这篇文献的题目或正文中取出的自然语言的词(关键词或自由词)。这种结合为主题法提供了巨大的检索能力和灵活的标引性能。

总之,上述这些向自然语言改进和发展的趋向,目前尚还处在一种试验和研究的阶段。以规范化的叙同表提供文献检索系统使用,仍然还是目前的主要依据。

第三节　国外几种主要的叙词表

随着电子计算机在文献检索领域的广泛应用和发展,供其上机使用的叙词表在国外得到了普遍的重视。在五十年代末、六十年代初,为了适应文献资料迅猛发展,提高检索工作效率和改善服务工作效果,世界各国,尤其是美国,都极力研究和编制叙词表。目前叙同表愈来愈多,主要的叙词表有如下几种:

1.《ASTIA 叙词表》

这是美国武装部队技术情报局,于 1960 年编制出版的一部叙词表,也是美国第一部正式的叙词表。

《ASTIA 叙词表》(The Saurus of ASTIA Descriptors)是在 1959 年出版的《ASTIA 标题表》(ASTIA Subject Headings)第四版,也是末版的基础上改编和发展起来的。这部词表起到开创和推动叙词表发展的作用。

该表的体系结构当初尚还比较简单,包括"主题细表"和"主题分类表"两大部分。全表收词 7000 个。

其语义关系的参照,主要有:用(Use)、代(Includes)、分(Generic to)、属(Specific to)、参(Also see)等参照项。

其范畴分类采取两级类目,初版共 19 个大类,292 个小类。后修改为 27 个大类、170 个小类。叙词的归类严格遵循一词一类的原则。现在的许多词表一般都已改变这一原则。例如,以后的《TEST 叙词表》和我国的《汉语主题词表》等,并不严格遵守这一原则,而是允许少数叙词可以一词分入多类。这样也就更方便了文献的标引和检索。

《ASTIA 叙词表》的分类表后来发展为两种不同分类系统:第一种是按学科性质划分的普通范畴表(分类表),划分大类 27 个、小类 170 个;第二种是按实际专业应用划分的范畴表,划分 13 个较大的主题范畴(即大类),大类下分辖 78 个词族图。每个词族图都代表美国军事科学技术的某一专业领域。而且每个词族图可以依专业应用的需要,把某些叙词任意划入自己的范围,并不受学科类属的限制。

2.《INSPEC 叙词表》

这部叙词表,是英国电气工程师学会编制的有关物理、电工和计算机控制情报系统(Information system in physics electrotechnology, computers and control)的词表。

该表 1973 年初版,1975 年第二版,1977 年第三版,1979 年出版第四版。几乎平均每两年修订一次。所收录的词逐版都有所增加(见下表)。其正式叙词一律用黑体字印刷,非叙词则用一般印刷字体,以便于标引人员选词使用。

出版年份	术语总数	正式叙词	非叙词
1975 年	7400	4400	3000
1977 年	8400	5000	3400
1979 年	9000	5200	3800

其体系结构主要有字顺表和等级表两大部分。在字顺表中的语义关系参照较为系统全面,包括以下几项:

(1)参见(See also)项　用于指引 INSPEC 的书本式文摘索引中使用的标题的参见参照。

例如:Catalogueing

　　See also library mechanization

　　Systems engineering

　　See also systems analysis

(2)用(USE)项

例如:Subject headings

　　USE Vocabulary

　　Subject index terms

　　USE Vocabulary

(3)代(UF)项

例如:Vocabulary

　　UF　Concepts(index language)

　　descriptors

　　index terms

　　Subject headings

　　Subject terms

(4)分(NT)项

例如:Information Science

　　NT information analysis

information centres

information dessemination

information retrieval

information retrieval systems

information services

information storage

information use

Vocabulary

(5)属(BT)项

例如:Information retrieval systems

BT Information science

(6)族首词(TT)项

例如:Information science

TT computer applications

(7)参(RT)项

例如:Language translation

RT information science

(8)分类代码(CC)项

例如:Information use

CC C7220

(9)完全分类代码(FC)项

例如:Information use

FC C7220 + t

该表在用(USE)、代(UF)参照项中,加入了复合叙词(即词组性叙词)的轮排词。因此,字顺表又兼具轮排索引的性质和作用。

例如:Information retrieval

UF retrieval, Information

retrieval, Information

USE Information retrieval

其另一特点是使用了组代词,即几个叙词的组配形式,作为款目叙词。

例如:Magnetostrictive devices

 + transducers

 UF magnetostrictive transducers

Magnetostrictive transducers

 USE magnetostrictive devices

  + transducers

该表的等级表(词族索引)与一般叙词表的词族索引基本相同。

例如:acoustic devices

 · acoustic transducers

 · · ultrasonic transducers

 · ultrasonic devices

 · · ultrasonic delay lines

 · · ultrasonic transducers

总之,《INSPEC 叙词表》虽然编制晚一些,但在语义关系参照的编制体例上是比较完善和突出的一部叙词表。

3.《NASA 叙词表》

这是美国国家航空与宇宙航行局(National Aeronantics and Space Administration),于 1967 年编制出版的一部叙词表。至 1976 年已经再版四次,差不多每两年再版一次。该词表 1967 年版与 1976 年版之间产生了较大的变化。

1967 年版的《NASA 叙词表》,其体系结构包括五个部分:(1)字顺表,其语义关系参照有用(USE)、代(UF)、属(BT)、分(NT)、参(RT)等参照项;(2)词族表;(3)轮排表;(4)范畴分类表;(5)

简表。

1976 年版的《NASA 叙词表》,其体系结构改变为两个部分:

(1)字顺表 总共收词 18,403 个,正式叙词 15,060 个,非叙词 3,343 个。

该表除含义注释(SN)之外,其语义关系主要有:

①族性结构(GS)项 采取全显示办法:

例如:GS Telecommunication 电信

　　　·Space communication 航天通信

　　　··Spacecraft communication 航天器通信

　　　···Reentry communication 大气层通信

②用(USE)项

例如:columbium

　　　USE niobium

③代(UF)项

例如:niobium

　　　UF columbium

④参(RT)项

例如:radio equipment

　　　RT radar equipment

(2)轮排表 此表包括正式叙词、非叙词、轮排词等共 35,801 个款目词。

4.《JICST 叙词表》

这是日本科技情报中心(JICST)编制的一部叙词表,1975 年 8 月正式出版。

该叙词表收词 33,998 个,正式叙词 29,173 个、非叙词 4,825 个。这些词是在日本科技情报中心编辑出版的《科学技术文献速报》累积关键词的基础上形成的。

168

其体系结构主要有:字顺表、范畴索引和词族图。

字顺表的语义参照包括如下几项:

(1)用(USE)项

例如:*镇静剂

      USE 安眠镇静剂

  *膨胀仪

      USE 探测仪 + 热膨胀

  *核磁张弛

      USE 核磁共振 + 磁性张弛

(2)代(UF)项

例如:超声波检查

      UF   表面波检查

  水质管理

      UF   废水管理

(3)组代(UF +)项

例如:探测仪

      UF +   膨胀仪

  热膨胀

      UF +   膨胀仪

(4)分(NT)项   (全显示下位词)

例如:非常用设备

      NT   避难设备

         防火设备

         ·**灭火设备

         ··洒水器设备

---

* 非叙词标记符号。

** 黑点"·"符号,表示级位,下同。

　　　　　　·排烟设备

　　　　　防盗设备

　　(5)属(BT)项　（全显示上位词）

　　例如:洒水器设备

　　　　BT　灭火设备

　　　　　·防火设备

　　　　　··非常用设备

　　该词表的范畴索引,采取两级分类,共 14 个大类、173 个小类。

　　此外,该 JICST 于 1975 年 4 月,编印了除化合物之外的 171 个主题范畴的词族图,作为内部参考使用。

第四节　国内的几部叙词表

　　叙词表的编制和使用,在我国还属初创阶段,实践经验还比较少。所编制的词表也为数不多,除大型综合性的《汉语主题词表》之外,主要有如下几种叙词表。

1.《航空科技资料主题表》

　　这是我国原第三机械工业部第六二八所,在六十年代初为统一该部门的检索方法而编制起来的一部词表。

　　最初,1964 年出版的版本是一部先组式的标题表。其体系结构共分三个部分:"分类主题表"、"主标题汉语拼音字顺索引"和"(子标题)副表"。以"分类主题表"为主体部分,其他为辅助部分。

　　"分类主题表"的范畴分类采取两级类目。共划分为 6 个大类、38 个小类。小类下再依拼音字顺编排标题。

　　例如:"3—6 地球科学"(第三大类第六小类)的一例。

170

Haishui	海水
Haishui—Bise fenxi	海水—比色分析
Haishui—Ceding	海水—测定
Haishui—Chaoshengbo xingzhi	海水—超声波性质
Haishui—Chuandaoxing	海水—传导性
Haishui—Chuantou	海水—穿透
Haishui—Chuyan	海水—除盐
Haishui—Dongjie	海水—冻结

"主标题汉语拼音字顺索引",则相当于前者的一本"主标题的字典"。在每个主标题后,附以相应的类号、分册数及页码。其作用主要是为缩短查找"分类主题表"的时间。

另外,在"分类主题表"(第八分册)后面,专门附有"(子标题)副表"。标引文献时,可根据需要临时从表中选用某个子标题与主标题组配成复合标题的形式。

例如:"(子标题)副表"中的一些子标题。

Faguang	发光
Faguo	法国
Fangbing xitong	防冰系统
Fangchao	防潮
Fangfu	防腐
Fanghuo	防火
Fangjun	防菌

《航空科技资料主题表》在 1971 年第一次修订时,将其原有体系结构作了根本性的变动,该表已转变成后组性质的叙词表了。为了配合我国大型综合性的"国表"《汉语主题词表》的编制需要,1977 年又进一步作了第二次修订。

修订后的词表,收词 10,000 个,其中正式主题词 7,900 个,非正式主题词 2,100 个。1982 年该表在几年实践应用的基础上,又出版了"增补更正表"。增补正式主题词 545 个,非正式主题词 711 个。

其体系结构主要包括:

主表—字顺主题表

辅助索引—分类主题索引

—主题族系索引

—主题字顺索引(简表)

—型号主题索引

该表的范畴分类采取两级类目,设大类 32 个、小类 212 个。揭示主题词之间语义关系的参照项主要有:用(Y)、代(D)、属(S)、分(F)、参(C)等。其编制特点主要是:

(1)编制了篇幅短小的简表,供标引和检索查词之用。

(2)对文献的标引规则、标引方法、目录组织等方面,制订了较系统、详细的使用说明。

总之,《航空科技资料主题表》是国内较突出的一部叙词表,其编制单位和同志积累了丰富的实践经验,为我国主题法、主题词表的发展和普及做了大量的工作。

2.《原子能科技资料主题词典》

这是国内较具特色的一部叙词表。其体系结构主要包括三个部分:

字顺主题词表(主表)共 10 分册

分类索引(辅助索引)共 5 分册

英汉对照索引(辅助索引)共 2 分册

范畴分类划分为 22 个一级类目、54 个二级类目、60 个三级类目。

该叙词表的突出特点,主要表现为如下几个方面:

(1)语义关系的揭示比较细致　在国内的几部叙词表中较为

典型。其参照项包括：

①用（Y）项　由非正式主题词指引到正式主题词；指引到组代词，即几个正式主题词的组配。

例如：碘化溴　　　　　（非正式主题词）

Y　溴化碘　　　　（正式主题词）

胆结石　　　　　（非正式主题词）

Y　胆道＋结石（组代词）

中子俘获　　　　（非正式主题词）

Y　俘获＋中子反应（组代词）

②代（D）项　由正式主题词指引到它的各个同义词、准同义词，即非正式主题词。这是"用（Y）"参照的对应参照之一。

例如：溴化碘　　　　　（正式主题词）

D　碘化溴　　　　（非正式主题词）

控制棒效率　　　　（正式主题词）

D　控制棒价值（非正式主题词）

③组代（D₊）项　由组代词，即正式主题词，指引到它所组代的非正式主题词。这是"用（Y）"参照的对应参照之一。

例如：胆道　　　　　　（组代词）

D＋胆结石　　　　（非正式主题词）

结石　　　　　　（组代词）

D＋胆结石　　　　（非正式主题词）

俘获　　　　　　（组代词）

D＋中子俘获　　　（非正式主题词）

中子反应　　　　（组代词）

D＋中子俘获　　　（非正式主题词）

④见（J）项和或（H）项　由非正式主题词指引到可能代替它的某个正式主题词，或另一个正式主题词。这里的"见（J）、或（H）"与"用（Y）"项，它们在语义上有细微的、但又是实质性的差

别。前者带有"可能"、"不肯定"的意思,而后者"用(Y)"则带有"必须用"的意思。

例如:化学药品

    J 添加剂

    H 致癌物

    H 螯合剂

    H 化学消毒剂

    H 显影剂

    H 去垢剂

    H 造影剂

    H 染料

    H 指示剂

    H 诱变剂

    H 色素

    H 增塑剂

    H 试剂

    H 溶剂

    H 表面活性剂

⑤见代(JD)项 由正式主题词指引到非正式主题词,也就是指引到可能被代替的非正式主题词。这是见(J),或(H)参照的对应参照。

例如:添加剂   (正式主题词)

    JD 化学药品   (非正式主题词)

  致癌物   (正式主题词)

    JD 化学药品   (非正式主题词)

  螯合剂   (正式主题词)

    JD 化学药品   (非正式主题词)

  化学消毒剂   (正式主题词)

JD　化学药品　　（非正式主题词）

⑥属（S_1）项　由下位主题词指引到直接的上位主题词。该上位主题词本身是族首词时,则在其右上角附以星号 * 表示。

例如:体视照相机

S_1 *　照相机

⑦分（F_1）项　由上位主题词指引到它的直接下位主题词。如果该上位主题词是族首词时,则可继续延伸指引到全部下位主题词。包括各级间接的下位主题词。同级的各个并列的下位主题词,都用同一个参照符号。分别以 F_1、F_2、F_3、F_4……表示下位主题词的不同等级。个别族首词下的分项太多,用处不大,有时也只分到某一级为止,并在其 F 符号的右上角附以截止符号 * 表示。这是一种全显示的作法。其等级参照符号 F_1、F_2、F_3……等,分别相当于词族索引中的等级符号小圆点·、·、·、·、·、·等。

例如:力学

D　（动）力学

F_1　爆炸力学

F_1　流体力学

　F_2　流体动力学

　　F_3　空气动力学

　　F_3　电流体动力学

　　F_3　磁流体力学

　　F_3　气体动力学

　　　F_4　电气体动力学

　　　F_4　磁体动力学

　　　F_4　稀薄气体动力学

　　F_3　水力学

　F_2　流体静力学

F_1　地质力学

175

F_1　材料力学

F_1　物理力学

F_1　岩土力学

　F_2　岩体力学

F_1　固体力学

　F_2　弹性力学

　F_2　塑性力学

　F_2　疲劳力学

　F_2　断裂力学

　F_2　结构力学

　　F_3　结构动力学

　　F_3　结构静力学

　　F_3　振动力学

　　F_3　冲击力学

F_1　流变学

F_1　机电学

C　力学性能

C　应变

C　应力

C　动力学

⑧族首词(Z)项　由下位主题词指引到最广义的上位主表,
题词,即族首词。

例如:江苏

　S_1　中国

　Z　亚洲

甲虫

　D　象鼻虫

　S_1　昆虫

176

Z　动物

F₁　棉铃象鼻虫

F₁　谷盗

⑨参(C)项　此项与一般叙词表的参(C)项相同,是几个相关概念的主题词之间的相互参照。

(2)"字顺主题词表"具有词族性质和作用,由于对最广义的上位主题词(即族首词)从上至下采取全显示的办法,所以"字顺主题词表"兼具词族索引的性质和作用。

(3)"字顺主题词表"和"英汉对照索引"具有轮排性　不少非正式主题词具有轮排性质。

例如:活化(化学)　　　　　(轮排词)

　　　Y.化学活化　　　　(正式主题词)

　　　Activation(Chemical)　(英文轮排词)

　　　Y. Chemical Activation　(英文正式译名)

由于增加了不少这种轮排词,所以"字顺主题词表"和"英汉对照索引"又都同时兼具轮排索引的性质和作用。

3.《机械工程主题词表》

机械工程主题词表是由原第一机械工业部情报研究所编制,于1979年出版。

其收词范围主要是机械工程、电机工程、仪器仪表。共选录11,200个主题词,正式主题词9,667个,非正式主题词1,533个。

它的体系结构包括:字顺表、范畴索引和词族索引三个部分。

范畴分类采取三级类目。一级类19个、二级类119个、三级类107个。

语义关系参照包括:用(Y)、代(D)、分(F),属(S)等参照项。但无"参(C)"项、"族(Z)"项。

在"用(Y)"项参照中,包括组代词,即几个正式主题词的组

177

配形式,但不做组代词的反参照,即组代项。

例如:轧辊车床　　　07KA

　　　Y. 轧辊 + 车床

无反参照:轧辊

　　　D +　轧辊车床

　　　车床

　　　D +　轧辊车床

4.《铁路汉语主题词表》

这是铁道部科学技术情报研究所编制,1979 年—1980 年出版的一部叙词表。目的主要用于计算机检索。

该表收主题词 12,000 个。正式主题词 10,708 个,非正式主题词 1,292 个。其体系结构包括三个部分:(1)字顺表,(2)范畴索引,(3)附表(包括地名、机构、型号、路名)。

范畴分类采取两级类目,共划分为 19 个大类、224 个小类。

字顺表的语义关系参照比较简单,只有用(Y)、代(D)项,而无属(S)、分(F)、族(Z)、参(C)项。主题词的排列方法,与一般叙词表不同,主要依据主题词每个汉字的拼音首字母顺序排列。

例如:CTS　　　　　　磁通势

　　　CTSB　　　　　成套设备

　　　CTSY　　　　　触探试验

　　　CTTDSJ　　　　触头跳动时间

　　　CTY　　　　　　触探仪

　　　CTYQ　　　　　磁调压器

　　　CTYS　　　　　长途运输

为了将来实现对文献的联机网络检索,该表的使用,要求与大型综合性的"国表"《汉语主题词表》取得一致。当在该表中查不到合适的主题词标引文献时,标引人员可选用《汉语主题词表》的主题词进行标引。如果在"国表"中也找不到合适的主题词时,则可拟定自由词标引,并作增补。这种做法是该表在使用中的一个重要特点。

5.《国防科学技术主题词典》

为了适应国防科学技术方面的英文资料的标引和检索需要,我国国防科委情报研究所,于1978年1月编辑出版了我国第一部英文叙词表。其体系结构包括:字顺表、范畴表、词族表和汉英对照表等四个部分。

该表共收主题词20,892个,其中正式主题词17,173个,非正式主题词3,719个。范畴表采取两级分类,共20个大类,167个二级类。语义关系参照主要有:用(USE)、代(UF)、属(BT)、分(NT)四项参照。

这部叙词表的主要特点是:

(1)在字顺表中,除族首词之外的其他主题词,其等级属分关系均采取展示款目主题词所有下分词和全部上属词的全显示办法。

例如:Gastrointestinal system   1808

    胃肠系统(Weichang xitong)

  NT   Biliary system

      ·Gall

      ·Gallbladder

    Intestines

      ·Cecum

      ·Rectum

      ·Small intestine

      ··Duodenum

      ··Ileum

Liver

Pancreas

· Parotid glands

Stomach

BT Digestive system

· Anatomy

上面例子中的黑点与一般词族索引中的黑点,在等级性质上是不相同的。分(NT)项下的黑点所代表的等级是款目主题词的下位词的再下位词。分项下的黑点愈多,其下位词的等级就愈低。属(BT)项下的黑点所代表的等级是款目主题词的上位词的再上位词。属项下的黑点愈多,其上位词的等级就愈高。两种参照项下的黑点所代表的等级,正好是相逆的方向,一个向下而另一个向上。

如果款目主题词是族首词时,则不列出等级关系。而是依据族首词符号"＊"指引查表人员到词族表中去查找该族首词下的全部下位主题词。

《国防科学技术主题词典》字顺表中的等级关系的全显示的做法,与《原子能科技资料主题词典》的做法是不同的。《原子能科技资料主题词典》的全显示,是把整个词族索引这一部分完全取消,全部归并入字顺表之中。当款目主题词不是族首词时,其等级属分语义关系就只反映直接的下位词和直接的上位词,以及族首词(Z)。而不像《国防科学技术主题词典》那样,将款目主题词的所有上位词和全部下位词列出。

(2)在字顺表中的每个英文款目主题词下列出中文译名。这在外文词表中是少有的作法。同时在范畴表中的每个英文款目主题词下也列出了中文译名。这在客观上起着英汉对照的作用。

例如：Physics 2001
　　　物理学(Wulixue)　}字顺表款目

180

Test beds	试验架
Test chambers	试验室
＊Test equipment	试验设备
Test facilities	试验设施
＊Test methods	试验方法

范畴表款目

（3）"汉英对照表"的编制对中外文资料的标引和检索具有很大的兼容性和参考作用。

（4）组代关系的揭示，在字顺表、范畴表中对组代关系进行揭示。一个专指概念的非正式主题词，可用两个泛指概念的正式主题词的组合表示。采用 USE ××and ×× 的形式表示。而其反参照，在两个正式主题词下，采用"UF—××"的形式表示。这相当于有些词表的组代"UF＋"项，或"D＋"项。

例如：Star models（星体模型）

　　　USE Models and Stars

　　Models　　　（模型）

　　　UF—Star models

（5）在字顺表中款目主题词为族首词时，如果只有一级等级关系的族首词，就直接在字顺表列出等级关系，而不再列入词族表。如果具有两级以上等级关系的族首词，则在字顺表中不作全显示，而只显示族首词本身，并在族首词前加星号"＊"，以指引到词族表中查找全部下位主题词。

例如：　　＊Rescues　　　1815　　（字顺表的款目）

　　　　　救援（Jiuyuan）

　　Rescues　救援　　　（词族索引的款目）

　　·Sea rescues　　海上救援

　　··Air Sea rescues　　海空搜索救援

　　·Search & rescue　搜索和救援

　　·Space rescues　　航天救援

181

第九章 《汉语主题词表》

第一节 《汉语主题词表》的提出

1975 年周总理在四届人大会议上,向全党全国人民提出了向四个现代化进军的伟大号召。在这一号召的鼓舞下,为了研究和解决电子计算机在我国国民经济、情报检索、新闻报导和出版印刷等方面的应用问题,"汉字信息处理系统工程"(简称"748 工程")正式上马了。这一工程的研制能成功,将对我国在科学技术上赶超世界先进水平,加速实现出版印刷、新闻报导、情报检索和国民经济等各项事业的现代化,具有重大的意义。同时,为电子计算机在我国各条战线上的使用和普及具有关键性的作用。

所谓汉字信息处理系统,就是要解决如何用计算机处理汉字和汉字信息的系统。也就是说要解决计算机如何用汉字输入、存贮和输出的一整套设备的设计、制造和软件程序的设计、使用问题。这是一种新型的技术设备,它把不同形体的汉字,变成不同的光电信号,通过计算机的控制和运转,可以实现自动制造汉字、自动编排、自动拍照印刷和自动检索图书资料等工作。虽然世界上电子计算机的应用已非常普遍,但是一般都用字母作为信息处理的依据。对于用汉字信息处理的设计,日本虽然已经研究成功,但它是日式的汉字,与我国的方块汉字不尽相同。汉字在我国有着悠久的历史,几千年来在我国历史上一直起着主要的传播作用。

目前,外文在我国人民中间的传播作用比较薄弱,外文知识还很不普及,在这种情况下,只有汉字信息处理系统得到解决,电子计算机才有可能在我国真正地广泛使用。

在实现我国图书情报检索工作现代化的问题上,存在两条腿走路的趋势和可能。一方面,我们可以直接生产和使用字母信息处理系统的电子计算机,单纯解决外文图书资料的自动化检索问题。它的好处是可以直接利用外国现成的磁带资料,节省人力、物力和时间。但对中文资料的存贮和检索却无能为力。因此,另一方面,则是要求大量生产和广泛使用适合我国汉字信息处理系统的电子计算机。要使用汉字信息处理系统电子计算机进行情报检索,就必须编制一部《汉语主题词表》为上机使用。因此,《汉语主题词表》的编制也就被提到日程上来了。它是作为"748 工程"的一个配套项目提出来的。由中国科技情报所和北京图书馆负责组织和主持《汉语主题词表》的编辑工作。这部词表已陆续出版。

第二节 《汉语主题词表》的编制

主题词表的编制,是一件复杂而细致、费力又费时的工作。尤其是一部大型综合性《汉语主题词表》的编制,更是如此。

1. 编制原则

《汉语主题词表》和其他检索工具一样,是人们社会实践的产物。因此,它必须以思想性、科学性和实用性作为总的指导原则。

(1)思想性:我国的《汉语主题词表》必须是为四个现代化服务的图书情报检索工具。在编表中,应该以马列主义、毛泽东思想为指导思想。按照辩证唯物主义和历史唯物主义的原则,力求编制一部具有我国特色的主题词表。

（2）科学性　在主题词的体系结构、范畴分类、选词工作和款目设置等方面，要符合事物的客观规律、体现科学的最新发展。

（3）实用性　主题词表的实用性，主要表现在图书资料标引和检索的有效性方面。既要符合图书资料标引和检索的客观需要，又要保证检索工作的查全查准的性能；既要达到特性检索的目的，又要实现族性检索的要求；既要适应综合性图书情报单位的使用，又要照顾专业单位的情况；既要满足机检的运用，又要考虑手检的现状。

2.编制的总体方案

编制主题词表，应有一个总体方案。对主题词表的使用对象、检索范围、体系结构等有一个全面的规定。其规定是：

（1）使用对象　《汉语主题词表》是为上机使用、组织资料档的工具。由于我国电子计算机图书情报检索系统的建立可能分两步完成：第一阶段是在省市以上和重点图书情报单位内，逐步建立起成批检索系统，并通过使用统一规格的磁带资料档，把各个检索系统统一起来，分别进行新到图书资料的定题检索和过期图书资料的回溯检索。本阶段的使用对象主要是图书情报工作人员。第二阶段是通过通信网络线路把图书情报检索的各个系统连接起来，并逐步在各个单位内建立终端设备，进行联机检索。这个阶段的使用对象，除了图书情报人员之外，广大生产科研人员和其他读者也可使用。鉴于电子计算机检索系统的阶段不同和使用对象的不同，因而在《汉语主题词表》的编制上也应考虑有所差别。在正式主题词与非正式主题词之间的比例上，第一阶段一般可在1∶3的范围内，不宜悬殊过大。到第二阶段则可考虑修改调整，要求尽可能接近读者和图书资料的自然语言，非正式主题词可能是正式主题词的几倍至几十倍，甚至逐步接近自然语言的使用。

（2）检索范围　《汉语主题词表》的检索范围，既包括社会科学和自然科学各个领域,又包括图书、期刊、资料、会议录、论文、专利、标准等多种类型的出版物,同时还包括中外古今的研究课题。如此广泛的检索范围,就应该规定在目前的条件下,主题词必须采用受控语言,即采用优选的标准化检索语言而不采用自然语言,在选词数量上进行控制。对词组的选用占总词量的比重不宜过大,一般规定在"中高组"(即中等偏高)水平,占总词量的60%左右。此外,还编制英汉对照索引,并逐步编制多语种对照索引,以满足中外文图书资料的标引和检索的需要。

(3)体系结构的设计　一部主题词表在对它进行编制之前,还必须考虑对它的体系结构进行设计和规定。体系结构的设计和规定,主要根据编制单位的性质任务和检索系统的使用对象、检索范围、检索类型、使用目的以及人力、物力等客观条件的可能与需要,进行全面综合考虑。所谓主题词表的体系结构,是指主题词表的构成部分以及每个部分的编排组织系统。主题词表的构成部分,一般主要有字顺表(包括主表和附表)、辅助表(包括范畴表、词族表、轮排表、语言对照表等)两大部分。字顺表是主题词表的主体和关键部分,是标引和检索的主要依据。辅助表是采用与字顺表不同的编制方法,从另外的不同角度,将主题词进行编排组织起来的系统表。它是为了辅助字顺表的不足,作为标引和检索的次要依据。词表的体系,是指的词表各个构成部分本身的编排组织系统而言的。主题词表的编排组织系统很多,可以从字顺系统、范畴分类系统、词族等级系统、词组轮排系统、语言对照系统等不同的角度和途径进行设计规定。每一个系统都有自己的不同的款目结构和编排形式,从而每一个系统形成自己独立的检索体系,它们共同构成了主题词表的一个完整的体系结构。

3.编制方法步骤

由于这是我国第一次编制这样巨型的综合性的主题词表,既

缺乏经验,又缺乏这方面知识;既是手工编表,而且编辑人员水平
又参差不齐,因而困难很多。《汉语主题词表》的编制方法步
骤是:

(1)学习　如果要讲编制的方法步骤的话,首先第一条就是
进行学习。

①组织专门讲座,学习有关图书情报检索和主题词表的知识。

②学习有关计算机、语言学、逻辑学、布尔代数等方面的知识。

③在确定分工以后,还必须学习专业基本知识,掌握学科发展
的最新动态和科研成果。

(2)制定编制计划、编制原则和总体方案

(3)确定选词方法,收集选词的有关图书资料　选词的方法
主要有以下几种:

①直接从图书资料中选词,包括图书、期刊、资料、文摘、目录、
索引等。使用这种方法所选出的词,一般都具有实际使用价值。
但必须注意统计被选词的频率次数,并定出录取主题词的频率
指数。

②从国内外有关的主题词表、标题表、分类法中选词。这种方
法也是非常有效的。在这些工具书中的词,一般都具有实际检索
意义,而且基本都已通过实践进行了检验,并有语义关系可供参
考。但必须注意结合国内图书资料和科学研究的实际需要,并按
照汉语的特点和习惯进行规范。

③从一般学科专业的词典、《辞海》、百科全书、教科书等进行
选词。这种方法的优点是词汇所表达的概念比较清楚、比较系统。
但是,对所选的词必须用目录索引等进行频率检验,然后录取为
叙词。

④从专业工作者的直接经验出发进行选词。这是选词的一个
重要方法,但对词汇必须进行规范。

(4)拟定和划分类目　拟定和划分范畴的分类类目,并按类

开始选词。对一词的同义词应同时收录,附在一起。

（5）调整类目　根据初选词量,调整范畴分类类目;根据词义调整词的归属。

（6）确定词间语义参照　可采用画词族图或词族表的方式。

①首先弄清各词的概念含义,确定词的各种语义关系,并填写草片,注明范畴类号。

②检查词的各种对应参照。

（7）审词定词　专业工作者和图书工作人员相结合,按照选词原则、编制原则和总体方案,共同进行审词定词(包括语义参照的审定)。

（8）统计　用目录索引对主题词进行频率统计,进一步检验词的实用价值。

（9）填写　主表大卡片,注出主题词汉语拼音、范畴类号、英文译名、注释和参照项等。

卡片形式如下:

《汉语主题词表》主题词卡片
(14.7×10.5厘米)

	分类编号	10W	卡片编号	
主题词	汉语拼音	Han zang yu xi		
	汉　字	汉　藏　语　系		
	英文译名	Sino – Tibetan family		
		D 印度支那语系		
		F 汉语		
		苗瑶语族		
		叶尼塞语族		
		藏缅语族		
		壮侗语族		
专业编号		◯	编制单位	

（10）按类印刷　广泛征求有关专业工作者的意见,并进行增删修改。

（11）汇总检查

①打破范畴分类的界线,汇总倒排,即按主题词汉语拼音字顺,从后往前逐字母(或逐词)对比排列。以便检查属分关系、相关关系是否遗漏,并扩大和增补词族。

利用倒排的结果,还可以做"见"参照,以"见"字的汉语拼音Jian 的第一个字母做标记符号。这种参照《汉语主题词表》后来因人力时间关系取消未做。所谓"见（J）"参照,就是把许多单一主题词(或称单词)和在词尾部分与它词形相同的一些复合主题词(或称词组)之间,用"见（J）"参照将它们联系起来的一种起指导作用的参照。

例如:设计

J　　飞机设计

建筑设计

轮船设计

美术设计

汽车设计

图书馆设计

……………

这是主题词之间在词形结构上的一种参照。这种"见（J）"参照的主要作用就在于:在标引和检索图书资料时,向标引和检索人员指引选用专指主题词的作用。

②汇总正排。打破倒排次序,按主题词汉语拼音字顺,由前往后逐字母(或逐词)对比排列。以便解决学科之间的交叉重复、消除参照关系中的矛盾现象。

（12）编排整理

①进一步检查主表的汉语拼音字顺,正式形成卡片式的字顺

表,即主表。附表也同时分别进行同样的检查,形成各种附表。

②检查主题词的对应参照。

③按族首词逐级逐项查找汇集词族,或在原词族图基础上,按族首词的汉语拼音编排词族索引卡片。

④依据主表字顺卡片,填写并编排范畴分类索引卡片,见下图。

《汉语主题词表》主题词索引卡片

(12.5×7.5 厘米)

	分类编号	10W	卡片编号	
主题词	汉语拼音	Han zang Yu xi		
	汉字	汉 藏 语 系		
	英文译名			
专业编号		◯	编制单位	

⑤依据主表字顺卡片,填写并编排英汉对照索引卡(4 和 5 两项工作可以同时进行),见下图。

《汉语主题词表》主题词索引卡片(12.5×7.5 厘米)

	分类编号	10W	卡片编号	
主题词	汉语拼音			
	汉字	汉 藏 语 系		
	英文译名	Sino – Tibetan family		
专业编号		◯	编制单位	

(13)抄写、校对和出版

第三节 《汉语主题词表》的选词

主题词是主题词表的基本成分,是标引和检索的直接依据。主题词选定的好坏关系着主题词表的质量和使用效果。选词工作是编制主题词表的基础工作。为了提高主题词的实用价值,必须明确选词的原则、范围。

1.选词原则

根据《汉语主题词表》编制工作的体会,这些原则应该是:

(1)必须按照《汉语主题词表》的编制原则和总体方案的规定,坚决贯彻厚今薄古、古为今用、洋为中用、以我为主的原则,贯彻为无产阶级政治、为四个现代化建设服务的原则。各学科专业的选词工作,都应该首先遵循这一总的原则。具体来讲,对各学科专业反映古代的、外国的主题词可以简一些、少一些;对现实的、中国的主题词可以详一些、多一些;对为四个现代化所需要的主题词应该详一些、多一些;对陈旧或过时了的主题词应该简一些、少一些;对为资产阶级所专有的反动的主题词应该简一些、少一些。至于每个部分详简和多少到什么程度,那还需要根据各学科专业的具体情况和图书资料的实际来决定。在某些学科领域或单位来说,反映历史的、外国的主题词可能会占很大的比例,这也是允许的。

(2)选定的每个主题词,必须是具有相当的研究价值和文献论述,或者具有较强的组配能力的单词或词组。这就是我们通常所讲的,主题词的检索作用问题。没有研究价值的词,我们根本用不着选取。没有文献专门论述的词,因为已失去标引的作用,也无须选取。但是应该注意,有些在文献中经常出现的词,并不一定都有研究价值,如烧香、磕头等。这样的词不宜作主题词。

（3）对经过验证的新事物、新学科以及反映各专业领域中新的科研课题方面的词,尽管当前图书资料的频率不高,考虑到实现四个现代化的需要和将来的发展,也应选定为主题词。但必须注意优选那些比较定型的、有生命力的新词,对那些正处在发展变化中的、或者是把握不准的新词应慎重处理。

（4）对选定的主题词,要求概念明确、词语简练、具有单义性（即一词一义）。对自然语言中的同义词、准同义词、同形异义词、多义词以及词义不清的词,均要进行规范、选择或注释。

（5）由于主题词具有组配的性能,因此在选定主题词时,一般不要求从学科体系的完整性角度考虑选词。但应该考虑到所选的主题词,将能满足对图书资料的标引和检索需要。为此要注意三点:

①对学科专业中组配能力强、含义广泛的基本概念的词汇,应尽量选取。如军事科学中,诸如:军事、战争、战略、军队、陆军、海军、空军、进攻、防御等都是该学科的一些基本概念,必须予以选定。

②对学科专业中能概括一类对象的类称概念的词汇,也应尽量选取,如武器、军种、兵种等。

③对学科专业中,只表示某一特定对象的单独概念的词,如人名、地名、组织机构名、会议名、学派名、条约名等,只选定其中研究价值较大,文献频率较高的词作主题词。

（6）对反映同一对象的不同名称的词,一般均应同时选定,并确定其中一个为正式主题词,其他作为非正式主题词。但对一些极为生僻、反动或只为个别人所用的名称,可以删去不选。

（7）各学科通用、且具有较强的组配能力的一般概念的词,如:方法、设计等均应选定。

（8）选定的每个主题词,必须是名词和名词性词组。形容词、方位词、数词、量词一般不选作主题词,但个别有较强检索意义的可以考虑。动词和虚词应该完全避免。

(9)选定词组。主题词从词形结构来说,可以分为两种:一种是单一主题词(只含一个单元词、单词),另一种是复合主题词(类似词组)。单一主题词,就是从学科专业的角度出发,在词形结构上和概念上都不宜再进行分解的最小单位,如:山、水、玻璃等。它反映的是一种单一概念。复合主题词,就是指由两个以上的单一概念的单词所组合起来的,表达一些复杂概念的词,如:日本工业、煤炭资源等。从语言学的词的形态结构来讲,单一主题词主要表现为单词的形式,复合主题词主要表现为词组的形式。在自然语言中单词和词组是词的两种基本形态。同时也是我们选作主题词的两种基本形态。

词组在概念上和词形上,一般都可以进行分解,并用组配的方法表达。由于《汉语主题词表》的容纳篇幅有限,不允许将大量的词组选作复合主题词。因此,在选词工作中,就存在对词组是选还是不选的两种可能性。也就是说,当决定用几个单一主题词组配,表达某一词组时,就不必再选这个词组作复合主题词了;同时,当决定选取某一词组作复合主题词时,那么在将来的标引和检索中,就不能再允许进行组配。但是,究竟应该在什么样的条件下,选定某些词组作复合主题词,又在什么样的情况下不选词组,而采用组配的方法来满足将来的标引和检索的需要呢? 这是一个值得我们很好探讨的问题。根据选词实践的体会,应该作如下的一些规定:

凡符合下列条件之一的词组,可选作复合主题词。

(1)在各学科专业中,已经形成了一种以固定结构形式出现的固定词组。

如:坚壁清野、化整为零、焚书坑儒

(2)经分解后,如有一方失去检索意义的词组。

如:二七罢工、现地勘察、剩余价值。

（3）经分解后，如果某一单词的含义已经发生变化，而不同于原来词组中该单词的含义时，必须选定该词组作复合主题词。

如：国家机器、蘑菇战术、红玉苹果。

（4）经分解后的两个单词，虽可组配，但组配后在概念上含义不清，或者出现多种含义的词组，必须选定为复合主题词，有的还需要作含义注释。

如：侦察雷达

注：指雷达的一种类型。

侦察雷达

注：指对雷达的侦察。

学校体育

体育学校

（5）在各学科专业中，一些经常使用的、或者是比较重要的，经分解后就会丧失该学科专业最基本的概念的词组。

如：人民战争、技术革命、生物化学。

（6）由动词、形容词、介词、字母和其他符号与名词组合在一起的词组。

如：征服喀山　　　（动词＋名词）

经典性条件反射　（形容词＋名词）

按计划出动　　　（介词＋名词＋动词）

MOS 存储器　　　（字母＋名词）

2. 选词范围

凡具有检索意义的事物名称、术语均可选定为主题词。主要有下列各个方面。

（1）各学科门类的名词术语　如：哲学、化学、物理学、心理学等。

（2）表示事物及其研究对象的名词术语 如：商品、航天器、飞机、坦克等。

(3)表示事物性质的术语 如:思想性、政治性、人民性、党性、强度、稳定性等。

(4)表示事物的过程、现象、状态的名词术语 如:交换、流通、温度、疲劳、激光、空气、气体、液体、固体等。

(5)表示事物的理论、定理、定律、学说之类的名词术语 如:认识论、辩证唯物主义、历史唯物主义、伯努利定理、牛顿定律、米丘林学说等。

(6)表示事物的工作方法、研究方法的名词术语 如:社会调查、阶级分析、化学分析、心理测验、高空模拟等。

(7)表示事物的工艺 如:锻造、焊接、切削、热处理等。

(8)表示事物的专有名称 如:

    地区——亚洲、非洲、海南岛等;

    国家——中国、朝鲜、美国、苏联等;

    时代朝代——唐代、江户时代、魏玛共和国、奥斯曼帝国等;

    人名——鲁迅、高尔基等;

    社团、党派、学派组织机构——小刀会、日本自民党、联合国教科文组织、边际效用学派等。

(9)各学科共同使用的一般概念 如:调查、研究、方法、材料等。

(10)图书资料的形式 如:辞典、字典、手册、会议录、专利、标准等。

3. 各学科选词的交叉处理原则

在各学科的选词中,往往产生重复交叉的现象。因此,在选词时应该各自以本学科的核心领域为主、边缘领域为辅。核心领域选词详一些、多一些;边缘领域选词简一些、少一些。属于别的学科的词可以不选。为了避免遗漏,有的很重要的词可以代选,并转给有关学科选定。

第四节 《汉语主题词表》的主表和附表

《汉语主题词表》的主表(以下简称"主表"),由社会科学主表和自然科学主表两部分组成。

"主表"是《汉语主题词表》的主体,它是标引和检索图书资料的主要工具。

"主表"的基本结构单位,即每一个查找单位称之为主题词款目(又称之"词单元"),见 196 页图。"主表"的款目结构包括:款目主题词,款目主题词的汉语拼音、英文译名、范畴分类号、注释和参照项等项目。在款目中起标目作用,或者说起排列和查找作用的那个主题词叫做款目主题词。款目主题词本身是族首词时,则须在款目主题词后加标志符号*以示区别。如:墓葬*,经济地理*等。此外,与款目主题词之间发生各种语义关系的主题词叫做该款目主题词的关系词。款目主题词与关系词之间的语义关系,采用参照符号(关系符号)Y、D、F、S、Z、C 等加以联系。参照符号和关系词共同组成该款目主题词的参照项。

把全部主题词款目集中起来,依据款目主题词的汉语拼音字母顺序排列组织的表就是主表。

"主表"的这种款目结构,使主题词的字顺排列变成了一个有机的整体,形成了一种暗含的语义网络系统。在很大程度上,弥补了字顺排列中语义关系揭示不足和词与词之间相互割裂的缺点。用这种结构,从而反映了主题词之间的内在逻辑联系,限定了词义;同时也提高了词表的族性检索效果、扩大了检索途径。

主题词款目结构

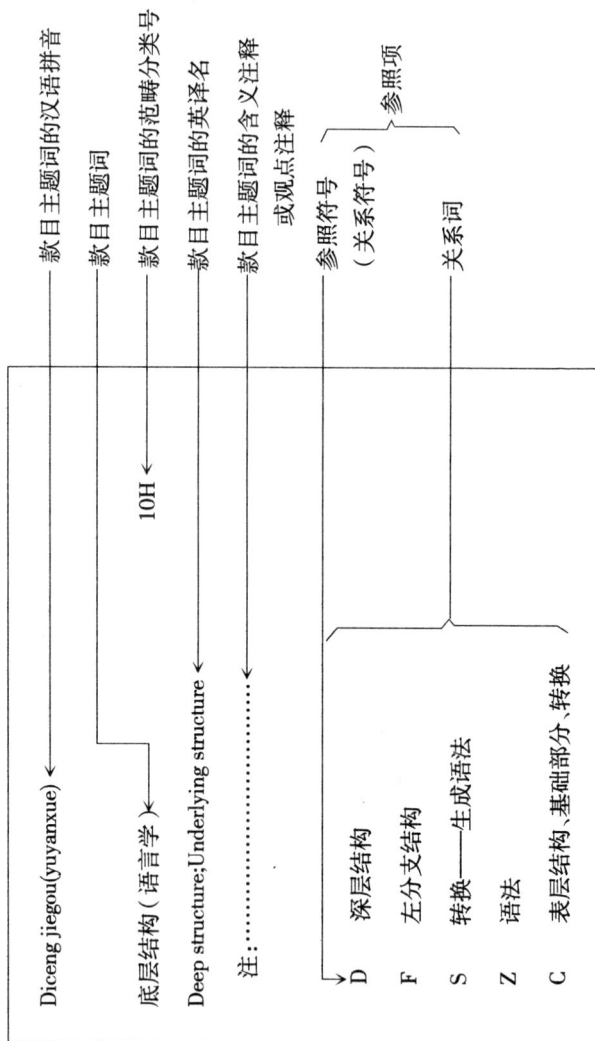

Diceng jiegou(yuyanxue) ←——————————— 款目主题词的汉语拼音

底层结构（语言学）←————————————————— 款目主题词

10H ←——————————————————————— 款目主题词的范畴分类号

Deep structure;Underlying structure ←———— 款目主题词的英译名

注：.................. ←———————————————— 款目主题词的含义注释
　　　　　　　　　　　　　　　　　　　　　或观点注释

D　深层结构 ←————————————————————— 参照符号
　　　　　　　　　　　　　　　　　　　　　（关系符号）　┐
F　左分支结构　　　　　　　　　　　　　　　　　　　　├ 参照项
　　　　　　　　　　　　　　　　　　　　　关系词　　　┘
S　转换——生成语法

Z　语法

C　表层结构,基础部分,转换

我国出版的这部"主表"，在款目主题词下标有汉语主题词的英文译名。这对标引和检索中外文图书资料有重要的参考作用。可以说，加了英文译名的"主表"，实际上又是一部"汉英对照索引"，起到了综合性的多学科的大型汉英辞典的作用，收到了一箭双雕的效果。

《汉语主题词表》的附表（以下简称"附表"），是"主表"的一种特殊形式，是"主表"主题词的组成部分。"主表"主题词和"附表"主题词结合起来，构成《汉语主题词表》主题词总数之和。"附表"中的主题词是各学科领域中的专有名词。这些专有名词都是一些单独概念词，它们一般都具有较大的检索意义或组配作用。为了控制"主表"的词量，避免"主表"过于臃肿、庞大，不利于使用的现象，而将它们按照一定的范畴分别按字顺编排，形成附表。

由于它是按一定范畴集中分别编排的，实际上"附表"又是《汉语主题词表》范畴索引的补充部分。"主表"与"范畴索引"在总词量上是完全相等的（不包括一词入多类的数字）。"主表"词量加"附表"词量应该完全等于"范畴索引"词量加"附表"词量。因此在选用主题词对图书资料进行标引和检索时，应特别注意对"附表"主题词的查找使用。不要因为一查"主表"没有某词，就马上确定是漏选而当作新词补充。

"附表"暂包括："世界各国政区名称"（1,100 词）、"组织机构名称"（1,900 词）、"自然地理区划名称"（361 词）和"人名"（4,765词）等四个部分。总共 8,200 余词。"附表"的主题词款目结构和"主表"基本相同。

此外，还必须注意：在四个附表后，分别编列了它们各自主题词的英汉对照索引。故《汉语主题词表》的英汉对照索引，被分割成了六大块，即：主表主题词的英汉对照索引（社会科学和自然科学各一块）和附表主题词英汉对照索引（四个附表各一块）。就这一点而言，《汉语主题词表》的英汉对照索引，显得十分分散。

第五节 《汉语主题词表》的辅助索引

辅助索引又称辅助表。它是将字顺表或是主表和附表中的主题词,根据某种特定的检索需要,如范畴的、等级的、轮排的和多语种的检索需要,采用不同的方式、方法而编制起来的一些对主表起补充配套作用的表。这些表是标引和检索图书资料的辅助工具。

现将《汉语主题词表》的三种辅助索引分述如后。

1.《汉语主题词表》范畴索引

本索引简称"范畴索引","范畴索引"又称"范畴表"、"范畴分类索引"。所谓"范畴索引"就是将字顺表(主表和附表)的全部主题词,按照主题词的学科和词义范畴,划分为若干大类、二级类或三级类,每类之下再依主题词的汉语拼音字顺,排列起来的一种分类系统。它是对主题词的分类(即对概念的分类)。例如:心理学大类的分类系统,见 199 页表。

(1)"范畴索引"的作用 主要体现在三个方面;

①从分类的角度查找主题词,作为标引和检索图书资料起族性作用的一种辅助工具。

②是对图书资料进行分门别类编辑资料,通报、交换、发行和组织手检分类主题目录工具。

③范畴索引又可以作为一种编制主题词表的辅助工具。对选词、编制参照等工作能起到分工协调和检查遗漏的作用。

(2)"范畴索引"的类目设置和划分原则 类目的设置和划分,对"范畴索引"的质量具有重要的影响。类目设置多少与类目如何划分,以及各类之下收词的数量,许多主题词表在做法上都不相同。根据这次编制《汉语主题词表》的体会和认识,必须注意如

198

<pre>
             ┌ 15   心理学
             │ 15A   心理学一般概念
             │ 15B   心理学理论、学派
             │ 15C   心理学研究方法
             │ 15D   感知觉
             │ 15E   注意、记忆、想象
  范畴   │ 15F   思维、言语
  类号   │ 15G   情感、动机、意志、活动   范畴类目
             │ 15H   个性
             │ 15J   发生发展心理学
             │ 15K   生理心理学
             │ 15L   医学心理学
             │ 15M   教育心理学
             │ 15N   社会心理学
             └ 15P   应用心理学

                 定向障碍
                 飞行员训练
                 感觉运动效率   类目下的主题词
                 工程心理学
                 ……………
</pre>

下几点原则:

①必须依据学科专业的特点、主题词的数量和参考主题词所反映的图书资料的频率来设置和划分类目。一般来讲,内容广泛、专业分支复杂、现实性强的学科,其类目设置和划分要求多一些、细一些;其次,主题词数量多则也要求对类目设置和划分得细一些;另外,如果主题词所反映的学科内容比较重要或者是图书资料的频率高时,尽管这一类主题词数量不多,也可以根据需要设置类目。在一般情况下,大类收词大约以 1,000—2,000 个主题词为

宜。依据大类主题词总量和专业的需要,再划分若干二级类和三级类。各表都有一定的伸缩性。最下级的类目一般收词限制在几十个到一、二百个之间为好。为了在标引和检索时查词和管理方便,主题词的数量不宜过分臃肿和悬殊。过分臃肿则可以增设类目;主题词太少也可以考虑进行必要的归并。一般说很难有一个十分标准的数量规定。

联合国工业发展组织编制的《工业发展术语叙词表》,共设置28个大类,124个二级类,没有三级类。各大类下设置和划分的二级类类目数量,标准都比较低,各不相同。最少的只有一个二级类,最多的也只有八个二级类。每个二级类下所收主题词悬殊比较大。如:"管理"(management)大类下只设置了"2210 管理"一个二级类,收词21个。"各种产品"(miscellaneous products)大类下,也只设置"4010 各种产品"一个二级类,收词仅2个,即:珠宝(jewellry)和笔(pen)。

日本科学技术中心编制的《科学技术用语叙词表》(即《JICST叙词表》),共划分14个大类、173个小类。在"环境公害部分"大类下,只划分了"KA01 环境公害"一个小类,收词112个。在"原子能部分"大类下,划分了两个小类:"NA08 有害辐射防护学"(收词55个)和,"NA09 核测试设备"(收词83个)。小类收词一般都在几十个到二百个之间。但有的小类收词也很少,如:"GA04 粉末冶金"和"GC 地球化学"等类都只收词10多个。

我国编制的《汉语主题词表》范畴索引,总共设置58个大类、670个二级类、1,080个三级类。其中社会科学15个大类、173个二级类、311个三级类;自然科学43个大类、502个二级类、769个三级类。从类目的数量、级位都比外国的范畴索引要多、要深。大类的收词一般都在几百至二千个左右,但也极不平衡。个别大类如"01 马列主义、毛泽东思想"大类仅收词36个。经济大类收词4,113个,分设于21个二级类,96个三级类。最下一级类的收词也有极少数只收几个词或十几个词。总之,应视各个专业的具体情况而定。在各类选词工作中,由于对选词标准掌握的宽严不同,也带来了一些词量不合理的地方。

②类目的设置和划分,可以突破学科体系的范围和级别。根据科研和检索的需要,有的新兴学科、重点专业加以突出,越级设置类目。例如,把"国际关系"、"心理学"、"民族",分别从政治大类、哲学大类和历史大类中析出,单列大类,与政治、哲学和历史处于平级地位。

③必须结合学科体系和词义范畴两方面来考虑设置类目。我国编制的"范畴索引"从各类类目来说,主要体现了以学科为主、词义为辅的设置原则。这主要是为了使词表在体系上和检索上尽量向分类法靠拢。与《中国图书馆图书分类法》的大类序列基本吻合,少数做了个别调整(见下表)。

《汉语主题词表》类目	《中图法》类目	
01　马克思主义、列宁主义、毛泽东思想	A	马克思主义、列宁主义、毛泽东思想
02　哲学	B	哲学
03　政治	D	政治、法律
04　国际关系		
05　经济	F	经济
06　军事	E	军事
07　文化事业	G	文化、科学、教育、体育
08　教育		
09　体育		
10　语言文字	H	语言、文字
11　文学艺术	I	文学　J艺术
12　历史	K	历史、地理
13　民族		
15　心理学	B	哲学

《汉语主题词表》类目	《中图法》类目
20 社会科学一般概念	C 社会科学总论
30 数学	O1 数学
31 力学	O3 力学
32 物理学、晶体学	O4 物理学 O7 晶体学
34 化学	O6 化学
35 天文学	P1 天文学
36 自然地理学	P9 自然地理学
37 地质学	P5 地质学
39 测绘学	P2 测绘学
41 地球物理学、地震学	P3 地球物理学
43 气象学	P4 气象学
44 海洋学	P7 海洋学
45 生物科学	Q 生物科学
47 医学科学	R 医药、卫生
49 农林科学	S 农业科学
51 工程热物理学	TK121 工程热物理学
52 核技术	TL 原子能技术
53 能源、动力工程	TK 动力工程
54 电力工程、电机工程	TM 电工技术
56 电子技术	TN 无线电电子学、电讯技术
57 通信技术、邮政技术	TN91 通讯 F6 邮电经济 TH691 邮政用机械
58 自动化技术、计算技术、计算机	TP 自动化技术、计算技术
60 导航技术、探测技术	TN96 无线电导航 U 交通运输 V 航空、宇宙飞行

《汉语主题词表》类目	《中图法》类目
61 轻工业	TS　轻工业、手工业 TH692　商业用机械
62　化学工业	TQ　化学工业
63　石油、天然气工业	TE　石油、天然气工业
64　矿业工程	TD　矿业工程
65　冶金工业	TF　冶金工业
66　金属学、金属加工与设备	TG　金属学、金属工艺
67　机械工程	TH　机械、仪表工业 （部分类目）
68　土木建筑工程、城市建设	TU　建筑科学
69　水利工程	TV　水利工程
70　建筑材料工业	TU5　建筑材料
71　交通运输工程	U　交通运输
72　车辆工程	U　交通运输
73　舰船工程	U　交通运输
74　航空、航天技术	V　航空、航天
75　武器、军事技术、军事装备	TJ　武器工业
81　计量学、计量技术、仪器仪表	TH7　仪器、仪表
82　实验方法、试验技术与设备	N　自然科学总论
83　通用技术	分散在各科学门类
87　材料科学	分散在各科学门类
91　环境科学	X　环境科学
92　自然科学一般概念	分散在各科学门类

④设置的类目,应具有概括性和准确性。类目名称应明确、简练。对含义不清的类目要作类目注释,以说明类目收词的范围。

例如:10C　语言分类

注:专指对自然语言的分类,特殊语言入10T类。

⑤"一般概念"类目的设置。对许多类无专属的主题词,如:研究、方法、批判、性质、任务等,归到任何一个学科都不合适。因此在"范畴索引"中设置"一般概念"类目。由于《汉语主题词表》的"范畴索引"是分成社会科学和自然科学两大部分,故分别设置了"20 社会科学一般概念"和"92 自然科学一般概念"两个大类,附于各自类目的最后。这两个大类的词有部分是重复的,是考虑到其中许多词既不完全属于社会科学,也不完全属于自然科学,故加以重复反映,便于标引和检索查词的方便。其次,在某一具体大类或二级类中,有些带有共性特征的主题词,或者至少本大类或二级类范围中几个专业共同使用的主题词,根据它们的词义特征和数量情况,从各个类中析出单设一个一般概念的二级类目,或者称其他类名。

例如:"02A 哲学一般概念"(二级类)、"02JA 宗教一般概念"(三级类)、"15A 心理学一般概念"、"15C 心理学研究方法"等类目,均是根据这一原则拟定的。

此外,各门学科专业中许多一般性的基本的名词术语,只供本专业组配使用的术语和个别无法归类的主题词,也可设置"一般概念"类加以集中。

(3)类目的排列方法 类目的排列,有两种方法:一种按类目名称的字顺,另一种是按类目之间从总到分、从上到下的等级系统展开,同级类目依类目之间的联系,从一般到具体、从亲到疏地排列展开。《汉语主题词表》主要采取第二种排列方法,主题词均分入最下一级的具体类目下,并按汉语拼音字顺排列。在每个主题词下不反映等级和相关语义关系,但在非正式主题词下应反映该词的"用(Y)"项参照,指明该词的正式名称术语。

(4)类目的标记符号 "范畴索引"类目的标记符号一般可分为三种:

①双位数字方法。即前两位数字代表大类,后两位数字代表小

类。大小类各能容纳 01—99 个类目。如:《工业发展术语叙词表》。

②双位字母方法。即指前两位字母代表大类,后两位字母代表小类。这种号码容量较大,大小类目各自最大限度可容 676 个类目。

③字母与数字相结合的办法。这种方法又可分为两种:一种是双位字母在前,双位数字在后的标记方法。如:日本的《科学技术用语叙词表》。另一种就是双位数字在前,双位字母在后的标记方法。

我国编制的"范畴索引"的类目标记符号,基本属于双位数字在前,双位字母在后的方法,不过略有变通。国外的范畴索引类目,一般都只划分为二级,但我国编制的"范畴索引"类目大部分都设置三级类目。因此,我们规定大类号码的前两位数字是采用双位代码制,从 01—99。后两位字母则变通为采用单位代码制,即前一位字母代表二级类,后一字母代表三级类。例如:"02JB"这个号码,"02"代表哲学大类;"02 J"代表哲学大类下的二级类"宗教";"02JB"代表三级类"宗教教名"。

(5)主题词的归类原则　原则上是一词归一类,即按主题词的本质属性归类。但是,有的主题词当具有两重以上属性的,或被两个以上学科专业作为重点研究对象的,可以同时归入几个类目重复反映。我国编制的"范畴索引"社会科学类目中,重复主题词共 569 个,其中归入两类者 536 个,归入三类者 32 个,归入四类者 1 个。如:"民族解放战争"一词,分别归入了政治、军事、历史和民族等四个大类。

总之,我国编制的"范畴索引",与国外的范畴索引相比较,主要有两个突出的特点。①类目网络深度较细,一般都增设到第三级类目。这样也就加强了本索引的等级深度,有利于将来对图书资料的通报、发行、交换和组织较深一级的分类主题目录。②范畴索引的学科系统性增强。

2.《汉语主题词表》的词族索引（简称"词族索引"）

词族索引又称族系索引、词族表。所谓词族,是指具有同义、属分和相关等语义关系的一组主题词。在同一词族中,主题词的属分语义关系是该词族的主体部分,其中只具有参照项"分(F)",没有参照项"属(S)"的主题词,即这一词族中概念最大的主题词,叫做族首词,或者叫做顶端主题词(Top term)。一个词族就是一种以族首词为中心的、结合它的所有下位主题词以及它们的同义语和相关概念的主题词,逐级向下,向左右展示的完整的语义系统。这种词族,用图示法来表示的就称为词族图,见图7。

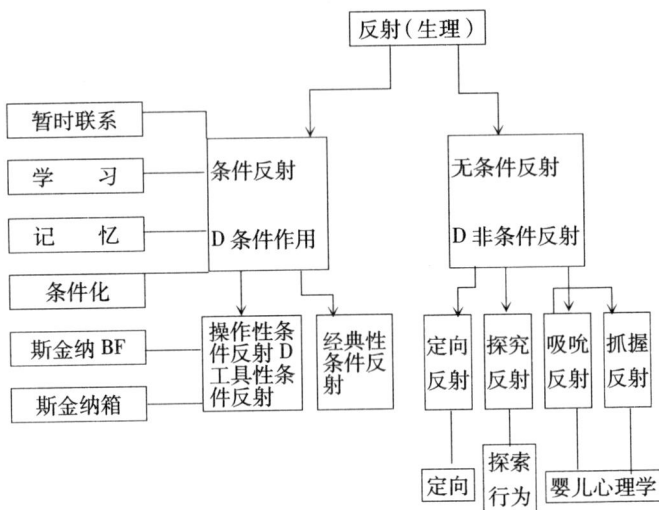

图7　词族图示例

图中"——▶"表示从上位概念到下位概念的属分语义关系符号

"———"表示相关语义关系的符号

"D"表示主题词的同义词、准同义词

206

将全部词族以族首词作款目词的字顺和等级相结合方法表示的称为词族索引。《汉语主题词表》的词族索引则是排除了同义和相关语义关系,只反映属分语义关系的一种字顺和阶梯式的词族索引。这种词族索引又叫做等级索引(见下图:"词族索引"的款目结构示例)。

汉语拼音——Xinlixue

款目词——心理学　　　　　　　　　　15A——范畴分类号

　(族首词)

等级符号——·动作心理学　　　15B

　　　　　　·发生心理学　　　15J

　　　　　　··比较心理学　　　15J

　　　　　　··动物心理学　　　15J

　　　　　　·发展心理学　　　15J

　　　　　　··成人心理学　　　15J

　　　　　　··儿童心理学　　　15J

　　　　　　···婴儿心理学　　　15J

　　　　　　··老年心理学　　　15J

　　　　　　··青少年心理学　　15J

　　　　　　·个性心理学　　　15H

　　　　　　·构造心理学　　　15B

　　　　　　·关系心理学　　　15B

　　　　　　·教师心理学　　　15M

　　　　　　·教育心理学　　　15M

　　　　　　··德育心理学　　　15M

　　　　　　··学习心理学　　　15M

　　　　　　·机能心理学　　　15B

　　　　　　·领导心理学　　　15N

　　　　　　·联想心理学　　　15B

·　·绘画心理学　　15P

　　·　·音乐心理学　　15P

　　·咨询心理学　　15P

·医学心理学　　15L

·　·病理心理学　　15L

·　·精神药理学　　15L

　　在词族索引中,每个词族都作为该索引的一个基本款目。族首词作为款目词(或称款目族首词),是一个独立的查找单位。族首词之间的次序按汉语拼音字顺编排。在族首词下,依概念的等级属分逐级展开,用黑点"·"符号表示级位。一个黑点表示族首词的直接分项主题词,称为第一级。两个黑点表示分项的下位词,称为第二级。三个黑点则表示第二级主题词的下位词,称为第三级。余依此类推。同级之间(黑点数相同的)再依主题词的汉语拼音字顺排列先后。

　　词族索引的作用:(1)满足族性检索要求;(2)起自动扩检和缩检(缩小检索范围)的作用;(3)限定词义,提高标引和检索时选词的准确性、专指性。

　　词族确定的几条原则:

　　(1)词族中的全部主题词,必须具有明确的属分语义关系(包括属种关系、整体与部分关系和包含关系),否则不得成族。其中整体与部分关系,仅限于学科及其分支、人体和动物的各种系统与器官、行政区划和地理等方面,其他整体和部分的关系一般不得成族。包含关系,是指事物及其所包含的诸方面问题之间的一种语义关系。具有这种关系的主题词一般不必成族。少数具有专业研究和检索需要的主题词,也可以考虑成族。

　　例如:炮兵火力运用

　　　　F　炮火反击

　　　　炮火封锁

炮火假转移

炮火准备

……

（2）在词族中,族首词必须是具有一定专业范畴的族性检索意义的主题词。而那些类无专属的主题,如:学派、方法、设计、工艺、性质、设备等不能选作族首词。族首词确定的好坏,直接影响着词族存在的价值。一般来说,词族太小则会影响族性检索的查全效果;词族太泛,则又无实际检索意义,影响检索的查准效果。例如,"学派"一词就不宜选作族首词。因为与"学派"成族的词太广泛,诸如:政治学派、哲学学派、心理学学派、文学学派、历史学派等都可以入族。然而在实际上,这样的词族并没有多大的实用价值。读者根本不会有这种网络一切学派的族性检索要求。如果把它们截断成为一定专业范畴的词族,如:政治学派、哲学学派、心理学学派等,那倒正是专业读者所要求的作法。

（3）已确定为族首词的主题词,不得再在其他词族中出现。

本词族索引,收词族 3,707 个、包含主题词 67,300 个。其中社会科学词族 886 个,包含主题词 9,800 个;自然科学词族 2,821 个,包含主题词 57,500 个。

3.《汉语主题词表》的英汉对照索引

英汉对照索引的编制,主要是为了在标引和检索英文图书资料时,参考英文主题词译名的一种辅助工具。借助这个工具,既便于标引人员准确地选择汉语主题词来表达英文图书资料的主题;又便于读者从英文的角度准确地选择汉语主题词来检索图书资料。同时,也为将来从汉语主题词转换为英文主题词,对于编制英文主题词表和利用国外主题检索工具创造条件。

英汉对照索引是语言对照索引的一个部分。目前世界上的一些主题词表,已着手编制多语种的对照索引,以求解决本国语言和外国语言的图书资料在标引和检索上的兼容性。有了多语种的对照索引，就可以采用一种主要的语言来标引和检索用不同文字书写的图书资料。《汉语主题词表》在将来条件允许的情况下，也应编制多语种的对照索引。

英汉对照索引的每条款目，由英文名、汉语主题词和范畴分类号（未列）组成。以英文名为主，其排列次序是按英文字母顺序逐字母对比的方法排列。

例如：

Abacus

   珠算课   08J

Abalone　fishery

   鲍鱼渔业   05LD

Abbasiddynasty

   阿拔斯王朝（750—1258）   12KB

Abbot

   方丈   02JA

Abbreviation

   简称   10JA

   略语（Y. 简称）   10JA

   缩写（拼写文字）   10D

The abd al—wadids

   阿卜德瓦德王朝（1236—1554）   12KB

Abettor

   教唆犯   03LD

英汉对照索引的几条编制规则

（1）每个汉语主题词，一般都译成英文。但极少数汉语主题词在英文图书资料中根本不出现，或者很少出现时，则可考虑不必译成英文。

（2）当一个汉语主题词，如果有几个英文名称时，同时译出，排列在有关字顺位置。

例如： 木材　　Wood；Timber

飞机　　Aeroplane；Aircaft；Airplane；Plane

（8）在索引中，同一个英文款目词下，可以同时列出几个汉语主题词。

例如：　Movement

运动（心理学）	15G
输送	06DA
乐章	11JD
动作	09H
移动（球类运动）	09LA

（4）从专业实际特点考虑，有些主题词必须采用除英文以外的其他文种作译名时，可以不必再转换成英文译名，而应照原文字形式收进索引。因为原文已经在英文图书资料中习惯通用了。

例如：　Coup d'etat

政变　　　　　　　03BC

Yogangas

瑜伽分法　　　　02BB

（5）汉语主题词和英文译名在词类、单复数方面，一定要和词义一一对应。在英文译名中一般均采用单数形式。当不采用复数时词义会发生变化者，则允许采用复数（自然科学部分与此规定相反）。英文译名一般均用名词及名词性词组的词类。

（6）英文译名如遇缩写、简称和全称时，一般应同时列出，作为两个英文款目词对待。

例如：United Nations Industrial Development

Organization

联合国工业发展组织

UNIDO

联合国工业发展组织

（7）英文译名中的冠词 a、an、the 等起头时，一般可以省略，如果省略后词义会发生变化时，则可予以保留，但不作为排列字顺的依据。

（8）外国人物名称的英文译名，一律采取姓在前、名在后的形式，名一般只取第一个大写首字母。

例如：Morgan，Thomas Hunt

摩尔根，T. H.

第六节 《汉语主题词表》的作用和使用范围

词表的使用，主要体现在对图书资料的标引工作和检索工作两个方面。

图书资料通过标引工作而纳入（输入）检索系统；读者通过检索系统而查找（输出）所需要的图书资料。这是在任何一种类型的检索系统中，客观存在的两个相互影响、相互依赖的工作过程。在这个过程中，主题词表起着下列几个方面的作用。

（1）保证图书资料的作者、标引者和检索者之间，在用语上的一致性，即作者语言、标引语言和检索语言的一致性。

（2）在检索系统中起到输入与输出、机器语言与检索语言、人与机（或人与工具）等三种接口的联系作用。

（3）通过主题词表的体系结构、参照关系等，从而起到编排资料、组织检索工具的作用。

下面试列出主题词表在电子计算机检索系统和手工检索系统流程中的作用图 8、图 9，加以分析说明。

图 8 中，A→B→C，表示对图书资料进行标引和输入的过程。

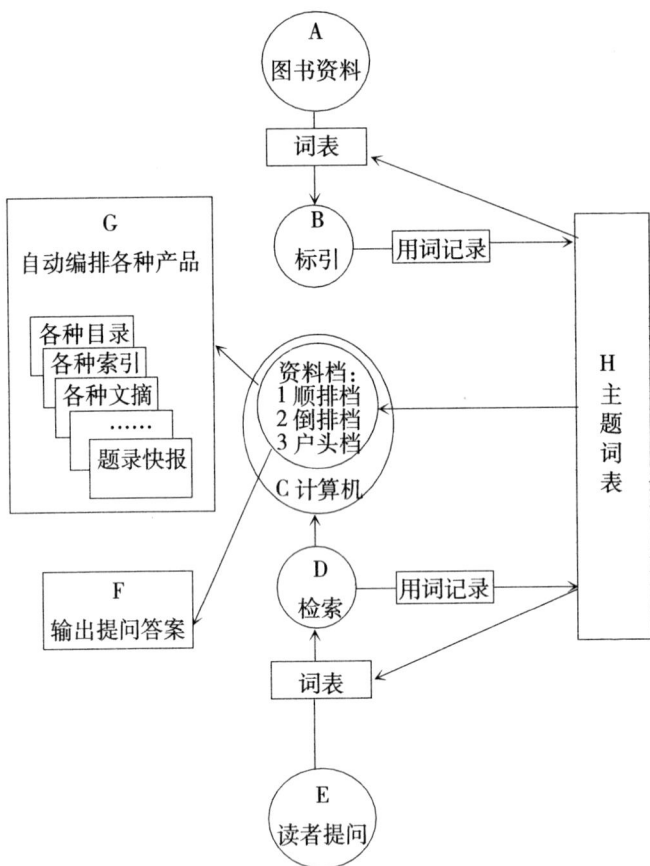

图 8　主题词表在电子计算机检索系统流程中的作用图

在这一过程中,标引员根据词表的要求,将反映图书资料主题的作者语言(自然语言),转换成标引语言(词表的规范化语言)。并编制输入清单,存入计算机资料档。

图 8 中,E→D→C,表示检索者通过词表,将读者提出的检索课题的自然语言转换成检索语言(词表的规范化语言)。并编制查询单,从计算机资料档中进行检索。

无论是在 A→B→C 图书资料的标引过程中,还是在 E→D→C 对图书资料的检索过程中,都必须通过词表对作者或读者的自然语言进行规范(转换),使标引语言和检索语言同时建立在词表规范化了的标准语言的基础上。所谓标引语言和检索语言,实际上就是从不同的使用角度对词表的规范化语言的两种不同的叫法而已。从标引的角度讲,词表的语言叫作标引语言,从检索的角度讲,词表的语言又叫作检索语言。

图 8 中,A→B→H 说明:通过图书资料的标引过程,根据用词记录,对词表中原主题词及其语义参照关系作进一步的增、删、改修订,并将修订结果,重新输入计算机,对资料档的有关部分进行修改。

图 8 中,E→D→H 说明:通过对图书资料的检索过程,根据用词记录,对词表中原主题词及其语义参照关系作进一步的增、删、改修订,并将修订结果,重新输入计算机,对资料档的有关部分进行调整。

图 8 中,H→C→F,表示从依据词表的要求所建立起来的资料档中,输出的咨询答案。

图 8 中,H→C→G,表示从依据词表的要求所建立起来的资料档中,自动编排而产生的各种产品——目录、索引、文摘、题录和快报等。

主题词表在手工检索系统中的作用,基本上和在计算机检索系统中的作用雷同。所不同的是在手工检索系统中,通过标引组织起来的是主题目录主题索引而不是计算机资料档;其检索也是依赖于主题目录主题索引进行检索的。

总的来说,主题词在检索系统中的作用,归纳起来就是:规范

（转换）作用、桥梁作用和编排组织检索工具的作用。

此外，就我国编制的《汉语主题词表》而言，在主表和附表中的主题词下，均附有英文译名。在辅助索引中又编有英汉对照索引。这也可供从事翻译工作的人员参考。

根据"《汉语主题词表》编制规范"中所提出的："编制一部全国统一的综合性汉语主题词表，以实现图书资料自动化检索和改进手工检索方法，赶超世界先进水平"和"主要用于机器检索，同时也要尽可能适应手工检索的需要"的目的要求，以及参照国内外主题词表使用的实践经验，《汉语主题词表》的使用范围，应该是：

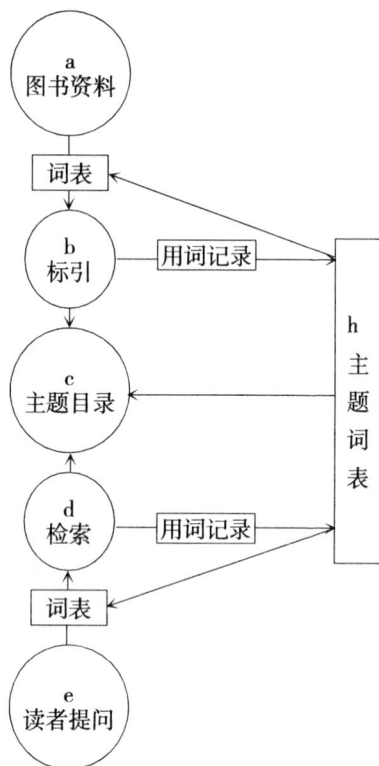

图9　主题词表在手工检索系统流程中的作用图

（1）既可用于电子计算机自动化检索系统（这是主要的），又可用于手工检索系统；

（2）既可用于编制各种类型的书本式的目录、索引，又可用于编制卡片式的主题目录；

（3）既可成为综合性图书资料单位使用的工具，又可成为专业性图书资料单位的使用工具。使之成为在全国范围内，今后建立统一的主题检索体系的基础。检索体系的统一和标准化问题，是图书资料工作发展的必然趋势。无论是分类检索体系，还是主

题检索体系,都将朝着全国统一的方向前进,这已是为国内外的具体实践所证实了的、毫无疑义的客观要求;

(4)从文种来讲,这部词表既可以标引和检索中文图书资料,又可以标引和检索外文图书资料;

(5)从图书资料的出版物类型来讲,它既可以标引和检索图书,又可以标引和检索其他文献资料,如期刊、论文、会议录、科技资料、专利、标准等。

总之,这部《汉语主题词表》的使用范围,应该是实现一表多用的目的。统筹兼顾,满足机检和手检、书本和卡片、综合和专业、中文和外文、各类型出版物之间等五个方面的要求。

第七节 对《汉语主题词表》的简评

《汉语主题词表》的编制,前后经历了整整四年的时间。它是在全部手工操作的情况下,由 505 个单位、1,378 位专业工作者和图书情报工作者克服重重困难,付出了巨大的劳动,而编制成功的。这部词表的出版,为全国主题检索体系的建立,采用电子计算机检索,实现集中统一主题标引,为以后编制多语种和专业主题词表的工作奠定了基础。象《汉语主题词表》这样的编制速度和庞大规模的巨型综合性词表,目前在世界上来说是少有的。它与国外几部重要的词表相比较,有几个特点:

1. 范围广、级别深

《汉语主题词表》收词的范围包括社会科学和自然科学技术有关的各门专业领域。所编制的"范畴索引"比国外的词表要深一级,一般都分到第三级。同时,范畴的分类是以《中国图书馆图书分类法》的大类序列为依据的,故大类的确立,主要以学科分类为基础。这是从综合性主题词表出发,考虑到主题词的分类,尽量向学科分类靠拢,以便增强词表族性检索功能。

下表是世界上几个大型词表的情况。

国家\项目	词表名称	收词范围	范畴类目
中国	《汉语主题词表》	综合性的	58 大类 675 二级类 1080 三级类
美国	《DDC》	国防科学技术	未编范畴分类索引
苏联	《科技检索词典》	国家科学技术	33 大类　302 小类
日本	《JICST》	理工科学技术	14 大类　173 小类

2. 词量大

由于《汉语主题词表》是综合性的,收词比较多,共有 108,000 个,比世界上几部大型词表的收词都多,其他的词表为:《DDC》收词 52,000 个;《科技检索词典》收词 18,925 个;《JICST》收词 33,998个。

3. 英汉对照

主题词既有英汉对照索引,同时在主表中每个款目主题词下又附有英文译名。因此,《汉语主题词表》既是一部情报检索工具,又是一部综合的大型的翻译参考工具。

4. 存在的问题和缺点

由于编表人员的水平和认识所限,加以没有电子计算机检索的实践经验,因而存在的缺点和问题不少。主要有以下几点:

(1)主题词选词不当　漏选的、不该选的主题词都有。如社会学、数学等重要概念词都已漏选。这将给标引和检索工作带来一定的困难。此外,各选词单位对入选主题词的标准掌握不一样,有的过细,有的过粗。

(2)体例不一致 《汉语主题词表》的汇总编辑,是由社会科学编辑小组和自然科学编辑小组分别进行的。人员分散、工作分散,加之缺乏严格完整的统一筹划和研究,所以在编制体例上,社会科学部分与自然科学部分出现了某些不一致的地方。

(3)参照系统的不足 参照系统编制比较简略、不平衡,又由于手工编校的原因,出现了一些矛盾的地方。

(4)索引分散 "英汉对照索引"共分六大块,显得十分分散,不利于查找。对英文译名未加以规范和统一,因此,还不能直接用来组织英文主题目录。

(5)词表的字顺序列,没有结合汉字的特点 词表中同一汉字往往分散在各处。因而影响标引和检索时查找主题词的效果。

总之,《汉语主题词表》还有待于今后实践的检验和不断修订完善。

第十章　文献标引的定义和类型

第一节　什么是标引

简言之,标引就是把文献主题的自然语言,转换成检索语言的过程。也就是对文献进行主题分析的结果,赋予某种检索标识的过程。检索语言是人们查找文献用的一种人工语言,主要是主题法语言和分类法语言两种基本的检索语言。检索语言是由具体的检索标识构成。检索标识是一种代表文献主题的标记符号,它主要包括主题法检索标识,即主题词标识和分类法检索标识,即分类号标识。因此,标引的实质就是赋予文献主题以主题词或分类号的过程。

标引工作是实施和完成上述这一转换过程的具体工作。标引工作的主要任务,是依据某种主题词表或分类法等检索语言的工具,按照一定的规则和方法,对文献中具有检索意义的一些内容特征和外表特征,进行分析、描述和著录。目的是为了建立目录、索引和计算机资料档而标出主题词、分类号,拟定检索款目卡片或填写输入计算机的工作单。

标引工作在图书资料部门中具有重要的意义和作用,是各项工作的中心环节。它是检索工作的基础和准备阶段,是建立各种文献检索系统,无论是手工检索系统、还是计算机检索系统的前提条件。文献完全靠标引而纳入到一定的检索系统,成为一种有编排规律、能为读者查找文献的检索工具。即将大量的无次序的文献集合,转化成有次序的文献集合。显然,没有标引,也就不可能有真正的检索。大量的文献也就无从利用。

检索工作是在标引工作所建立起来的检索系统,即各种检索工具中,找出所需课题文献的操作过程。这个过程就是对标引工作产品成果的直接应用。因此,文献标引工作的好坏,直接关系着检索工作的质量效果。检索与标引是一对相互依存、相互匹配的过程。

在图 10 中,检索系统是标引的产品,同时又是检索的工具。主题词表、分类法是标引与检索相互匹配的桥梁和依据。而检索的结果则是二者相互匹配的目的。

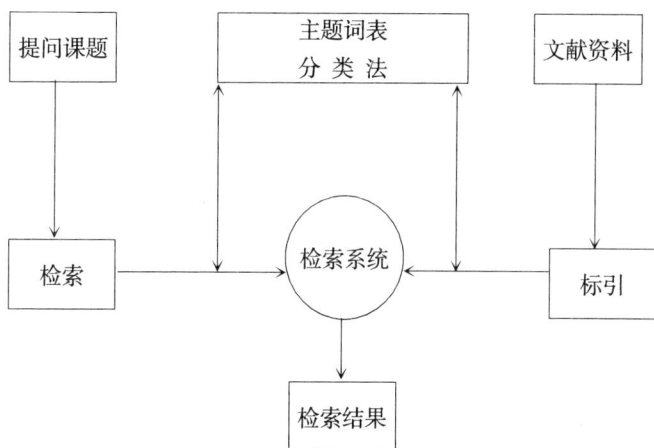

图10

图书资料部门依据主题词表、分类法进行标引而建立检索系统;读者的检索课题则按照主题词表、分类法进行检索而利用(从)检索系统(中)查得所需文献资料。从图书资料部门的整个

221

工作来看,揭示藏书、查询检索、流通借阅、参考咨询、图书管理、统计等,都与标引工作密切相关。总之,标引工作是一项完成诸项工作的基础工作。如果说图书馆是知识的宝库,检索系统(包括各种目录、索引和计算机资料档)则是打开知识宝库的钥匙。那么,文献的标引工作就是制造这些金钥匙的一种关键性的劳动过程。

第二节 文献标引的类型

关于文献标引的类型,主要有以下几组不同角度的区分标准。每一组标引的类型,都反映了某种特征属性的划分要求。

不同性质、任务和能力条件的图书资料部门,应根据各自的情况和需要来选定标引的类型。

1. 主题标引和分类标引

这是从文献的不同检索方法的角度,所区分出的一组标引类型。

所谓主题标引,就是将文献主题的自然语言形态,转换成主题法语言形态的一种标引。即转换成叙词、或标题词、或单元词、或关键词形态的一种标引。因此,主题标引是一种直接对文献主题,采用某种词语标识的标引。这种标引是建立主题检索系统的依据。

所谓分类标引,就是将文献主题的自然语言形态,转换成分类法语言形态的一种标引。也就是将文献主题转换成分类号码的一种标引。因此,分类标引是一种直接对文献主题,采用某种号码标识的标引。这种标引则是建立分类检索系统的依据。这两种标引类型的区分,是形成两种不同性质的检索系统,建立分类目录、分类索引和主题目录、主题索引的基本区分。

2. 人工标引和自动标引

这是从标引的不同动作者的角度,所区分出的一组标引类型。

人工标引,又称手工标引,是一种直接由标引人员赋予文献主题以某种检索标识的标引。自动标引,又称机器标引,是一种由电子计算机等机械设备来赋予文献主题以某种检索标识的标引。自动标引又可分为自动抽词标引和自动赋词标引两种。自动抽词标引,是由机器直接从文献(题目、提要、文摘等)中,自动抽取能表达该文献主题的关键词作为检索标识的一种标引。自动赋词标引,则是依据文献本身的词汇特点,由机器将主题词表中的主题词自动赋予文献的一种标引。

这两种标引类型,目前国内外主要还是采用人工标引的类型。自动标引尚处在试验和研究阶段。

3. 受控标引、自由标引、混合标引

这是从使用的检索标识的规范与否,所区分出的一组标引类型。

受控标引是用规范化的检索语言,如标题语言、叙词语言等,作为描述和表达文献主题的检索标识的标引。自由标引,又称非控标引,是直接使用自然语言中未经规范的自由词、关键词作为表达文献主题的检索标识的标引。混合标引,又称半控标引,是指对文献进行标引时,既使用规范化的主题词,又同时使用自然语言中未经规范化的自由词、关键词来描述和表达文献主题的标引。

这一组中的三种标引类型,目前都有应用。而以混合标引的实际检索效果最佳,但在一定程度上加大了标引的工作量。

4. 一维标引、多维标引、组配标引、分组标引

这是一组从不同数量的特征角度,所区分出的标引类型。

一维标引,又称一元标引,是只用一个主题词从一个单一的特征角度,对文献所进行的标引。多维标引,又称多元标引,是用几个主题词,同时从几个不同的特征角度,对文献所进行的标引。组配标引,是用几个主题词的组配形式,对文献的内容特征所进行的标引。分组标引,是把文献的几个并列的多主题,分解为几个单主题,而各自分组进行的标引。

5. 集中标引、个别标引

这是从文献标引的不同组织方式,所区分的一组标引类型。

集中标引,是从全国性或区域性的各文献部门的需要出发,集中一定的人力、物力,统一对文献所进行的一种标引。个别标引,是相对集中标引而言的,就是由各文献部门自行展开对文献的标引。

6. 过度标引、过粗标引、适度标引

这是从文献标引的结果是否恰当,所区分的一组标引类型。

过度标引,是指标引时,不切合文献主题的实际需要,标引了过多、过深的主题词。也就是说,给文献标引了一些多余的、不反映文献主题的主题词。过度标引,一是造成人力、物力和时间的浪费;二是影响检索系统,即使主题目录、主题索引的款目卡片增多,体积或篇幅庞大,对计算机资料档来讲,则使其容量增加,耗费内存或外存空间,同时也耗费机时;三是造成误检,降低文献检索的查准率。过粗标引,是指标引时,所标引的主题词概念,大于原来文献的实际主题概念。也就是标引了过于泛指性的主题概念。过粗标引的弊病也是降低文献检索的查准率。适度标引,是指标引时,所标引的主题词概念与原来文献的实际主题概念基本一致。

7. 上位标引、靠词标引和增词标引

这是从标引的不同用词角度所区分的一组标引类型。

上位标引,是采用最直接的上位概念的主题词,对文献的某一专指主题所进行的标引。靠词标引,又称近义标引,是采用在含义上相近的主题词所进行的标引。增词标引,是采用新增主题词的办法所进行的标引。

此外,还可以把因不同文献的内容和形式而采用的不同标引方式,如整体标引、综合标引、分散标引、部分标引、全面标引、分析标引等方式,也归为一组标引类型。这组标引类型因直接影响到文献标引的深度问题,将另辟一节论述。

上述各种标引,统一归纳为如下表。

序号	类　　型	组别	区　分　角　度
1	主题标引	1	从文献的不同检索方法
2	分类标引		
3	人工标引	2	从标引的不同动作者
4	自动标引		
5	受控标引	3	从使用的检索标识的规范与否
6	自由标引		
7	混合标引		
8	一维标引	4	从不同数量的特征角度
9	多维标引		
10	组配标引		
11	分组标引		
12	集中标引	5	从标引的不同组织形式
13	个别标引		
14	过度标引	6	从标引的深浅程度是否得当
15	过粗标引		
16	适度标引		

（续表）

序号	类 型	组别	区 分 角 度
17	上位标引		
18	靠词标引	7	从标引的不同用词
19	增词标引		
20	整体标引		
21	全面标引		
22	部分标引	8	从标引的内容范围
23	综合标引		
24	分散标引		
25	分析标引		

第三节　文献标引的工具

对文献进行标引,必须依据按一定的检索方法编制起来的某种标引工具。如果采用主题法就必须具有一部主题词表作为标引工具,采用分类法,则必须具有一部分类表作为标引工具。依据主题法和主题词表所建立起来的是主题检索系统,是主题目录、主题索引之类的检索工具,依据分类法和分类表所建立起来的是分类检索系统,是分类目录、分类索引之类的检索工具。这两种不同类型的检索系统、检索工具的建立,是使用两种不同性质的检索方法和标引工具的具体结果。在文献标引的实践中,这两种检索方法和标引工具,往往是紧密结合在一起进行使用的。也只有当它们紧密结合起来时,标引工作才有可能达到最佳化的效果。但本文主要是从主题标引的角度论述这一问题,因此着重讲述主题标引的工具。除关键词法没有词表,单元词法已被淘汰之外,目前用于主题标引的工具,主要是标题表(主题表)和主题词表(叙词表)两种类型的工具。

长期以来,我国文献资料检索用的目录索引的体系不配套,主题目录、主题索引迟迟不能建立,其主要原因就是缺乏一部实用的主题标引工具。这个工具就是要具备一部事先编好的经过规范化的词表。这个词表过去一般都是按照先组式主题法编制的标题表。但是,我国 1980 年出版的《汉语主题词表》(即汉语叙词表),则是按照后组式主题法编制的一种叙词表。主要是为电子计算机检索进行主题标引使用的。标题表和叙词表,是两种性质不同、作用不同的标引工具。标题表是为建立手工检索用的主题目录、主题标引而进行标引的工具;叙词表则主要是电子计算机检索而进行标引的工具。前者属于手检标引的工具,后者属于机检标引的工具。它们在对文献主题的标引方法、标引深度、检索款目、组配方法、组配级别以及参照系统等方面,都存在许多差异和矛盾。使用标题表进行标引,相对于使用叙词表进行标引要方便一些、容易一些。

可是,在我国当前情况下,已不可能再去、也不必再去费九牛二虎之力编制一部庞大的先组式标题表。而只能用叙词表代替标题表使用,把《汉语主题词表》既用于机检标引,又用于手检标引。这在国外已经有了这种实践。

在同一部门的文献检索系统中,手检系统的主题目录、主题索引采用标题表,而机检系统的计算机检索采用叙词表,两者同时并行是十分困难的,在人力、物力和时间上都会造成很多浪费。所以应该采用同一词表对手检和机检系统实行一元化的标引工作。这就是在标引的基础上进行加工处理,分别用于组织主题目录、主题索引和计算机检索。在通过对机检标引的若干主题词中,选定部分主题词作主题目录、主题索引的款目标题用,并配备一定的主标题和副标题符号(参见"标引实例")。实行这种一元化的标引工作,是一种十分经济和有效的作法。

在没有条件使用计算机的单位,也可以直接依据《汉语主题词表》,为手检用的主题目录、主题索引进行标引。但是,还必须结合标题法的某些原则,制订一套适合于卡片式、书本式主题目录、主题索引的特点和实际需要的标引方法和规则。对其中某些差异和矛盾进行具体规定和转换。

采用叙词表代替标题表对文献进行标引时,在性能和做法上主要有如下几点不同。

(1)必须事先结合标题法的原则,规定好对文献主题的表达形式,即标题的形式。

(2)对某些词组性的正装主题词(即复合主题词),在选作主标题时,应考虑是否需要做倒装标题的见片,即从倒装标题引见到正装标题,以便加强主题的多面成族的功能。

(3)在组配的性质上,使用标题表事先组配出的复合标题,在结构上重在拆词,即对词的分拆与组合。采用的是字面组配的形式。而当使用叙词表所组配出的复合标题,在结构上则重在拆义,即概念的分解与综合。采用的是最邻近的概念组配的形式,同时也大量采用合理的字面组配的形式。

(4)使用叙词表标引,组配起来的主题目录、主题索引,在显示词间语义关系的参照系统上,要比标题表深入和细致。叙词表采用"用、代、分、属、族、参",而标题表只有简单的"见、参见"。

(5)利用叙词表的各种辅助索引,如范畴分类索引、词族索引、文种对照索引、轮排索引等,可以帮助标引选词和加强族性检索。

(6)使用叙词表标引,在组织主题目录、主题索引时,由于主副标题的轮排,在一定程度上可以加强目录、索引的多途径检索的作用,克服传统标题法标题的单线性序列的弱点。

(7)使用叙词表标引,在标引深度上可以适当深一些,因而描述主题的能力要强一些、专指性要好一些。

(8)使用叙词表标引,组配出的复合标题,在标题的直观性和含义上的明确性,有时不如标题表组配出的复合标题那样清晰和易懂。

(9)使用叙词表标引,比使用标题表来说,其工作效率低一些、难度大一些,对标引员的要求要高一些。

从总的来说,用叙词表代替标题表标引文献资料,是事物发展的必然趋势。在国内已有一些单位采用叙词表标引文献资料,编制主题目录、主题索引,取得了一定的成绩和经验。

第十一章　主题标引的基本理论

第一节　主题标引的方式

不同的标引方式,直接反映着对文献主题标引的不同深度。图书馆单位和情报单位、机检标引和手检标引、图书和期刊论文等,它们各自对标引深度的要求不同。因此,所采用的标引方式也不同。

一般来说,情报单位、机检标引和期刊论文等的标引可以深一些,图书馆单位、手检标引和图书的标引可以浅一些。

在标引之前,各单位应根据本身的性质任务、人力物力、经费条件和标引的文献对象等具体情况,确定好标引的方式。

标引的方式主要有以下几种:

1. 整体标引

整体标引是一种对文献实行浅标引的方式,就是对一篇(种)文献的完整主题,即对全文(书)的概括性主题,依据该主题的各个组成因素的情况,进行专指性基本一致的标引。

如果文献的主题类型是一元主题,则只需要选用一个主题词标引即可。如果是一个多元主题(复合主题),则将直接构成该主题的各个主题因素的主题词进行组配标引。

例如:《音韵学》一书,其全书的概括性主题是"音韵学"这个一元主题,一般只需选用"音韵学"这一个主题词标引,就能概括地、专指地表达出全书的完整主题。至于书中所论述的有关音韵学各个方面的细节问题则可以不予考虑。

又如:"图书馆工作者的职业道德"一文,其全文的概括性主题是"图书馆员的职业道德"这个复合主题。这就需要选用"图书馆员"和"职业道德"这两个主题词组配标引,共同表达和描述这篇文献。至于文中所论述的几个方面的小问题,则不予标引。

一般图书资料单位,主要对文献实行这种整体标引的方式。

2. 全面标引

全面标引是一种对文献实行深标引的方式,就是对一篇(种)文献的概括的完整主题标引出来,同时还把它所论述的、包含的各个方面的主题也标引出来,也就是把文中所包括的大大小小的主题都标引出来。这种标引方式,主要适用于某些机检标引部门,或用于对专书进行主题标引,编制专书主题索引。全面标引有利于对文献中所包含的大大小小有用情报内容进行充分的揭示。

例如:《中国社会主义商业经济》一书,根据整体标引的方式,只需标引出:商业经济、社会主义经济、中国等三个主题词,就可以概括地表达该书的主题。如果依据全面标引的方式,则还可以标引出:商业史,商业的性质、作用,商品的供求关系,商品的购销调存,商业劳动工资,流通费用,资金、利润,商业经济效果,商品价格等方面的主题概念。

这样,文献标引的主题词将大大增加,标引深度加深。因此,组织起来的主题目录、主题索引的体积加大。文献的查全率也相应提高。但是在人力、物力和经济成本上却需要付出较大的代价。

3. 部分标引

部分标引又称重点标引。这是根据本单位的专业研究需要,选择文献中有专业针对性的、对口径的主题因素所进行的一种标引。一些不属于本专业的主题因素则放弃标引。

例如:同时涉及"日本的汽车与电视"这一主题的某篇文献。对汽车生产研究单位,可以选标:汽车、日本两个主题词;而对电视工业生产研究单位,则可以选标:电视接收机、日本两个主题词。

4. 综合标引

所谓综合标引,就是专门对丛书、多卷书、论文集、会议录等多篇(种)性的出版物,以其整部(套)书的概括性主题为单位,所进行的一种整体标引。综合标引还必须同时标引出"文献类型因素"方面的主题词,如:"丛书"、"会议录"等。

例如:《中国历史小丛书》一书,以整套丛书的概括性主题做综合标引时,应标引:历史、中国、丛书三个主题词。

5. 分散标引

分散标引,是针对综合标引而言的,是专指对丛书、多卷书、论文集、会议录等多篇(种)性文献,除了做总的综合标引外,还必须对其每一个独立的分册或篇章,分别进行单独的标引。

例如:《漕运史话》一书,是《中国历史小丛书》中的一种,按分散标引要求,应标引:漕运、经济史、中国三个主题词。

根据目前我国图书资料单位的条件,对其中的论文集、会议录,也可以只做综合标引而不做分散标引。多卷书也可只做分散标引而不做综合标引。

6. 分析标引

分析标引主要是指对整体标引的一种补充办法。即对一篇(种)文献,除进行整体标引外,还可对其中比较重要的章节和附录部分的主题因素进行标引。

上述六种标引方式,应根据各单位文献标引的实际需要,作出具体规定。

一般图书资料部门,对文献主要是采取整体标引的方式,并可适当采用分析标引做补充;对丛书宜同时采用综合标引和分散标引;对论文集、会议录宜采用综合标引,不再做分散标引;对多卷书宜采用分散标引,不做综合标引。

第二节　主题分析

任何文献都有一定的主题。所谓主题,是指文献所研究和论述的具体对象或问题,即文献的中心内容。要开展对文献的标引工作,就必然要对文献进行主题分析。

1.什么是主题分析

所谓主题分析,就是对文献的或读者检索课题的主题进行分析的过程。这个过程,就是要分析文献的或检索课题的主题类型、主题的结构因素,即主题因素,以及各个主题因素在结构上的相互关系的过程。

这里,意味着主题分析具有双重的任务:一是在标引时用于对文献的主题进行分析;二是在检索时用于对读者检索课题的主题进行分析。另外,还意味着主题分析包含两个方面的主要内容:一是要分析主题的类型;二是要分析主题的结构。

实质上,主题分析就是标引员对文献或检索课题的主题进行概念分解和概念综合的过程。主题分析的目的,是要在弄清该文献或该检索课题的主题类型、构成主题的各个主题因素及其相互关系的基础上,掌握文献或课题中,究竟包含哪些有检索意义的主题概念。以便标引员进行精选和取舍,选定该文献或该课题需要和应该标引的主题概念。从而更进一步从主题词表、分类表中,将这些应该标引的主题概念转换成合适的主题词、分类号。

本文主题是从文献标引的角度进行论述。

2. 主题的类型

要分析文献的主题类型,就必须了解文献的主题究竟有哪些类型。主题的类型,依据文献的实际内容情况,可以有不同的区分方法。

从文献主题的数量来说,有单主题和多主题之分:

(1)单主题　这是指一篇(种)文献,所研究和论述的只是一个对象或问题,即一个主题。

单主题,如果采用主题词(或者直接采用单元词)作为概念单位进行衡量时,又表现为两种情况:

①单元主题(或称一元主题)　这是由一个概念单元,即一个主题词,就可以加以表达的主题。

例如:《国际金融》《理论力学》等书,它们各自所研究和论述的只是一个对象、问题,也就是一个中心内容。前者为"国际金融",后者为"理论力学"。这两个主题,在词表中正好是两个主题词,它们正好分别代表这两本书的主题。

②复合主题(或称多元主题)　这是指一篇(种)文献的主题,必须由几个主题词进行逻辑积的组配,才能加以表达的一种单主题。也就是说,复合主题一般都必须选用几个主题词进行描述和表达。其表现形式主要有下列几种:

A. 交叉关系的复合主题　这是由几个具有交叉概念关系的主题词进行组配所表达的一种复合主题。

例如:"青年工人"这一主题,要由"青年"、"工人"两个主题词进行组配才能表达。

B. 限定关系的复合主题　这是由几个具有限定概念关系的

234

主题词进行组配所表达的一种复合主题。

例如:"苏联的石油工业"这一主题,要由"苏联"、"石油工业"两个主题词进行组配才能表达。

C. 应用关系的复合主题　这是由几个具有应用与被应用关系的主题词进行组配所表达的一种复合主题。

例如:"激光在医学上的应用"这一主题,要由"激光应用"、"医学"两个主题词组配表达。如果没有"激光应用"这个主题词时,则可选用"激光技术"、"应用"、"医学"三个主题词组配表达。

D. 影响关系的复合主题　这是由几个具有影响与被影响关系的主题词进行组配所表达的一种复合主题。

例如:"造林对气候的影响"这一主题,要由"造林"、"气候"、"影响"三个主题词组配表达。

E. 因果关系的复合主题　这是由几个具有因果关系的主题词进行组配所表达的一种复合主题。这种主题大多都是阐述由于某种原因或条件等因素,而引起或产生某种结果的问题。一般可作为复合主题对待。

例如:"铁—铬合金在高温下由盐引起的腐蚀"这一主题,要由"铁—铬合金"、"高温"、"盐"、"腐蚀"等方面的主题词进行组配表达。

F. 比较关系的复合主题　这是专门研究和论述几个主题词之间(即几个对象之间)的区别、联系、相互影响等关系的一种主题。这种主题往往强调它们之间的相互关系,一般也可作为复合主题对待。

例如:"分类法与主题法的关系"这一主题,应由"分类法"、"主题法"、"关系"三个主题词进行组配表达。

上述 C、D、E、F 几点是一些特殊形式的复合主题。这几种主题都属于 A、B 两种交叉或限定概念关系的总的范围。分析主题类型时,一般应将它们视为一个完整的复合主题对待,而不应当作两个单独的主题标引。若当作两个单独的主题标引,就等于文献实际主题的范围扩大了,描述主题的专指性就降低了。这几种复合主题,在分类法上往往是作为两个主题对待的。分类时,通常是依被应用、被影响的学科归类,有时则是依重点而归类。但是对主题法来说,由于首先强调的是主题表达的专指性,所以一般应依复合主题采取组配方法处理。在手工检索用的主题目录、主题索引中,通常可将组配的双方进行轮排。

（2）多主题（又称并列主题）　这是专指某篇（种）文献所研究和论述的中心对象,不只一个,而是几个具有并列关系的对象,即几个相互并列独立的主题。多主题是由几个单主题组成的,因此,分析主题时,必须把这样的多主题,解析为一个个单主题。

例一、"工业和农业"这一多主题,包含两个并列的单元主题。即工业;农业。

例二、"法国的飞机和英国的发动机"这一多主题,包含两个并列的复合主题。即法国的飞机;英国的发动机。

例三、"激光在医学和生物学上的应用"这一多主题,实际包含两个并列的复合主题。即激光在医学上的应用;激光在生物学上的应用。

例四、"天王星、冥王星和海王星的观测"这一多主题,包含三个并列的复合主题。即天王星的观测;　冥王星的观测;海王星的观测。

例五、"八十年代的美国工农业和军事"这一多主题,实际包含三个并列的复合主题。即八十年代的美国工业;八十年代的美国农业;八十年代的美国军事。

多主题在字面上常出现"和"、"及"、"与"等字样,将并列的几个主题联系起来。但出现"和"、"及"、"与"字样的文献主题,并不一定都是并列主题。

例如:"地震与建筑",实际是一个复合主题,即关于建筑物的防震问题,而不是并列主题。

此外,有些文献虽然在研究对象之间有着一定的相互关系,但在文献中仍然是具有独立性质的论述对象。这种情况的文献主题,也应作为多主题对待。譬如:《物理化学与胶体化学》一书,物理化学、胶体化学二者是一种上下位从属关系的主题,二者同时都是文献论述的主要对象。也就是说文献既论述了物理化学,又论述了胶体化学。因此,这种从属关系的主题,在标引时宜于作两个并列主题分开标引,不宜进行组配。

一篇文献的主题,究竟是单主题还是多主题,是单元主题还是复合主题,应依文献的实际内容具体分析而定。这是区分文献主题的一组基本类型,也是标引时进行主题分析的主要依据。

另外,我们还可以从文献主题的语法关系区分出如下几种主题类型:

单词式主题如:自行车、火车、医学等。

词组式主题如:经济政策、石油工业、汽车轴承等。

句子式主题如:用电凝聚法处理重金属废水;在瑞典发现黄金等。

总之,区分文献主题的类型是为了便于标引时对文献主题进行分析,也有利于对读者检索课题的主题分析。现将各种主题类型归纳为如238页表。

3. 分析主题结构

主题结构是指构成主题的各个结构因素——主题因素,以及这些主题因素在主题中的作用和相互关系。

序号	区分角度	主 题 类 型
1	从文献主题的数量	（1）单主题 　①单元主题（一元主题） 　②复合主题（多元主题） 　　A.交叉关系的复合主题 　　B.限定关系的复合主题 　　C.应用关系的复合主题 　　D.影响关系的复合主题 　　E.因果关系的复合主题 　　F.比较关系的复合主题 （2）多主题（指并列主题） 　这是由几个单主题所组成的
2	从语法关系方面	（1）单词式主题 （2）词组式主题 （3）句子式主题

在各种主题中，多主题都要分解为一个个独立的单主题。在单主题中，单元主题结构简单，所代表的是一种简单的主题概念，只由一个主题因素构成。而复合主题结构复杂，所代表的是一种较复杂的主题概念，一般都由几个主题因素构成。所以，分析主题的结构，主要是针对这种复合主题而言的。也就是要弄清它是由几个主题因素，即由几个简单的主题概念所构成的。因此，分析主题结构，实质就是一种对主题的概念分解。

归结起来，复合主题是由若干个主题因素，即若干个简单的主题概念构成的。换句话说，每一个主题因素，即每一个简单的主题概念，是组成复合主题，即较复杂的主题概念的结构单位。

文献的主题千千万万，构成主题的主题因素也是千千万万。为了便于标引，人们分析和掌握主题的这些结构因素，需要按照一定的分类标准和特征属性，把全部学科领域或某一学科领域的主题因素,划分为若干个具有高度概括性的方面,简称为"面"。每一个"面"就是构成复合主题的一个最基本的范畴,所以这种"面",也可以叫做范畴面。划分这些范畴面的具体过程,就叫做"分面"。这是从概念分解的角度讲的。若从概念综合(即概念组配)的角度讲,则可叫做"组面"。这种范畴面,其实质就是归纳和代表主题结构中,具有某一方面的特征属性的一组主题因素,即一组主题概念。我们从分面分类法的观点来说,就是具有某一方面特征属性的一组类目。

我们再进一步归纳起来,复合主题是由各种不同的范畴面及面里主题因素复合而成。

在文献标引工作中,主题分析的关键一环就是分析主题的结构。也就是要分析在每个主题中,究竟包括有多少个范畴面,每个面里又包含了多少个主题因素。这就是从文献标引的角度,对具体文献的主题,所进行的主题分面的分析工作。

必须注意:我们要对文献主题进行主题分面的分析工作,就必须事前规定好一个现成的主题分面组配公式。即事前把按照一定分类标准和特征属性,所划分出来的各个范畴面,人为地形成一种带规律性的、具有普遍义的主题分面的结构模式,作为文献标引人员分析、描述和表达主题的依据。这种主题分面的结构模式,就叫做"主题分面组配公式"。

主题分面,可以只对某一学科、某一专业的主题因素进行分面,也可针对全部学科的主题因素进行总的高度概括性的分面。"面"的数量一般不宜分得过多过繁,否则标引人员难以掌握。

分面,不仅是分面分类法的一个基本特征,而且也是主题法用于文献标引工作的一个重要的手段。

复合主题所包含的主题因素的数量,应该有一个衡量它的标准和依据。这个标准和依据,不能完全依自然语言单词来衡量,而必须有一个经过规范化的、概念化的主题词表作为衡量的标准和依据。因为主题词表中所收录的每一个主题词,都是经过规范化、概念化处理的,用来分析、描述和表达主题的一个个主题因素,即用来组配各种文献主题的基本概念单位。采用这些主题词来衡量和分析主题的结构因素——主题因素,是一种比较科学和行之有效的方法。

国外,已有不少学者和专家提出过各种主题分面组配公式,用于文献的分类标引和主题标引。譬如,印度的阮冈纳赞,就把各个学科的概念划分为五个基本的范畴面,即本体(personality)、物质(matter)、能量(energy)、空间(spece)、时间(time);英国图书馆学家安东尼·汤姆逊,曾提出六个范畴面,即实体、材料、过程、地理位置、时间、文献形式。

根据我们对文献主题和事物各种特征属性,以及我国的国情的认识出发,将《汉语主题词表》中的全部主题词,归纳为五个基本的范畴面。每个面即为一种类型的主题因素,共五种类型的主题因素:

A. 主体面 (主体面中的主题因素称为主体因素)这是文献主题中的主体部分,即文献所研究和论述的主题中的关键性主题概念。主题词表中凡是具有独立检索意义的主题词,当它们出现在文献主题中时,都是属于主体面里的主体因素。这种因素其范围包括甚广,各种事物、学科、问题及其各个方面的具有独立检索意义的一些基本概念。在一篇(种)文献的某个主题中,可能含有几个主体因素。这几个主体因素均可根据需要轮换作主标题,成为对该文献的几个检索入口,即几个检索途径。

例如:铁路桥梁的设计
　　(主体因素)
　　动物　的　心理测验
　(主体因素)(主体因素)
　　心理学研究方法

（主体因素）

满族文化

（主体因素）

B. 通用面（通用面中的主题因素称为通用因素） 这是指文献主题中的次要部分，即构成主题的一些通用概念。主题词表中凡是没有独立检索意义的一些主题词，如：研究、方法、设备、设计、演变、工作总结等，均为通用因素。这种因素在主题中主要是对主体因素起细分的作用，它们一般都不能作为读者查找文献的检索入口，也不能成为主标题。但是，这种因素如果与其他主体因素已结合成一个复合主题词时，则应按主体因素对待。

例如：秦末农民起义的历史意义

（通用因素）

工业经济体制

（主体因素）（经济与体制已组合成一个复合主题词）

拖拉机的生产规划

（通用因素）

图书馆学的研究对象

（通用因素）

C. 位置面（位置面中的主题因素称为位置因素） 这是指文献研究和论述的对象、问题所处的空间，一般是地理位置属性的概念，即主题中的位置因素。它包括国家、地区、地名以及机构方面的主题词。在文献主题中，位置因素是从地理位置方面对主体因素的一种限定和修饰。这种因素在一般情况下都不作主标题使用。

例如：美国的工业

（位置因素）

苏联的经济

（位置因素）

　　　　湖南的水稻

　　　（位置因素）

　　D. 时间面(时间面中的主题因素称为时间因素)　这是指事物、对象、问题所处的时间范围的属性概念,即主题所包含的时间属性。它包括年代、时代、朝代等方面的主题词。时间因素也是对主体因素的一种限定和修饰。这种因素一般也都不能作主标题使用。

　　例如:六十年代的日本经济

　　　（时间因素）

　　　　唐代的文化

　　　（时间因素）

　　　1978—1985 年中国农业生产规划

　　　（时间因素）

　　E. 文献类型面(文献类型面中的主题因素称为文献类型因素)　这是指表现主题的文献类型形式方面的各种概念属性。如:词典、手册、丛书、百科全书、会议录、论文集等主题词。这些因素,只有当它们本身作为研究对象,或者是为了在检索上集中某种类型文献的需要时,才能用米作主标题使用。

　　例如:语言学词典

　　　　　（文献类型因素）

　　　　生物学会议录

　　　　　（文献类型因素）

　　　　电工手册

　　　　　（文献类型因素）

　　上述五种范畴面的五种类型的主题因素,基本概括了文献中可能出现的各种主题概念。第一种主题因素即主体因素,是主题结构中最关键的部分,也是主题中的核心因素。这是读者查找文献的最直接最重要的检索入口。在目录索引中通常放在首位作主标题使用;其次是通用因素。虽然这种通用因素没有直接的独立的检索意义,但是它对各种专业学科的主题内容,具有最直接的细分作用。它与主体因素紧密结合而形成专业学科的完整性和专指性主题;再次是位置因素。它一般是专业学科主题中的一种外在的辅助性属性,故放在第三位;此外是时间因素,它也是一种外在的辅助性的属性,排在位置因素之后;最后是文献类型因素,这主要是指表达主题所采用的文献类型形式的属性。它一般与主题本身没有什么必然的内在联系,所以放在最后。

这样的一种分析、描述和表达文献主题的组配词序,再配备一定的代码符号,也就形成了文献主题在组配标引中的一种有规律的结构模式,即 A—B—C—D—E。这个模式就叫做主题分面组配公式。

组配词序	1	2	3	4	5
代码符号	A	B	C	D	E
面的名称	主体面	通用面	位置面	时间面	文献类型面
因素名称	主体因素	通用因素	位置因素	时间因素	文献类型因素

这个公式可作为文献标引人员进行主题分析、确定组配词序、建立检索款目标题的依据。有了这个公式,标引人员在分析主题、拟定标题时,就可能得心应手、前后一致,避免分歧和混乱。尤其是解决多级标题的组配时,对于确定文献的检索入口、检索角度具有重要的作用。

例如:一篇文献的主题为:"苏联六十年代的坦克设计论文集",依据主题分面组配公式可以形成如下标题:

A ◄——B ◄——C ◄——D ◄——E

坦克—设计—苏联—六十年代—论文集

如果在主体面中有两个主体因素时,在手检目录索引中这两个主体因素则可进行轮排形成两个标题,成为两个检索入口。

例如:"满族史论文集"这一主题,其标题可以有两个。

（1）满族—民族历史—论文集

$$A_1 \longleftarrow A_2 \longleftarrow E$$

（主体因素 1—主体因素 2—文献类型因素）

（2）民族历史—满族—论文集

$$A_2 \longrightarrow A_1 \longleftarrow E$$

（主体因素 2—主体因素 1—文献类型因素）

在实际的文献主题标引工作中，不同文献主题，其所包含的范畴面以及面中的主题因素，在数量上可能不同。譬如，"中国农业"这个主题，就只有 A、C 两个范畴面，而每个范畴面里只各含一个主题因素；"中国有色金属矿床的分布"这个主题，则包含 A、B、C 三个范畴面，每个面中分别含有一个或两个主题因素；"日本江户时代小说选"这一主题，则包含 A、C、D、E 四个范畴面，每个面中分别含有一个主题因素；"苏联五十年代小麦育种研究论文集"这一主题，则包含了五个范畴面，每个面中分别含有一个或两个主题因素。

此外，由于各个图书资料单位的性质、任务和检索要求的不同，各个范畴面中主题因素的确定，也具有某些相对性。就是说，A、B、C、D、E 各个范畴面的主题因素，有时也可能会有个别变动。B、C、D、E 等范畴面中的主题因素，有时也可能属于 A 范畴面中的主体因素。譬如，历史研究单位的图书馆，可能把历史朝代方面的主题词作为主体因素对待；新闻外交单位的图书馆，则可能把国家、地区方面的主题词作为主体因素对待；也有的单位则可能把词典、会议录等方面的主题词作为主体因素对待等。

总之，标引人员应根据本部门的性质任务和文献主题的实际情况分析每一个主题因素，选定好作为检索入口的主体因素。具体到每一篇文献的主题来说，其中具有独立检索意义的主题因素一般不会太多。因此，上述这种主题分面组配公式是可行的。全国文献工作标准化技术委员会词表、分类法和标引第五分技术委员会，所制订和通过的《中华人民共和国国家标准—文献主题标引规则》,已正式确定使用这种主题分面的结构模式。这是一种比较通用的、适用性强的结构模式,一般也便于标引人员掌握和运用。

4. 主题分析误差

主题分析是文献标引工作的关键环节。主题分析的好坏,直接关系到文献的标引质量和检索效果。如果主题分析不当,即使选词再好,也会影响标引和检索的效果,降低文献检索工具的查全率、查准率。因此,在进行主题分析时,我们必须注意防止和消除各种主题分析的误差。所谓主题分析误差,是指在分析主题的过程中所产生的人为性误差。主题分析误差主要有二种:

(1)提炼误差　这是指从文献中提炼和分析出来的主题概念及其数量,同文献本身所具有的主题概念及数量之间的差异。这里包含两层意思:一是提炼和分析出的主题概念是错的,与原文献不符;二是提炼和分析出的主题概念比原文献少了或者多了。

(2)取舍误差　这是指标引人员对提炼和分析出的主题概念,在选定应标引的主题概念时,所作的取舍上的差异。也就是说应省略的没有省略,而不应省略的却省略了,或者省略不一致。

上述误差,主要是由于标引人员的观点、方法和知识水平的不同所造成的。避免和克服这些误差,提高主题分析的质量水平,就必须从以下几个方面加以注意和规定:

(1)必须不断提高标引人员所标引的文献的专业知识水平。只有懂得专业知识,又掌握标引方法技术的人,才能真正标引好该专业的文献。

(2)同一标引人员所分配标引的文献的专业范围,应尽量做到相对稳定。这样做有利于提高文献标引的一致性、准确性。并能大大提高主题分析的质量水平和文献标引的速度。

(3)对主题分析进行规范,确定好主题分析的结构模式—主题分面组配公式,以此作为每一个标引人员进行主题分析的依据。

(4)在标引的一般规则中,明确规定出本部门、本专业的标引范围和标引重点;规定统一的标引深度和检索深度,以便标引人员在对文献进行主题分析时,选定应标引的主题概念时,在取舍与省略上能有章可循。

第三节 现行标题的类型和结构形式

文献标引的任务和目的之一,就是要为手工检索系统的主题目录、主题索引拟定其检索款目的标题。所谓标题,从现行使用主题词表的角度来说,就是由主题词构成的,用来表达和描述文献主题的一种检索标识。

在早期,标题是先组式的标题法及标题表用来描述和表达文献主题,组织和编制主题目录、主题索引的基本依据,这是图书馆的传统作法。

但是,随着电子计算机的日益广泛使用于文献检索工作,早期先组式的标题法和标题表的使用受到了冲击。它逐渐被后组式的叙词法及叙词表所代替。

无论是采用先组式的标题法、标题表,抑或后组式的叙词法、叙词表来编制手工检索用的主题目录、主题索引,都存在一个表达文献主题的标题的问题。虽然用叙词表可有所不同地代替传统的标题表编制主题目录、主题索引(详见上文"文献标引的工具"一节);然而传统标题法关于标题的理论和方法,还是应该、也必须继承下来。在使用叙词表的情况下,有关标题的理论和方法也是基本适用的。

根据我国的国情和我们对标题的认识,在使用《汉语主题词表》(汉语叙词表)的情况下,可作如下规定:

1. 标题的类型

（1）单一标题（又称单级标题）　单一标题,就是在主题目录、主题索引中,每一条(张)检索款目的标题是由一个主题词所构成的主题标目,叫做单一标题。它一般包括三种性质的单一标题。

①单词标题　即由一个主题词(单元词)直接表达某一主题的标题,如植物、动物、汽车、火车、地球等。

②词组标题　即由一个复合主题词直接表达某一主题的标题,如军事心理学、化学感受器、社会主义经济等。

③短句标题　即由一个短句式的复合主题词直接表达某一主题的标题,如"反对主观主义"、"发展经济、保障供给"等。

（2）复合标题（又称多级标题）　这是由几个具有逻辑积关系的主题词组合起来构成的主题标目,叫做复合标题。

这种标题,一般是由主标题、副标题(子标题)、副副标题(次子标题)构成。主标题是主题结构中的主体因素,是查找文献的检索入口,也是主题目录、主题索引款目卡片排列的主要依据。副标题是对主标题的限定、修饰、细分或说明。主、副标题组配起来共同表达一个完整的主题。副标题有的如果具有独立检索意义时,也可作主标题,实行轮排。目前,有人采用另一种说法,即主标题叫做款目词、标题词,其他副标题都叫说明词,说明词也可作标题词,实行轮排。不过按图书馆传统的说法,还是称主标题、副标题较好。

在主、副标题之间,一般应配备一定的组配符号或联结符号,共同形成一组复合标题,以表达和描述文献的一个完整的主题内容。

此外,从标题的规范化角度区分,有正式标题和非正式标题。

所谓正式标题,是指正式用于文献标引和检索的标题。它是汇集具体文献资料的主题款目卡片的标题。

所谓非正式标题,是引向规范化使用的正式标题的一种起引导作用的标题。非正式标题在主题目录、主题索引中不起汇集具体文献资料的主题款目卡片的作用,只起引向正式标题的作用。在传统的标题法中体现为一种标题见片的形式。在叙词法中是体现为一种"用(Y)"参照卡片的形式。

"用(Y)"参照卡片的制作,主要依据主题词表的"用代参照"(用代关系)进行。

例如:马　　　—饲养　　　—中国
　　(主标题)　(副标题)　(副副标题)

Tu dou

土　豆

　　用　马铃薯

〇

Tu dou

土　豆

　　见　马铃薯

〇

248

2. 标题的结构形式

采用《汉语主题词表》代替传统的标题表对文献进行标引,在标题的结构形式上稍有不同,但总的来讲是基本一致的。归纳起来应采用如下几种形式:

(1)组配标题形式 由几个具有交叉、限定关系,并通过一定的组配符号联结起来的标题形式,称为组配标题形式。

目前,我国文献工作标准化技术委员会第五分会推行两种组配符号,即冒号":"和短横"—"、前者表示同一上位概念下的几个并列交叉概念,即并列事物之间的组配;后者表示几个具有限定、细分、修饰和说明关系的概念之间的组配。(当同一主题,可能出现两种不同的组配标题形式时,应优先选用冒号组配的标题形式。)

例如:高产作物:经济作物(表达高产经济作物这一主题)

人口—统计—中国(表达中国人口统计这一主题)

此外,也有人主张采用第三种组配符号,即逗号",",专门解决限定的主题词的组配问题。如:人口,中国—统计。表达中国人口的统计这一主题。

(2)正装标题形式 即按自然语言词序书写的标题形式。

例如:分段造船法

12150 型高速柴油机

(3)限定标题形式 即在某些同形异义词后加括号与限定词的标题形式。一般仅限于词表中已经作了规定的词。

例如:树(数学)

黑旗军(山东)

黑旗军(广西)

但也可考虑超出词表已有规定的范围,依据文献主题的标引需要,采取后加(临时加)限定词的办法,但应选用方括号以示与词表的区别。

例如:六书〔汉字书法〕

（即指:大篆、小篆、隶书、楷书、行书、草书）

(4)倒装标题形式　这是一种将自然语言的正装词序,改变为倒装词序,中间用倒置符号",",联结起来的一种标题形式。这是传统标题法所惯用的一种标题形式。叙词法所采用的叙词(主题词)一般都是正装词序。因此在使用《汉语主题词表》的情况下,对倒装标题形式的使用及其所起的作用,应做如下的规定:

①用于加强主题目录、主题索引的族性检索,起集中同一事物的不同特称对象及其各个方面的文献资料的作用。

例如:通过这种倒装标题形式,可以把某一事物和塑料的各种特称对象—导电塑料、复合塑料、氟塑料、光学塑料等,与塑料、塑料的各个方面的标题集中排在一处,从而起集中塑料这一事物有关文献资料的作用,见图11。

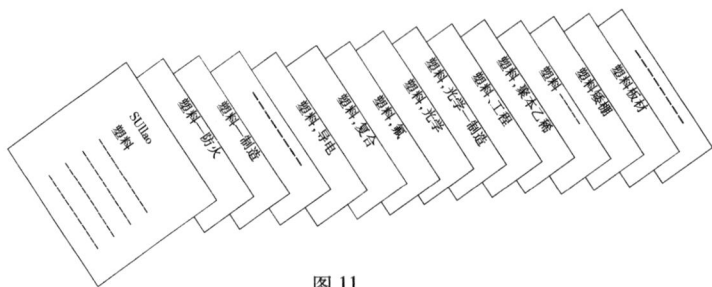

图11

这种倒装标题形式,虽有集中一定文献的作用,但是由于《汉语主题词表》是后组式的叙词表,所收主题词都是正装词序。组织标题时如果采用倒装标题形式,必须事先根据专业检索需要,在词表中对有关主题词进行事先倒置,将正装主题词改变为倒装主题词,以便标引人员掌握有哪些主题词是倒装的。

采用倒装主题词标引文献时,有关文献的卡片是集中在倒装标题之下的。但对原来正装的主题词,则应做标题见片,即"用(Y)"参照卡片(见下图例)。

Guang xue su liao

光　学塑料
　　用　塑料,光学

○

Zai sheng su liao

再　生塑料
　　用　塑料,再生

○

标题见片排入主题目录、主题索引的相应字顺位置,对读者在查找资料时起引见作用。

②用于描述和表达词表中主题词所难于解决的文献资料的专指性主题概念,以便加强主题目录、主题索引在检索时的专指性和准确性。这种倒装标题形式,其前置部分是词表中的正式主题词,后置部分是词表中没有的、临时根据描述和表达文献主题的需要而后加的自然语言。

例一:"从氧化矿石中提取钴"这一专指性很强的主题,可采用如下倒装标题形式标引,但不作标题见片。

"钴—提取,从氧化矿石中"

(前置部分是正式主题词)(后置部分是自然语言)

例二:"12150 型高速柴油机"这一专指主题,可采用如下倒装标题形式标引。如果需要可作一张标题见片。

Gao su chai you ji , yier yiwu ling xing
高 速 柴 油机,12 15 0 型
……………………
……………………
……………………
……………………

○

(标题见片)

```
            xing gao su chai you ji
12150 型   高 速 柴   油 机
        用   高速柴油机,12150 型




              ◯
```

③专门用做某些正装标题的标题见片,以便从另一途径向读者揭示某一主题。

（正式款目卡片）

例如:

```
Xin li xue,Jiao yu
心 理 学,教   育
    用   教育心理学




              ◯
```

```
Jing ji zheng ce,Zhong guo gu dai
经 济   政   策,中   国古代
     用  中国古代经济政策
```

○

这种倒装标题形式的用法,与前面两种在性质上是根本不同
的。其正装标题是正式标题,起排列文献资料款目卡片的作用。
倒装标题是非正式标题,在这里只起引见的作用。

上述倒装标题的三种用法和作用,一般图书馆单位只需采用
第②和③两种;少数专业图书馆如果出于检索上的需要,也可同时
采用三种用法。

此外,如果把前面讲到的,将逗号",",作为一种组配符号对待
的话,则共有四种用法。如何使用倒装标题形式,各单位在实行文
献标引之前,应做出具体规定。

(5)混合标题形式　即几种组配符号和联结符号混合使用的
一种标题形式。

例如:气象飞机:轻型飞机—构造体系

　　(表达"轻型气象飞机的构造体系"这一主题)

　　心理学,医学—苏联

　　(表达"苏联医学心理学"这一主题)

　　肿瘤—诊断,超声波

　　(表达"肿瘤的超声波诊断"这一主题)

254

3. 主标题确定的原则

由于主标题是排列主题款目卡片的依据和读者查找有关主题文献的检索入口,所以,主标题的确定具有重要的意义。一篇文献应该有多少个主标题,即多少个检索入口,依该文献所标引的主题词的实际情况而定。其总的原则是:

(1)凡是属于主体因素的主题词,即表示事物、学科和问题,并具有独立检索意义的主题词,都可以作主标题。这是一般读者查找文献资料的主要出发点。

(2)除特殊需要外,一般属于位置因素、时间因素、文献类型因素的主题词,均不作主标题。

(3)凡属于通用因素的主题词,即一般性的类无专属的通用概念,一律不作主标题。

依据上述原则,现列举数例加以说明。

例一:《日本钢铁工业地理》

标引词:钢铁工业、工业地理、日本。

其中:钢铁工业、工业地理两个主题词属主体因素,具有独立检索的意义,可以作两个主标题,形成两个主题款目的标题。即

1. 钢铁工业—工业地理—日本;

2. 工业地理—钢铁工业—日本。

例二:"《汉语主题词表》体系结构的设计"

标引词:《汉语主题词表》、体系结构、设计。

其中:只有《汉语主题词表》这个专有名称是主体因素,体系结构、设计两词均属没有独立检索意义的通用因素。因此,只能有一个主标题,也只能形成一个主题款目的标题。即《汉语主题词表》—体系结构—设计。

例三:《寒潮年鉴》(1971.9—1972.5)

标引词:寒潮、年鉴、中国。

其中:寒潮一词属主体因素,可做主标题。而年鉴一词是否做主标题,则需要依据本单位制订的"各类文献的标引规则"而定。如果本单位规定年鉴一类著作一律加以集中时,则以年鉴一词做主标题,其他词做副标题,即

年鉴—寒潮—中国。

如果本单位规定应做双重标引反映,则分别以年鉴、寒潮两词轮流做主标题,即

1.年鉴—寒潮—中国;

2.寒潮—年鉴—中国。

如果本单位规定一律分散处理,则只以寒潮一词做主标题,即

寒潮—年鉴—中国。

第四节　标引词

文献标引的任务和目的,除了为手工检索系统的主题目录、主题索引直接拟定款目的标题之外,另一个重要的任务和目的,就是要为计算机检索系统选定每篇文献的标引词,以便建立计算机资料档。

所谓标引词,就是从标引文献的特定角度和场合,对主题词的一种称呼,是指标引人员具体赋予一篇文献的全部主题词。

对计算机检索系统来说,标引词是组成计算机资料档的重要依据。资料档,又叫做文档,它是计算机存贮的大量文献记录。它包括:文献的类型、索取号、书名(或篇名)、作者、页数、卷册;文献的语

种、出版事项;文献的提要或文摘;文献的主题词、分类号等。按照一定的著录格式和编排顺序所组成的一个集合体,就叫做资料档。

资料档包括两个部分:一是顺排档,又叫做文献档;二是倒排档,又叫做索引档,或者直接叫做主题词倒排档、主题词索引档。把文献记录,按文献输入顺序编列的资料档叫做顺排档;把顺排档中的主题词(或其中的其他某一项如:分类号、书名、作者等),由计算机自动抽出,单独和文献贮存的顺序号(或地址码)结合起来所形成的资料档,叫做倒排档(见 258、259 页图表)。

检索文献时,可以按顺排档逐篇比较、逐篇查找。这种查找方法叫做顺序检索法。采用这种方法,一般检索效率低。大多都先按倒排档,依据主题词来查找,找出文献贮存的顺序号或地址码后,再从顺排档中找出(输出)详细的文献记录。所以,文献的检索大都是采取倒排档和顺排档结合使用的方法。这种方法比前一种要简便、效率高。

从上述论述中,可以看出标引词,在计算机资料档中的重要地位和作用。要建立计算机的资料档,就必须为每篇文献选定具体的标引词。

对选定做标引词的主题词,为了适应计算机检索文献的需要,标引人员还应该对标引词做如下几个方面的加工处理工作。

(1)为标引词配备联系符号(参见上文有关部分);

(2)为标引词配备职能符号(参见上文有关部分);

(3)为标引词配备主标题、副标题的标记符号(参见下文第六节)。

为标引词配备联系符号、职能符号和主、副标题的标记符号,不仅可以起到建立计算机资料档,降低检索误差,提高对文献的检索效率的作用,又可以起到使计算机检索系统自动编排和组织手工检索用的书本式和卡片式的主题目录、主题索引的作用。所以,标引人员在选定了文献的标引词后,必须做好对标引词的加工处理工作。

主题词顺排档记录内容

文献序号	书名	作者	出版事项	页数	提要	索取号	主题词	分类号	……
1	工业企业劳动定额基本知识	陈 平	1980年4月 北京财经出版社	106	……	……	工业企业 劳动定额	F243.3	……
2	西德企业管理浅说	郑天山	1981年11月 北京财经出版社	131	……	……	工业企业 西德 企业管理	F279 518	……
3	生产管理与电子计算机	贾凤和 谢 林	1980年6月 西安陕西出版社	426	……	……	计算机应用 生产管理	F273	……
……	……	……	……	……	……	……	……	……	……

主题词倒排档记录内容

主 题 词	文献顺序号
工业企业	1、2、5、25
计算机应用	3、29、40
劳动定额	1、41
企业管理	2、5
美国	5、7、25
生产管理	3、52、63
西德	2、9
……	…………

第五节　关于文献的标引深度及其控制

标引深度(indexing depth)，简单地说就是指对一篇(种)文献所赋予的全部检索标识的数量之和。从广义来说，是指在标引工作中对一篇文献的各种内容特征和外表特征，进行分析、描述所达到的深度。包括所赋予的主题词、分类号、书名、著者等检索标识。从本文所论述的重点主题标引来说，则是指对一篇文献所赋予的主题词在数量上的多少。

标引深度实际意味着一篇文献分析描述的全面性和专指性两个方面。如要全面地揭示一篇文献多方面的主题内容，达到一篇文献多面成族、多途径检索的效果，就必须用较多的主题词进行标引。同样，如要表达专指一篇文献的主题内容，真正达到对文献实行对口的、准确的检索，也必须用较多的主题词进行组配标引。显然，标引深度是影响查全率、查准率的重要因素，也就是说：标引深度是检索深度的基础。标引深度深，检索深度才可能深；标引深度浅，检索深度也就浅。检索深度也同样包含全面性(体现在查全率)和专指性(体现在查准率)两个方面。但是,检索深度并不完全等于标引深度,二者具有紧密的联系,又有一定的区别。

所谓检索深度,是从广义来讲的,这是指对一篇(种)文献在各种检索工具中所具有的检索款目的数量之和。包括主题款目、分类款目、书名款目、著者款目等。从本文所重点论述的主题标引角度来讲,检索深度则是专指一篇文献在主题目录、主题索引中,所具有的检索款目的数量多少。

标引深度和检索深度是衡量检索工具质量水平的两个重要方面。前者是指赋予一篇文献检索标识的数量,即标引的主题词的数量;后者是指赋予一篇文献的检索款目的数量。由于主题目录、主题索引中检索款目的主题标目(标题),可能是由一个检索标识,即一个主题词构成;也可能由几个检索标识,即几个主题词所构成。因此,标引深度与检索深度可能一致,也可能不一致。但是对于采用计算机的后组式检索系统来讲,二者则有可能完全一致。因为要真正达到对文献实行全面性、专指性的标引和检索,只有依赖于后组式的方法才能实现。

在实际的标引工作中,对文献实行全面性、专指性的标引,也只能是相对的,而不是绝对的。读者的检索也只能达到相对的全面性和准确性。因为影响深度的因素,除了方法上是使用先组式还是后组式的问题之外,还和主题词表的编制质量、造词质量、标引和检索的辅助性手段(如联符、职符、加权等)、文献单位的性质任务和人力物力条件,以及标引人员的业务和知识水平等有着直接的关系。

因此,各个文献单位在对文献进行标引时,首先要解决和规定标引深度的控制问题。

1. 根据各单位性质任务、人力物力条件,规定相宜的标引深度。

对计算机检索系统来说,其标引深度可以深一些,其全面性、专指性的效果会好一些。在国内,一篇(种)文献的平均值一般宜控制在 7 个主题词左右,最多不要超过 10 个主题词。在国外,一般都在 8—15 个主题词,有的达到 100 个以上也不足为奇,最多还有达到 450 个主题词。

对于手工检索系统来说,其标引深度应当浅一些,其全面性、专指性的效果,当然也就会差一些。在国内,其标引深度的平均值以控制在 5 个主题词下为宜,检索深度以控制在 2—3 条检索款目为宜;最多不要超过 5 条检索款目。在国外,一篇文献其检索款目平均值也有达到 10 条以上的。总之,一篇文献标引的主题词多,则构成检索款目的数量也就多。因而每篇文献被读者检索到的途径也就多,文献主题被描述的专指性、准确性也就加强。所以标引深度往往是衡量主题目录、主题索引质量水平的一个重要指标。但是标引深度不能没有边际,否则主题目录、主题索引的体积篇幅、经济成本也必然加大。

无论是对计算机检索系统的标引,还是对手工检索系统的标引,其总的原则是:对一篇(种)文献所标引的主题词数量,应根据文献主题内容的实际需要而定。一般不作太死板的规定。同时,对从一篇文献中分析出的全部主题因素,即全部主题概念,必要时可视需要有所舍弃和省略,不一定全部照标。这种舍弃和省略,应该依据如下几条主要的准则加以决定:

(1)文献论述的中心概念,即主要概念不能省略。

(2)时间因素、位置因素、文献类型因素等,如属必要可考虑省略。

(3)带条件性、状态性的,在主题结构中起间接性限定和修饰作用的主题因素,必要时也可考虑省略。

(4)在多主题的文献中,有的主题在文献的论述中,不太重要和论述比较简单、份量小的主题因素,必要时也可考虑省略。

上面所讲的所谓"必要时",是指该文献标引的主题词数量,超过了或是较多地超过了规定的标引深度的指标时,可考虑省略的问题。

2. 为手工检索系统,即为主题目录、主题索引规定好检索款目标题的组配级别。这是控制标引深度的一项重要规定。

不同的读者对象,往往具有不同的检索要求。有的读者可能把检索的重点放在查准,即特性检索的要求上;有的读者则把检索的重点放在查全,即族性检索的要求上;也有的读者则要求查准和查全二者兼备;此外,不同的读者,对同一主题文献的检索,则可能从各自选择的几个不同的途径进行检索。作为手工检索系统的主题目录、主题索引的编制者来说,如何做到较好地满足读者查准、查全和多途径检索的要求,是一个非常重要的问题。这一问题既涉及到标题的组配级别,又涉及到标题中主、副标题的轮排(详见下文论述)。

组配的级别是保证文献查准的一个关键因素。它直接影响读者的检索效果。标题组配的级别深,意味着标引的主题词多,描述和表达主题就专指、准确。

一般来说,标题组配的级别,应允许进行多级组配。组配的级别一般应尽量与文献实际主题的深度基本一致,不要采取机械的一刀切的做法。因为文献主题有深有浅,标题的组配级别也应当有深有浅。但是,鉴于手工检索工具的条件限制,每一个文献主题的标题组配级别,一般以三级为限,最多不要超过 5 级组配,超出部分应考虑舍弃和省略。此外,由于人工先组与计算机后组,在性能、条件和作用上的不同,它们在组配的级别上就有所区别。一般来说,计算机进行组配比较灵活、级别深、多元性强,组配的主题词数量可以不受限制。因而描述和表达的主题比较专指和准确。手工先组,将主题词组配成标题形式,在条件和形式上都受到很大限制。如果标题组配的级别深、主题词数量多,就必将使主题目录、主题索引的实际编排工作变得复杂和困难。也使主题目录、主

262

索引的体积篇幅臃肿庞大,大量增加成本费用。

目前,我国主题目录、主题索引检索款目的标题组配级别,各有不同的作法。

第一种作法是,只采用一级标题的形式来组织主题目录、主题索引。这种作法就文献标引来说,对一篇文献所标引的若干个主题词,不进行组配、不拟定复合标题。每一个主题词都是一条独立的检索款目的标题,即单一标题。完全避免事先的组配。因此,这种单一标题形式的主题目录、主题索引编制比较简便。

这种作法主要用于编制后组式的主题目录、主题索引(即一种起组配检索作用的目录、索引)。如果用来作直接查找文献资料的主题目录、主题索引,则检索深度浅,专指性差。一般较少采用。

第二种作法是,只采用两级组配的标题形式来组织主题目录、主题索引。如"坦克发动机设计"这个主题,完整的表达形式应是用三个主题词,既坦克—发动机—设计,来实行三级组配。将这种三级以上的标题形式,一律降为两级标题形式,势必要舍弃和省略某些主题因素。或者是降为几个两级标题形式,即:坦克—发动机;坦克—设计;发动机—坦克。这种作法好处是较容易解决主、副标题的轮排问题和多元检索的问题。缺点是损害和降低了主题被描述和表达的专指性、准确性。如果将来这方面主题的文献卡片大量增加,不便查找而需要使标题深化时,则会给标题工作造成重新返工的困难。

第三种作法是,允许采用三级或三级以上的组配标题形式来组织主题目录、主题索引。如"美国坦克发动机的设计"这个主题,它应由四个主题词进行组配。这样,主题被描述和表达的专指性、准确性就大大提高了。但是却给标题的组配词序及选择带来了一定的困难。由于标引的主题词数量增加了,哪个词作一级标题(主标题)、哪个词作二级标题(副标题)、哪个词作第三级标题

（副副标题）、哪个词又作第四级标题？如果按照全面轮排方法，四个主题词就可以排列组合出 24 种标题形式：

①坦克—发动机—设计—美国
②坦克—发动机—美国—设计
③坦克—设计—发动机—美国
④坦克—设计—美国—发动机
⑤坦克—美国—发动机—设计
⑥坦克—美国—设计—发动机
⑦发动机—坦克—设计—美国
⑧发动机—坦克—美国—设计
⑨发动机—设计—坦克—美国
⑩发动机—设计—美国—坦克
⑪发动机—美国—坦克—设计
⑫发动机—美国—设计—坦克
⑬美国—坦克—发动机—设计
⑭美国—坦克—设计—发动机
⑮美国—发动机—坦克—设计
⑯美国—发动机—设计—坦克
⑰美国—设计—坦克—发动机
⑱美国—设计—发动机—坦克
⑲设计—坦克—发动机—美国
⑳设计—坦克—美国—发动机
㉑设计—发动机—坦克—美国
㉒设计—发动机—美国—坦克
㉓设计—美国—坦克—发动机
㉔设计—美国—发动机—坦克

事实上，任何一个图书馆的主题目录、主题索引都不可能实行这种轮排。如果这样作，一篇（种）的主题文献，在主题目录、主题索引中,就要制作24张款目卡片,重复24次。

因此,若要采用三级或三级以上的标题形式,就必须有一个科学的实用的限制办法,既要把轮排限定在一定的数量之内,又要使标题的组配词序变得有规律可循。我们认为采取下列三种限制的办法是比较妥善的作法:

(1)对三级或三级以上的组配标题,只允许采用部分轮排法,而禁止采用全面轮排法。所谓部分轮排法,就是具体规定副标题、副副标题,只允许它们直接和主标题交换位置,不允许各级副标题之间相互交换位置。这实际就把众多的轮排数量限制在较少的轮排范围之内。

(2)对作主标题的词加以限制。凡是具有独立检索意义的主题词,才能轮换作主标题,否则只能做副标题使用。这样,实际又进一步把轮排的数量缩小了许多。如上例中的"设计"、"美国"两词领头的12种轮排形式都被排除在外。

(3)制定一种带规律性的主题结构模式,即主题分面组配公式,对组配标题的词序加以严格限制。使组配标题的各个主题词,依照"主体因素—通用因素—位置因素—时间因素—文献类型因素"这样的词序组配起来形成标题。凡是具有独立检索意义的主题词,都属主体因素的范围。所以实际轮排的数量就被限制在少数几个主体因素的主题词范围之内。换言之,这个多级标题内有多少个主体因素,就只能有多少个轮排形式,也就只制作多少张卡片。

依据上述三种限制办法,上例中的24种组配的标题形式,就只应采用①、⑦两种组配标题形式作正式使用的检索款目的标题。即:"坦克—发动机—设计—美国"和"发动机—坦克—设计—美国"。

这种作法,既能较专指和准确地描述和表达文献的实际主题内容,又能较好地合乎实际地满足对文献的多途径检索的要求。

同时也使主题目录、主题索引的标题导卡的设置，可以根据实际文献卡片的增长需要，而随时加以深化，具有较好的伸缩余地。

总之，标引深度的控制，必须做出上述种种规定才能达到预期的效果。除此之外，一般还需要依据标引的文献对象和客观条件，确定好标引的方式。因为不同的标引方式，以及采用哪几种标引方式，是一种方式还是几种方式结合并用，也直接影响标引的深度。

第六节　关于机检标引与手检标引的结合问题

《汉语主题词表》和其他一些专业性词表相继出版以后，少数文献资料部门已经开始标引或试标引的工作。有的是为机检系统标引（以下简称机检标引），也有的是为手检系统标引（以下简称手检标引）。机检标引和手检标引，这是两种不同性质的标引，它们之间存在一定的区别。这些区别主要是：

第一，标引深度的不同。同一篇（种）文献，机检标引的深度深，给的主题词多，大都需要规定一定程度的上位词登录标引（即每标引一个主题词，机器自动赋予文献该词的各个上位主题词）；手检标引的深度浅，给的主题词少，一般不需要进行上位词登录标引。

第二，款目著录的方式不同。机检标引的款目著录（贮存单位的著录），一般都是单纯以各个主题词作款目的主题标目（标题）即单一标题的款目形式，不存在将复合主题转换成先组式的复合标题的形式。而手检标引，一般都需要将文献的复合主题组配转换成先组式的复合标题的形式。同时，机检标引的著录清单（或称输入清单、工作单等），与手检标引著录的主题款目卡片，在格式上、要求上也完全不同（详见后文）。

第三,标引的目的作用不同。机检标引主要是为计算机检索系统编制后组式的组配索引档而进行的标引。手检标引主要是为手工检索系统编制先组式的主题目录、主题索引而进行的标引。

在某一单位,如果需要建立计算机检索系统和手工检索系统时,则应该同时考虑机检标引和手检标引如何相结合的问题。以便实行一元化的标引工作,节省人力、物力和时间。由于各单位的性质任务、具体条件和总体设想的不同,因此其作法也有所不同。在当前情况下,有以下几种设想和作法可供选择:

1.以机检标引为主,手检标引为辅的作法。也就是说,在有条件的单位,既实行机检标引,建立计算机检索系统,又考虑照顾到手检标引的需要,以便同时能建立手工检索系统(即主题目录、主题索引)。针对这种设想,就必然会考虑如何将二者结合起来进行标引。

其作法是,在通过对机检标引的主题词中,选择若干个手检标引用的主题词,组配成主题目录、主题索引的款目标题。但在标引时要同时研究确定款目标题的组配级别、给出各级主、副标题的标记符号。

主、副标题的标记符号,可以用其英文大写字头 M(Main Subject Heading)和 Q(Qualifier)分别表示如下:

M—表示主标题;

Q—表示副标题;

2Q—表示第二个副标题。(或者用"S"表示第二个副标题)。

主标题、副标题、副副标题等,共同组合成一个完整的款目标题:"M—Q—2Q"。

如果一篇文献有几个主题,而又需要拟定几个款目标题时,则可以采用下列标记符号:

M_1—表示第一个主标题;

M_2—表示第二个主标题;

M₃—表示第三个主标题；

Q₁—表示第一个主标题的副标题；

Q₂—表示第二个主标题的副标题；

Q₃—表示第三个主标题的副标题；

2Q₁—表示第一个主标题的第二个副标题；

2Q₂—表示第二个主标题的第二个副标题；

2Q₃—表示第三个主标题的第二个副标题。

字母后的数字代表款目标题的组别符号，只有当组别符号相同时，主副标题才能组配在一起形成一组标题。Q字母前的数字则表示各组标题中的第二个、第三个……副标题。其各组标题组配的形式是：

$M_1—Q_1—2Q_1—3Q_1……$

$M_2—Q_2—2Q\_3Q_2……$

$M_3—Q_3—2Q_3—3Q_3……$

从机检标引的主题词中，选出准备作款目标题的每个主题词后，都应附加这种主、副标题的标记符号。有的主题词后，则可能同时附加主标题和副标题两种标记符号，以便机器或编目人员识别，据以作为拟定款目标题的依据。

例如:《夏代文化》一书（李　民著　　北京　中华书局 1980 年 10 月 26 页　32 开　0.09 元）。

当我们为机检系统标引了:考古学文化、中国、夏代、农业、陶器（考古）、青铜器、墓葬、宫殿遗址、艺术、手工业、古文字等 11 个主题词时，我们可以选择一组主题词:考古学文化、中国、夏代，组合成一条手检用的目录索引的款目标题。那么就必须在这三个词后附加主、副标题的标记符号:

考古学文化　　M

中国　　　　　Q

夏代　　　　　2Q

在机检标引的工作单中则体现如下格式（主题词著录部分的格式）。

主 题 词				
编　号	主　题　词	联　号	主、副标题符号	备　注
1	夏代		2Q	
2	中国		Q	
3	考古学文化		M	
4	农业			
5	陶器			
6	青铜器			
7	墓葬			
8	宫殿遗址			
9	艺术			
10	手工业			
11	古文字			

这一工作单，一旦输入计算机，则由机器程序自动控制打印成如下卡片式或书本式的标题款目形式。或者由编目人员依据工作单直接拟定如下标题款目形式：

```
      考古学文化—中国—夏代
夏代文化
  李民著    北京   中华书局  1980 年 10 月
  26 页   32 开   0.09 元




                    ◯
```

2.完全立足于当前手工检索标引的需要,而暂不考虑将来机检标引的问题。其主要作法是,对文献主题的标引深度、款目标题的拟定、著录格式和项目等,均按编制和组织手工检索系统的要求去执行。由标引人员直接拟定款目标题。一旦将来条件成熟,机检标引需要上马时,则转变为按上述第一种作法,完全将新到馆的文献资料实行标引。也就是说,旧资料不再按机检要求输入计算机贮存了,仍以手检系统的主题目录、主题索引的方式满足读者对旧资料的检索需要。

例如:《岩石和地壳的应力测量》一书,按手检要求而直接标引著录成如下款目卡片的形式,而不按机检标引著录成上述工作单的形式。

```
岩石和地壳的应力测量
   国家地震局地震地质大队情报室编译
北京　地质出版社　1980 年 4 月
294 页　16 开　2.60 元
 1.岩石——应力测定
 2.地壳——应力测定




            ○
```

3.采用以目前手检标引为主,将来机检标引为辅(即准备将
来上机使用)的作法。这种设想作法,主要是立足于当前手工检
索的需要,按手检系统的主题目录、主题索引的要求,编制标题款
目卡片。

但是,考虑到将来使用计算机的可能,又很需要把过去已经按
手检要求标引过的文献,都转换成机检标引需要和著录成工作单
的形式。以便输入计算机资料档,而不必再对原标引过的文献进
行重新标引,即避免第二次重复标引。这样也就可以节省大量人
力和时间。这是一个值得我们加以重视和研究的问题。一些专业
文献单位尤其重视,并已提出这个问题。

我们认为有几种办法可供选择:

第一,将已经标引过的文献标题款目卡片,直接转换成机检标
引工作单的著录要求和形式。在转换过程中,可以适当增加一些
主题词,然后再依据转换后的工作单输入计算机资料档。

例如:将《岩石和地壳的应力测量》一书的标题款目卡片转换
成如下工作单形式。

主 题 词				
编 号	主 题 词	联 号	主、副标题符号	备注
1	岩石		M_1	
2	地壳		M_2	
3	应力测定		Q_1Q_2	
4				

　　第二,依据已经标引过的文献标题款目卡片,将先组式的款目标题(包括单一标题和复合标题)及其他著录事项,直接存入计算机资料档。

　　上述两种办法,虽然比较简便,但是标引深度不高。

　　第三,在一开始对文献实行标引时,就直接按"以机检标引为主,手检标引为辅"的作法进行。机检标引的工作单,只做拟定手检系统的标题款目卡片用。该工作单可以积累和保存起来,待将来计算机有条件上马时,再行输入计算机资料档。这种办法其好处是标引深度有了保证,但是文献的标引则需要多费一些人力和时间。

第十二章　主题标引规则

正如对文献实行传统的分类一样,需要有一个作为标引人员共同遵循的主题标引规则。主题标引规则是保证文献标引,获得最佳准确性、一致性,提高检索系统,包括机检系统和手工检索系统效率的一些基本规定。

在文献主题标引工作中,往往存在各种错标、漏标、过度标引、过粗标引、组配错误等误差现象。造成这些误差现象的原因是多方面的。

首先,标引的工具——主题词表编制得是否完善,有着直接的影响。譬如,选词不当,可能给标引带来错标、组配错误;收词普遍过粗,则可能造成文献普遍过粗标引。

其次是标引人员的观点、方法和知识水平,存在实际的差距。同一标引人员在不同的标引时间里对同一文献的标引也存在差别。标引人员的这些差异性,直接影响了文献标引的质量。美国的伦德兹(P. Lunds)曾做过两项试验。一是对同一篇文献,同时由六个标引人员标引,假定完全一致为"1",其标引的一致率只有0.158。两个标引人员标引时,其标引的一致率为0.543。二是对同一篇文献,由同一个标引人员在不同的时间标引,其一致率为0.661(见下表)。

文　　献	标引时间	标引人员	标引一致率
同一文献	同一时间	6 人	0.158
同一文献	同一时间	2 人	0.543
同一文献	不同时间	同一人	0.661

这种标引的差异性,其结果既影响标引的质量又影响检索的效果。也就是说,同时给标引和检索的一致性、准确性带来影响。此外,文献的著者、标引者和读者(检索者)之间,因其各自的专业范围、语言习惯、概念理解、思维分析等方面的不同和差异,也会给标引工作带来一定的误差。

因此,为了克服各种可能的因素带来的误差,取得文献标引的准确性、一致性,就必须要制订一个统一遵循的标引规则。标引规则主要包括一般规则、各类文献的标引规则、选词规则和组配规则等几个方面。

第一节　标引的一般规则

1. 标引深度的规定

对文献实行标引,首先必须结合文献单位的具体情况,规定一个统一的基本的标引深度,以避免不同标引人员在标引深度上产生过大的差距和深浅不一的现象,克服检索系统过分臃肿庞大的问题。一般文献单位可考虑做如下规定:机检标引 7 个主题词左右,最多不要超过 10 个主题词;手检标引 5 个主题词以内,拟定检索款目 2—3 条左右。

2. 反映学科专业内容的概念

这是文献标引的主要对象、主要概念。地域、时间、文献体裁形式是文献标引的次要对象、次要概念。一般文献大都是研究和论述某门学科、专业、某种事物、某个问题为中心内容的。因此，标引时首先应抓住这一点。这是一般文献的本质属性。抓住了这一点，也就抓住了文献主题的主体因素。

3. 单主题文献的标引

这种主题类型的文献，有的是综论（总论）某一事物或对象，如气象学、飞机；有的只论述某一事物或对象的一个特定方面，如飞机设计；有的只论述这一事物或对象的几个方面，如飞机的设计和制造；也有的从这个学科角度或从那个学科角度论述某一事物、对象，如军事气象学、农业气象学、优选法在金属切削中的应用、十月革命对中国的影响等。这样一些主题的文献，均属于单主题的文献。凡属综论性的文献，只需标引该事物、对象的概念本身即可；其他则既需要标引事物、对象本身这个概念，又需要标引其方面或某个研究角度的学科概念。除了单元主题（一元主题）之外，单主题中的复合主题，一般都必须选用两个或两个以上的主题词进行组配标引。组配标引的主题词，若用于机检系统时，应考虑规定是否加联符或职符的问题。若用于手检系统时，则应使用组配符号，以便直接形成检索款目的标题。

在手检系统中，凡研究和论述一个事物对象的两个方面的问题时，可改做两个并列的单主题对待，如飞机的设计和制造，可以分析为：飞机的设计、飞机的制造。如涉及三个以上的方面时，可考虑只标引该事物对象本身这个概念。如飞机的设计、制造和使用，可以只标飞机这个主题词。

4. 多主题文献的标引

凡研究和论述几个并列的事物对象，标引时一般应拆开为几个单主题进行分组标引。这种情况下的几个并列事物对象的概念,应特别注意不能当作交叉概念进行组配标引。

例如:"美国的飞机和苏联的坦克"这一多主题,应拆开为两个单主题分组组配标引。手检系统应分别采用组配符号,标引为:1.飞机—美国,2.坦克—苏联。机检系统应考虑加联符,标引为:飞机$_{-1}$、坦克$_{-2}$、美国$_{-1}$、苏联$_{-2}$。

三个以上的并列多主题,即使有共同的上位主题词,如无特殊情况,一般不应选用上位主题词标引。以便较好地充分揭示文献的主题内容。

5. 在文献标引中的增词规则

依据专业学科文献的实际需要,标引人员可以经常增补新的主题词。这是在标引工作中,具体解决标引困难,提高标引质量,体现主题法动态性质的一项重要规则。增补新的主题词,必须注意下列三个重要条件:

(1)新增的主题词必须具有较大的检索意义,即具有较大的研究价值或者较广泛的组配作用。

(2)新增的主题词应具有较高的标引频率,或者估计今后可能有大量的文献出现。

(3)新增的主题词应考虑建立与原有主题词之间的参照关系,并进行记录,填写"主题词增删改记录卡"。

6. 不另选主题词标引

文献的主题,在词表中已有组代形式的主题词时,应采用组代的几个主题词进行组配标引,不能另选主题词标引。

例如:美元危机　Y.　美元+货币危机

　　　棉花产量　Y.　棉花+农产品产量

这就是说,"美元危机"和"棉花产量"这两个主题,必须分别用"美元"、"货币危机"和"棉花"、"农产品产量"标引。(拟定标题时,应将加号"＋"改为短横"—")。

7. 对专指性非常强的主题(包括专有名词性的主题)的文献标引

在词表中的主题词难于描述和表达的情况下,选定下列方法之一进行标引(此条只适用于手检系统)。

(1)采用倒置加自然语言的办法,中间用倒置符号",加以分隔。

例如:"12150 型高速柴油机"这一专指性较强的主题,可标引为:

高速柴油机,12150 型

(2)在主题词后加限定词,用方括号括之。之所以用方括号而不用圆括号,主要是与词表中的圆括号相区别,表示是后加的。

例如:"弓长岭铁矿床"这一专指性主题,可标引为:

铁矿床〔弓长岭〕

以上举例中,"高速柴油机"、"铁矿床"均为词表中正式主题词,而"12150 型"、"弓长岭"则均为自然语言。

8. 直接用词进行标引

在主题中出现某些人名、地名、文献名、机构名等作为主题的结构因素时,若词表中未加收录,则可直接选用该词进行标引。选用后应作新增主题词增补记录,填写"主题词增删改记录卡"。但一般非词表编辑管理单位则不必记录。

9. 应作倒装标题见片

少数以国家名称冠首的词组,即复合主题词,为了从学科专业上揭示其被隐蔽了的主题,在标引选用到这些词组时,应作该词组的倒装标题见片。

例如:"中国文学"这一复合主题词,应作倒装标题见片:

```
Wen xue,Zhong guo
文  学,中   国
用   中国文学



                        ○
```

10. 不进行上位登录标引

在一般情况,人工标引不进行上位登录标引。但是文献在不同的专指级上同时详细研究和论述同一等级体系上的上下位主题概念时,则应既标引上位主题词,又标引下位主题词。

所谓上位登录标引,主要是针对计算机检索系统而言的。也就是指对文献每标引一个主题词时,机器就自动给出它的全部直接的上位主题词,直至族首词。这一工作直接由计算机程序加以自动控制。

第二节   标引的选词规则

在对文献进行主题分析,选定了应标引的主题概念之后,标引员则着手查表选词,将选定的主题概念转换为词表的规范化主题词。选词是标引工作的关键步骤,每个标引员必须掌握和运用具

有规律性的选词模式,即标引选词规则。这是保证文献标引的一致性和准确性的一个重要方面。这些基本规则是:

(1)必须选取词表中规范化的主题词(即正式主题词)标引,不能选用非主题词标引。其书写形式应与词表中的词形一致。

(2)必须首先选用与原文献主题概念相对应的,单个的和最专指的主题词标引。

(3)如果词表中没有单个的最专指的主题词时,则应选用词表中与原文献主题概念最邻近、最直接相关的几个主题词进行组配标引(组配规则见下节)。

(4)如果没有恰当的主题词组配时,则可考虑选用一个最直接的上位主题词或近义主题词标引。有时还可采取同时选用代表该主题概念的自由词(即词表外的未经规范的词)标引,以便为读者多提供一条检索途径。

(5)如果上位主题词或近义主题词标引不合宜时,可增补新的专指主题词标引。新词应同时建立与原词表中有关主题词之间的各种语义关系的参照,并履行新增词的手续。

第三节　主题词的组配规则

组配是标引工作和检索工作的基本环节,是加强被标引和被检索文献的专指性(即准确性)和多元性(即多面成族、多途径检索)的重要手段。文献的标引和检索,主要是组配标引和组配检索。单纯只用一个主题词进行的标引和检索是不多的。因此,文献的标引和检索,其关键之一就是要解决好主题词之间的组配问题。但是,组配往往可能带来许多错误的组配,造成误差和分歧(参见下列几种)。

1.单纯字面组配

所谓单纯字面组配,这是指那些单纯从字面的拼合形式出发,而不考虑概念之间的逻辑关系和语法关系的组配。这是造成误差和分歧的一个重要原因。

例如:"凤凰自行车"这一主题,如果选用"凤凰"(动物)和"自行车"组配,就是一种单纯的字面拼合式的组配。因为二者在概念上没有任何的内在联系。而正确的组配应该是:"凤凰牌商品"和"自行车"组配。否则,这样标引和检索出来的文献,就把有关"凤凰"这种鸟类的文献与"自行车"的文献混杂在一起。

2.多标识组配

所谓多标识组配,是指一个主题,具有多种组配标识(主题词)存在。这是造成误差和分歧的一个直接的原因。

例如:"飞机结构设计"这一主题,假如词表中同时收录有:A.飞机,B.飞机设计,C.飞机结构,D.结构设计,E.设计等六个主题词。因此标引人员就可从以下各组不同的组配标识中进行选择:

飞机—结构—设计	(A—B—C)
飞机—结构设计	(A—BC)
飞机结构—设计	(AB—C)
飞机设计—结构	(AC—B)
飞机结构—结构设计	(AB—BC)
飞机设计—结构设计	(AC—BC)
飞机设计—飞机结构	(AC – AB)

上述这几组不同的组配标识,在概念上都能表达和描述"飞机结构设计"这一专指主题概念。无论哪一组组配标识,都同属如下逻辑积的组配结果,图12中带横线的部分。

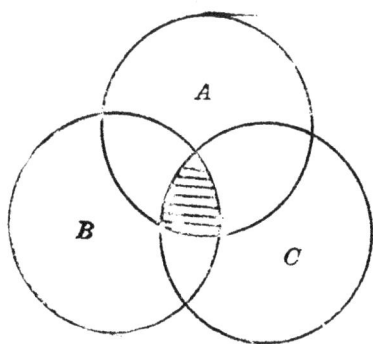

图 12

这些组配标识,虽然都能表达和描述"飞机结构设计"这一专指主题,但是所采用的主题词却互不相同。如果标引员任意选择,就必然造成标引和检索的误差和分歧,影响其准确性和一致性。所以必须规定只能选其一组组配标识进行标引。如何确定这组组配标识,则应由组配规则加以明确规定(见下面标引规则"2"条)。

3. 越级组配

所谓越级组配,是指在标引文献的主题时,凡以粗代细,即以泛指词(大概念)代替专指词(小概念);或者是以细代粗,即以专指词(小概念)代替泛指词(大概念)的组配现象都是越级组配。

例如:"金融危机"这一主题,在词表中有"经济危机"、"金融危机"和"货币危机"三个不同等级的上下级主题词。如果用"经济危机"或"货币危机"标引就是越级组配。而正确的标引应该用"金融危机"标引。

越级组配是造成误差和分歧的一重要原因,直接影响检索的查准性。

但是,如果词表中没有"金融危机"这一主题词时,而选用上位词"经济危机"标引,则不能算作越级组配。

4. 虚假组配

所谓虚假组配,是指在标引时一篇文献的几组并列主题词之间的虚假联系新形式的一种组配。这也是造成检索误差、影响查准率的重要原因。

例如:"棉花的种植和玉米的管理"是某篇文献论述的两个并列主题。假如标引"棉花"、"玉米"、"种植"、"管理"四个主题词。如果采取全面的轮排组合则可以组配出 24 种标题的形式,若按两元组配(即两个主题词之间的组配),也能组配出 12 种标题的形式。当然,对这一文献来说,大部分都是毫无意义的虚假的组配,而真正有效的合乎该文献主题要求的标题形式,最多只能有 4 种标题形式。如果不实行轮排,则只有两种最基本的标题形式,即:

棉花—种植;玉米—管理。

其余的组配,大部分是不合理的、毫无意义的和实际上不可能出现的组配。

例如:棉花—玉米;种植—管理。

另一部分的组配,在概念上也许是合理的、有意义的,但却是实际文献并没有论述到的虚假组配。

例如:棉花—管理;玉米—种植。

5. 二义性组配

所谓二义性组配,是指一组组配标识(即一组组配的主题词),其组配的结果可能同时表达几个不同意义的主题。这是造成误差和分歧的一种常见的原因。

例如:"图书馆"和"学校"这一组组配标识,其组配结果可以表达和描述两个性质完全不同的主题,一个主题是"图书馆学校",另一个主题是"学校图书馆"。

以上几种是一般最常见的错误组配,它们都直接影响标引工作和检索工作的质量,造成许多标引和检索的误差和分歧,降低主题检索系统和主题检索工具的使用效率。因此,为了克服这些错误组配,提高对文献标引和检索的准确性和一致性,必须制订如下组配规则:

1. 组配必须是概念组配。这就是说,几个相互组配的主题词之间,在概念上必须具有某种逻辑关系或语法关系。既不能采用单纯的字面拼合式的组配,更不能任意进行组配。概念组配应主要限定在概念相交和概念限定两种逻辑关系的范围之内,这两种逻辑关系,都同属于逻辑积的组配范围。

(1)概念相交组配 这也可称为类称组配。几个主题词之间,凡具有概念交叉关系者均属这种组配。所谓概念交叉关系,是指概念之间的内涵不同,而外延有部分重合的一种概念关系。这种组配,一般表现为同级主题词之间、或事物与事物之间的并列交叉组配。组配出来的概念是原来几个类称的特称概念。

例如:"工人"与"作家"组配出"工人作家"这一新的专指概念(图13)。

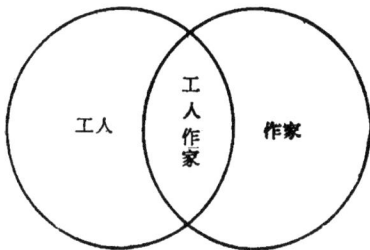

图13

"工人作家"这一新的专指概念,兼具有"工人"和"作家"这两个泛指概念的双重属性。它既是"工人"的下位概念,又是"作家"的下位概念。

(2)概念限定组配 这也可称为方面组配。几个主题词之间,凡具有概念限定关系者,均属这种组配。所谓限定关系,是指几个主题词概念之间,一个概念用另一个或几个主题词概念,从时间、空间和学科范围等某个方面的属性进行限定(包括修饰、说明)的一种概念关系。这种限定关系,主要表现为事物与其各个方面问题之间的关系。而不是事物与事物之间并列概念关系。对具有这种关系的主题词进行组配,也同样形成一个更专指的新概念。这个新概念,可能是原来用来组配的泛指概念的方面或者特称概念。

例一:"文献"与"编目"这两个主题词概念之间的组配,则形成"文献编目"这一新的专指概念(图14)。这个新概念,既是"文献"的一个方面的问题,也可说是"编目"这个概念的一个特称对象。

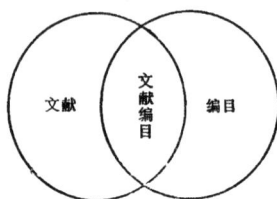

图 14

例二:"电子计算机 A"和"贮存器 B"之间,组配出"电子计算机贮存器 C"这个新的专指概念(图 15)。

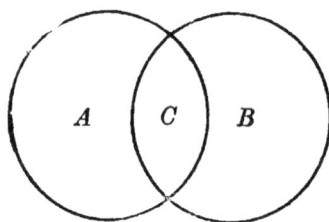

图 15

例三:"肺疾病 A"与"癌 B"之间,组配出"肺癌 C"这个新的专指概念(图 16)。

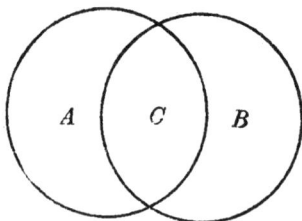

图 16

284

例四:"日本 A"与"工业电视 B"之间,组配出"日本工业电视 C"这个新的专指概念(图17)。

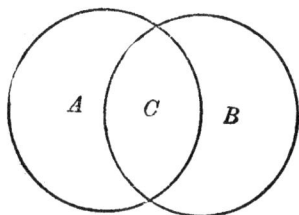

图17

上述诸例,都是概念的限定组配。

这种组配在很多情况下都和字面组配相一致。但是这是一种合理的字面组配。而且相当于传统标题法中的主标题和副标题的拟定方法。表示事物的主题词作主标题,表示其方面的主题词作副标题。一般来说,主标题是副标题的定语,是对副标题的一种限定,而副标题是主标题的方面,是对主标题的一种复分,如例一、二、三。但也有时,副标题是主标题的定语,是对主标题的一种限定,如例四。有些具有独立检索意义的副标题,可以与主标题对换位置,实行轮排,以便增加对文献的检索途径,加强标题集中文献的能力,如例二,三。这种组配是编制主题目录、主题索引的主要方法。

概念限定组配,其适用范围相当广泛,主要表现为如下各个方面:

①事物与其理论

例如: 地震波—动力学;

动力学—地震波。

②事物与其性质、特征

例如: 臭氧—化学性质。

③事物与其研究方法、手段

例如： 工业—优选法；

水库泥沙—水文观测；

水文观测—水库泥沙。

④事物与其设备

例如： 太阳能—热水器；

热水器—太阳能。

⑤事物与其材料

例如： 房屋—建筑材料；

建筑材料—房屋。

⑥事物与其状态、过程、现象

例如： 地壳—断裂；

演员—心理状态。

⑦事物与其工艺

例如： 齿轮—金属切削；

钢材—热轧。

⑧事物与其学科门类

例如： 地质—热力学；

热力学—地质；

家庭—心理学；

心理学—家庭。

⑨事物的整体与其部分

例如： 联合国—粮农组织；

自行车—轮胎。

⑩事物与其机关团体

例如： 党史—中国共产党；

中国共产党—党史。

⑪事物与其人物

例如： 军事原则—毛泽东。

⑫事物与其国家、地域

例如： 农业—美国；

卷烟—云南。

⑬事物、学科与其文献体裁形式

例如： 无线电—手册；

手册—无线电；

图书馆学—词典；

词典—图书馆学。

⑭事物与其时间、时代、朝代

例如： 经济—唐代；

经济危机—六十年代；

地震—唐山—1976 年。

⑮事物与其一般通用概念

例如： 船舶—设计；

考古—调查报告。

2. 组配必须选用与文献主题关系最密切、最邻近的主题词进行组配

上文中讲的"飞机结构设计"一例,依据本条规定应选用"飞机设计"和"飞机结构"这两个关系最密切、最邻近的主题词组配。若无"飞机结构",则应选用"飞机设计"和"结构设计"组配;若无"飞机设计",则应选用"飞机结构"和"结构设计"组配;若无"飞机设计",又无"飞机结构"时,则应选用"飞机"和"结构设计"组配;若无"飞机设计"、"飞机结构",又无"结构设计"时,则应选用"飞机"、"结构"和"设计"三个主题词组配;若只有"飞机"、"飞机设计"、"结构"和"设计"时,应选用"飞机设计"和"结构"组配;若只有"飞机"、"飞机结构"、"结构"和"设计"时,则应选用"飞机结构"和"设计"组配;若只有"飞机"、"结构设计"、"结构"和"设

计"时,则应选用"飞机"和"结构设计"组配。这是克服多标识组配的一条重要规定。

3. 组配不能越级组配。当能用某个主题词概念来组配时,则不能用其上位或下位主题词概念进行组配。只有在词表中没有对应的主题词时,才能选用上位概念的主题词组配。这种情况不能算越级组配。

例如:"美国对华政策"这一主题,若:

对华政策—美国　（正确）

对外政策—美国　（错误:越级组配）

政策—美国　　　（错误:越级组配）

如果没有"对华政策"时,才可选用"对外政策"一词进行组配。

4. 组配应当概念清楚、确切,组配结果只能表达和描述一个主题。凡能同时表达和描述几个主题时,应改用后列某种办法标引:

（1）改用上位主题词或近义主题词标引;（2）考虑增补新的专指主题词标引;（3）考虑赋予组配的主题词以某种职能符号;（4）用于手检的组配标题,可考虑按自然语言的词序组配,不要再交换主标题与副标题的位置。

例如:　科学—革命

（不要再交换成:革命—科学）;

体育—学校

（不要再交换成:学校—体育）。

5. 对并列的多主题文献,必须先分解为单主题,再按各个单主题的联系情况,分组进行组配。机检系统加联系符号;手检系统必须加组配符号（冒号":"或短横"—"）。

例如:"棉花的种植和玉米的管理"这一并列主题。

机检标引为:　棉花$_{-1}$,玉米$_{-2}$,

种植$_{-1}$,管理$_{-2}$。

手检标引为： 1. 棉花—种植；

2. 玉米—管理。

6.当文献的某一主题,在词表中已有单个的对应的专指的主题词时,不能实行组配。只有在词表中单个的主题词不能表达主题时,才能进行组配。这一条实际上是强调和提醒标引员注意,应首先在什么样的前提条件下才考虑是否实行组配的问题。

第四节　各类文献的标引规则

文献的主题标引,除了必须制定有:一般标引规则(标引总则)、选词规则和组配规则之外,还应制定对各类文献的标引规则。这样才能真正形成一套较完整的、供标引员共同遵循的标引工作条例,才能在配备和培训干部的基础上,着手对文献实施标引。

不同类型的文献,在标引中往往体现出不同的标引要求、实施不同的标引规则。从文献的出版方面来说,一般都有一定的出版目的、出版形式,标引时应有一定的体现;从文献研究和论述的内容对象方面来说,大多都以学科专业内容作为研究对象,但也有以人物为研究对象,还有以地区、国家、机构等作为研究对象。此外,有的研究历史,也有的研究现状。不同的对象,在标引时都有各自的特性,也都需要有基本的规定;从对不同文献的揭示途径和使用者方面来说,由于各文献单位的具体需要和使用者的检索要求、检索途径和检索习惯不同,标引时,有的考虑专从文献的内容角度对其揭示,有的则考虑从文献的某一特征形式进行揭示。在标引时也应加以规定。

因此,在制定文献主题标引规则时,除应抓住和遵循文献的学科专业的内容主题这一基本的标引原则之外,同时还必须根据上述各种实际情况,对不同类型文献的标引作出必要的特殊规定。以便充分地揭示不同类型文献的主题,体现不同的标引和检索的需要,增强标引的一致性。

关于各类文献实行主题标引的规则,是一个值得深入研究和探索的重要问题。现提出如下几个方面:

1. 马克思主义、列宁主义、毛泽东思想类著作的标引

这类著作的范围,包括两方面:第一方面是马克思、恩格斯、列宁、斯大林、毛泽东等本人著述的各种原著;第二方面是别人研究和论述他们的生平、思想、学说和原著的著作。这类著作涉及哲学、社会科学和自然科学的各个学科门类,内容主题相当广泛。尤其是马克思、恩格斯、列宁、斯大林和毛泽东著作,是人类知识宝库中的精华,马列主义、毛泽东思想是人类革命和建设的指导思想。因此,在标引这类文献时,应立足于最充分地揭示和多方面利用这类文献为出发点。

(1)对马克思、恩格斯、列宁、斯大林和毛泽东等人的原著,标引时应从著者和学科内容两个途径加以揭示和反映。从而对这类著作,既可以将它们用"马克思著作"、"恩格斯著作"、"马恩著作"、"列宁著作"、"斯大林著作"、"毛泽东著作"、"马恩列斯毛著作"等各个主题词加以集中。这是在主题目录、主题索引中加强思想性的重要手段。同时,又可以从不同的学科内容上,对这些原著加以揭示和反应,加强读者对各门学科和问题进行研究的指导性作用。

例如:《毛泽东同志论教育》一书,应标引"毛泽东著作"和"教育"两个主题词。在拟定主题款目卡片的标题时,则应做两条标题。

即:①毛泽东著作—教育;

②教育—毛泽东著作。

这样,既可满足读者从"毛泽东著作"这个特定概念的角度进

行检索,又可满足读者从"教育"的角度去充分利用毛泽东的著作,对读者的专业研究起直接的指导作用。这实际上是把著者目录的性质作用,引进到主题目录中的一种特殊规定。特别是对只建立有主题目录的单位,这种规定是十分必要的。

(2)对别人研究马克思、恩格斯、列宁、斯大林和毛泽东的生平、思想、原著的著作,则应以他们的生平、思想和原著的名称概念作为标引的对象。

例如:"什么是列宁主义",应标引"列宁主义"这个主题词;"毛泽东同志的生平事迹",应标引"毛泽东"和"传记"两个主题词;《矛盾论》、《实践论》的伟大贡献",则应标引《矛盾论》、"《实践论》"、"毛泽东著作"、"研究"等四个主题词;"毛泽东的教育思想",则应标引"毛泽东"和"教育思想"两个主题词。

如果愿意将别人研究马克思、恩格斯、列宁、斯大林、毛泽东原著的著作加以集中时,也可采取另一种标引规定,即可分别标引如下几组主题词:

马克思著作、研究;

恩格斯著作、研究;

列宁著作、研究;

斯大林著作、研究;

毛泽东著作、研究;

马恩著作、研究;

马恩列斯毛著作、研究。

在拟定主题款目卡片的标题时,则形成如下几组标题形式:

马克思著作—研究;

恩格斯著作—研究;

列宁著作—研究;

斯大林著作—研究;

马恩著作—研究;

马恩列斯毛著作—研究。

如果是大型的或专业的图书资料部门(如党校图书馆等)仅用这些固定的标题感觉过粗时,则在标引时应规定:将被研究的书名、篇名标引出来,作为第三级标题细分。

例如:"《矛盾论》、《实践论》的伟大贡献"一文,应标引出《矛盾论》、《实践论》、毛泽东著作、研究等主题词。并应做出如下几条标题:

①毛泽东著作—研究—《矛盾论》;

②毛泽东著作—研究—《实践论》。

如果分散处理,则应做出如下标题:

①《矛盾论》—研究;

②《实践论》—研究。

2. 历史著作的标引

历史著作的范围,主要包括三个方面:一是历史科学,即史学。主要是指史学史、史学方法、年代学、史料学、社会发展理论等。二是世界各国家、各地区的通史、断代史、地方史志、民族史志等。三是学科专门史。主要是指除前两项历史以外的其他学科史,如哲学史、社会科学史、自然科学史等。上述各种著作,一般都具有很强的地区、国家和时代的性质特点。这类著作的标引,其原则应是:

(1)凡研究和论述某个国家、某个地区的具体历史的著作,从机检标引来说,应标引出国家、地区和历史范畴两方面的主题词。从手检标引来说,可以有三种做法供选择:

①把国家和地区名称的主题词,拟定为主题款目的主标题。其他历史范畴的主题词作副标题。

例如:《中国通史简编》,其主题款目的标题为:中国—通史("通史"一词应修改为"用(Y)历史")。

这样,有关"中国历史"的各种著作,均依国家名称加以集中,有利于对某国历史著作的检索。

②把历史范畴的主题词,拟定为主题款目的主标题,而国家、地区名称的主题词作为副标题。这是一种分散各国历史著作的做法。

例如:上例应标引为:"通史—中国"。

③把某国家、地区有关的历史著作,同时采取集中和分散两种做法。

例如:上例既标引"中国—通史"的集中形式,又同时标引为"通史—中国"的分散形式。

三种做法中,一般以采用第一种做法较好。

(2)凡研究和论述历史科学的理论著作,应依其内容主题为主进行标引。

例如:《历史科学的特性与任务》,应标引"史学"这个主题词;《史纲评要》,应标引"史评—中国"。

(3)凡专门研究和论述某学科专门史的著作,应主要以该专门学科的名称概念进行标引。不应以国家、地区名称概念的主题词做主标题。

例如:《中国经济史》,应标引"经济史"和"中国"两个主题词,其主题款目的标题为"经济史—中国";《中国冶金史》,应标引"冶金史"和"中国"两个主题词,其主题款目的标题为"冶金史—中国"。

如果词表中没有收录"经济史"、"冶金史"这两个专指主题词时,除必要时考虑增词以外,一般应依照标引的选词规则,标引为:

   经济—社会科学史—中国;

   社会科学史—经济—中国;

   冶金—自然科学史—中国;

   自然科学史—冶金—中国。

假如词表中也没有收录"社会科学史"、"自然科学史"这两个主题词时,才可用"历史"这个泛指词标引为:

经济—历史—中国;

冶金—历史—中国。

因此,"经济"、"冶金"必须做主标题,而"历史"、"中国"两词在这里一般不应做主标题出现。

(4)凡研究和论述地区、国家历史中某一具体问题、历史事件等的专门著作,应依某一问题或历史事件的内容主题标引。

例如:《中国古代农民战争》标引为:

农民战争—中国—古代。

《慕尼黑大叛卖》标引为:

慕尼黑协定(1943)。

《太平天国金田起义》标引为:

金田起义。

3. 以人物为研究对象的著作标引

这类著作,大多表现为传记、自传、画传、评传、年谱、纪念文集、英雄模范事迹等写作形式。这类著作的本质特征是以具体人物为研究和论述的主题对象。大都是以研究和论述一个人的生平事迹、事业活动、学科成就等为目的的著作。其范围既涉及形形色色的具体人物,又涉及到各学科专业领域。对于这类著作的标引,一般应作如下规定:

(1)凡侧重于研究和论述人物的生平事业为宗旨的著作,应以人物的名称概念为主体因素,即以人物名称作主标题,而辅之以传记、画传、评传、年谱、回忆录、纪念文集等主题词为副标题。

例如:《孙中山传》一书,应标引为:

孙中山—传记。

《鲁迅年谱》一书,应标引为:

鲁迅—年谱。

《纪念刘少奇同志文集》一书,应标引为:

刘少奇—纪念文集。

如果图书资料部门愿意将这类著作集中时,也可以把传记、自传、画传、评传、年谱、回忆录、纪念文集、英雄模范事迹等,统一用"传记"一词标引,并作主标题,其他主题词作副标题。因此,上例各书标引为:

传记—刘少奇;

传记—鲁迅;

传记—孙中山。

(2)凡侧重于从某一学科专业对某一人物进行研究和论述的著作,应同时标引人物名称和学科专业名称两个方面的主题词。并互为主、副标题,分别从两个角度揭示文献的主题。

例如:《刘伯承用兵录》一书,标引为:

①刘伯承—军事思想;

②军事思想—刘伯承。

《孙中山的哲学思想》一书,标引为:

①孙中山—哲学思想;

②哲学思想—孙中山。

(3)凡侧重于人物所从事的学科活动或历史事件进行研究和论述的回忆录、工作日记、记事等著作,应对人物名称、学科或事件名称,做双重标题。

例如:《艾登回忆录》一书,应标引为:

①艾登—回忆录;

②外交政策—美国。

《李玉和〈清忠谱〉》一书,应标引为:

①李玉—传记;

②传奇剧(戏剧)—中国—明代。

（4）凡属多人的合传,应作总的整体标引,并同时对每个被传人进行分析标引,以便充分地揭示著作的各个研究对象。

例如:《中国古代著名哲学家评传》一书,应标引为:

①哲学家—评传—中国—古代;

②董仲舒—评传;

③王充—评传;

④郭象—评传;

⑤……………。

《著名化学家小传》一书,应标引为:

①化学家—传记;

②罗蒙诺索夫—传记;

③门捷耶夫—传记;

④……………。

（5）凡属传记文学体裁形式的著作,一般均按文学作品的要求进行标引。

例如:《李自成》一书,应标引为:

长篇小说—中国文学①—现代。

《哥德巴赫猜想》一书,应标引为:

报告文学—中国文学—现代。

4. 文学艺术领域著作的标引

这类著作,一般可归纳为两大部分:第一是文学艺术理论、创作方法、作品评论、文学史、艺术史等著作;第二是文学艺术的具体作品。

前者一般依著作研究和论述的内容主题实行标引;后者只应标引作品的体裁、国别、时代等方面的主题词,而对作品所反应的

---

① "中国文学"一词应取消为好,可直接用"中国"这个主题词。

内容不予标引。

例如:《晚清小说史》一书,应标引为:

小说史—中国—清代。

《文学的基本理论》一书,应标引为:

文学理论。

《论短篇小说创作》一书,应标引为:

短篇小说—创作。

《秋海棠》一书,应标引为:

长篇小说—中国—近代。

《现代中国画选》一书,应标引为:

中国画—现代—选集。

5. 一般科学著作的标引

一般科学著作,这里主要是指除马列著作、历史、传记、文学、艺术等学科著作之外的其他著作,如:哲学、经济、军事、文化教育、数学、物理学、生物学、农业、工业技术等。

这类著作,都是以本学科专业性质的内容主题,作为研究和论述的主要对象,而辅之以国家地区、时代时间、写作形式体裁等次要的对象。因此,对这类著作的标引,都必须以学科专业的内容作为主要属性、主要概念进行标引。必要时,还应标引国家地区、时代时间等辅助性的次要概念。在拟定主题款目的标题时,一律规定以学科专业内容的具体研究和论述的对象,即事物、材料、方法、过程、条件等有独立检索意义的主体因素为主标题,其他通用因素、位置因素、时间因素、文献类型因素为副标题。

例如:《河南中草药栽培》一书,应标引为:

中草药—栽培—河南。

《中国东部地震目录(1970—1979)》一书,应标引为:

地震—中国—1970 - 1979—目录。

6. 化学元素、化合物和合金方面著作的标引

这类著作是以化学元素、化合物和合金等为研究和论述的主题对象。应依据《汉语主题词表》"使用说明"的附录一、附录二进行标引,这里不再赘述。

7. 普及读物、通俗读物、入门读物、启蒙读物等的标引

这类著作,其目的主要是为了普及、推广和传播科学知识而著述的。它是提高全民族人民科学文化水平的一个重要方面。这类著作,往往带有较强的知识性、普及性和趣味性。大都比较浅显易懂。其范围涉及各门学科,有综合性的普及读物,也有专门性的普及读物。

首先,对这类著作的标引,一般应考虑两方面的检索需要:一是从普及读物的角度集中反映;另一是从学科的角度分散反映。因此,在标引时,既要标引"普及读物"这个主题词,又需要标引学科内容方面的主题词。通俗读物、入门读物、启蒙读物等可均选用"普及读物"一词标引。普及读物和学科内容两方面的主题词,在拟定主题款目的标题时,可以互为主、副标题。如果需要,也可选择其一作主标题。各文献单位可以根据具体情况加以统一规定。

例如:《长空幻影》一书标引为:

　　光学—普及读物;

　　普及读物—光学。

　　《讲科学破除迷信》一书标引为:

　　自然科学—普及读物;

　　普及读物—自然科学。

其次,以文艺体裁形式著述的,并带有科学性质的儿童读物、科学故事等,应按文艺体裁形式实行标引。

例如:《欢乐的牧场》(科学童话)一书标引为:

儿童文学—童话—中国。

《祖冲之》(少年儿童历史读物)一书标引为:

儿童文学—故事—中国。

此外,学科专业研究单位,可考虑对上述普及读物的著作,因内容浅显,研究价值不大而不予标引。

8.不同编制体裁著作的标引

不同编制体裁著作,主要是指丛书、多卷书、论文集、会议录、年鉴年刊、百科全书、词典、手册、目录、索引等方面的图书。这类著作,比较突出地存在一个是按编制的形式体裁集中,还是按学科内容分散的问题。这一问题处理是否得当,也直接影响着读者的检索效果。当然,从理论上讲,最好的办法是既能集中又能分散。但是,在实际的标引中,往往受多方面的客观情况,如人力、物力等条件的制约而不能完全实现。

对机检标引来说,只要编制体裁和学科内容两方面的主题词都能予以标引,则集中与分散的问题并不存在矛盾。

对手检标引来说,我们认为,主要还应依据单位的具体情况区别对待。总的设想是:丛书、多卷书、论文集、会议录等以分散为主,也就是说一般不要以这方面的主题词(丛书、多卷书、论文集、会议录)作为主标题。但必要时可考虑丛书、会议录的集中需要,即以丛书、会议录两个主题词作主标题。百科全书、词典、年鉴年刊、手册、目录、索引等以集中为主,即以这些主题词作为主标题。如果需要,同时再以学科内容的主题词作为主标题,分散在各个学科。

(1)丛书的标引 所谓丛书,就是按照一定的学科专业范围,汇集许多独立的著作而形成一套具有一个总书名的出版物。丛书的标引,一般应以每个独立的单种书为单位实行分散标引,而辅之以整套丛书的主题为单位的综合标引。即以丛书的主题宗旨作总的概括性标引。在综合标引中,还必须考虑是按编制体裁"丛书"集中图书资料,还是按丛书的学科主题分散图书资料的问题。实际上"按丛书的学科主题分散",只是一种相对的分散,而对丛书中每一个单种书来说,它又是一种相对的集中。

例如:《梨》(果树栽培丛书之一)标引为:

①梨—栽培

(采取分散标引的作法,即依单种书的主题,实行大分散的作法);

②丛书—果树—栽培

(采取综合标引的作法,即依丛书形式,实行大集中的作法);

③果树—栽培—丛书

(采取综合标引的作法,即依丛书的学科主题分散的作法。而实际是将单种书的小主题都集中在丛书的大主题之下)。

又例如:《五卅运动》(中国现代史丛书之一)标引为:

①五卅运动　　(分散标引);

②丛书—中国—现代史　　　(综合标引);

③中国—现代史—丛书　　　(综合标引)。

(2)多卷书的标引　所谓多卷书,是指某种著作采用一个总的书名,分许多卷册出版的一套出版物。多卷书有的只有总书名而无分书名,有的则既有总书名又有独立的分书名。因此,必须分别情况作一些必要的标引规定。

①凡是既有总书名,又有分书名的多卷书,应以每一个单独卷册的学科主题实行分散标引,并辅之以整部多卷书的概括性学科主题作总的综合标引。

例如:《电锁器联锁的维修》(铁路信号工问题第三册)标引为:

电锁器—联锁—维修;

多卷书—铁路信号;

铁路信号—多卷书。

这一类型的多卷书,其作法类似丛书。

②凡有总书名,但分卷分册部分的名称,并不能成为独立书名的多卷书,应以总书名(即整部多卷书)的学科主题为单位实行综合标引,不作分散标引,也不必标引"多卷书"这一主题词。

例如:《简明世界史》(分为古代部分、近代部分和现代部分三册)标引为:

世界史。

③凡只有总书名,没有分卷分册书名的多卷书,应以总书名(即整部多卷书)的学科主题实行标引。也不必标引"多卷书"这个主题词。

例如:《日本历史》(上、中、下三册)标引为:

日本—历史;

历史—日本。

(3)论文集、选集、全集的标引　这类著作,一般都是以一个总的书名,将许多单篇(种)著作汇辑成册的出版物。其中论文集还包括论丛、报告集、讲演集、汇编等出版形式。其标引应作如下规定:

①一般以著作的学科主题实行综合标引。必要时,对单篇(种)著作应尽可能作一些分析标引。在拟定主题款目时,应以学科主题内容的词为主标题,论文集、选集、全集等词为副标题。

例如:《古人类论文集》一书标引为:

古人类学—文集　(综合标引);

考古—旧石器时代　(分析标引)。

②对以一个人为收录范围的论文集、选集、全集等著作,如果属于专门学科性质的著作,应以学科主题内容和著述者作为标引

对象,做双重标引。

例如:《李四光文集》一书标引为:

地质学—文集;

李四光—文集。

又例如:《普列汉诺夫哲学著作选集》一书标引为:

哲学—普列汉诺夫—选集;

普列汉诺夫—哲学—选集。

如果涉及多学科性质、或难以确定具体学科主题内容的全集、选集和论文集,则可只以人物为主要标引对象。

例如:《周恩来选集》一书标引为:

周恩来—选集。

(4)会议录的标引 所谓会议录,这是指在一定专业范围的学术会议上所宣读或印发的论文和报告。会议录实际上是会议论文的辑录。其出版形式比较复杂多样,一般都以专著、专题报告、丛书和期刊专辑、特辑的形式出版。

在标引时,除以丛书和期刊形式出版的会议录以外,其他会议录应以综合标引为主,必要时对某些重要的单篇论文应尽可能做分析标引。

例如:《台风会议文集》一书标引为:

台风—会议录;

《全国应用气候会议论文集》一书标引为:

气候学—会议录。

(5)词典的标引 所谓词典,是收集一门或多门学科的词汇,依字顺编列,逐条加以说明解释,供读者查阅的一种参考工具书。

词典的标引,一般应从词典、学科内容和文种三方面进行标引。

①为去掉某些概念上的重复、方便读者检索,《汉语主题词表》中"科技词典"、"专业词典"、"对照词典"三个主题词不予启

302

用,一律规定采用"词典"一词标引。

例如:《气象学词典》一书标引为:

气象学—词典—中文 (分散的作法);

词典—气象学—中文 (集中的作法)。

②对单文种的词典,应标引出该文种的主题词。譬如,中文方面的词典应标引"中文"一词;英文方面的词典应标引"英文"一词。

例如:《哲学词典》一书标引为:

哲学—词典—中文;

词典—哲学—中文。

《A dictionary of library science》一书标引为:

Library Science—Dictionary—English;

Dictionary—Library Science—English。

③两个文种以上的对照词典,在标引文种方面的主题词时,可采用并列的复合词组(简称)的文字形式标引(如果机检标引则需标引成独立的主题词全称形式)。

例如:《英汉科技词典》一书标引为:

科技—词典—英(文)、中(文);

词典—科技—英(文)、中(文)。

《英德法俄汉物理学词典》一书标引为:

物理学—词典—英、德、法、俄、中;

词典—物理学—英、德、法、俄、中。

④除"科技词典"、"专业词典"、"对照词典"三个主题词不用之外,其他类型的专门词典,都标引专指的词典类型。但手检标引需改为倒置型的主题词。

例如:《汉语成语词典》一书标引为:

词典,成语—汉语;

汉语—词典,成语。

⑤跨社会科学和自然科学的综合性词典,以"词典"为主要标引对象。

例如:《英汉词典》一书标引为:

　　词典—英、中。

　　《辞海》一书标引为:

　　词典—中文。

中文字典的标引,应以"字典"一词作主标题,"中文"一词作副标题。

例如:《新华字典》一书标引为:

　　字典—中文。

　　《同音字典》一书标引为:

　　字典,同音—中文。

⑦对某些专门收集学科术语的名词解释、词汇等图书,无论有无解释,均按"词典"标引处理。

例如:《英汉土壤学词汇》一书标引为:

　　土壤学—词典—英、中;

　　词典—土壤学—英、中。

　　《冶金名词解释》一书标引为:

　　冶金工业—词典—中文;

　　词典—冶金工业—中文。

(6)百科全书的标引　所谓百科全书,是一种以辞典形式编排的大型参考工具书。一般包括综合性学科的百科全书和专门学科的百科全书两种。这种著作形式较系统和全面地收集某一门或各门学科的术语和名词,以条目形式编列,逐条加以详细叙述和说明,并附参考书目。其标引应作如下规定。

①综合性百科全书,一律以"百科全书"这个主题词作主标题,以国家地区名称为副标题。

例如:《中国大百科全书》一书标引为:

百科全书—中国。

②专门百科全书,应从百科全书、学科主题、国家等三个角度同时标引。

例如:《科学技术百科全书》一书标引为:

科技—百科全书—世界;

百科全书—科技—世界。

③类书应依照百科全书的要求实行标引。

例如:《永乐大典》一书标引为:

百科全书—中国—明代。

(7)年鉴的标引 所谓年鉴,是一种及时收集和记述世界重大事件和新成果、新技术、新知识、新资料,整理汇编成册,按年出版,供读者查阅之用的重要工具书。一般包括百科年鉴和专科年鉴两种类型。其标引应作如下规定:

①百科年鉴,应以"年鉴"这个主题词为主标题,以国家名称、时间年代为副标题。

例如:《中国百科年鉴》(1980 年)一书标引为:

年鉴—中国—1980 年。

②专科年鉴,应同时标引"年鉴"和"学科主题"、"国家"、"时间年代"等方面的主题词。

例如:《寒潮年鉴》(1971.9 - 1972.5)一书标引为:

①寒潮—年鉴—中国—1971.9 - 1972.5;

②年鉴—寒潮—中国—1971.9 - 1972.5。

(8)手册的标引 所谓手册,是一种知识性和资料性的参考工具书。一般也包括综合性手册和专科手册两种类型。这类著作的标引和年鉴雷同。

①综合性手册

例如:《人民手册》一书标引为:

手册—中国。

②专科性手册

　　例如:《农机手册》一书标引为:

农业机械—手册;

手册—农业机械。

　　《植物保护手册》一书标引为:

植物保护—手册;

手册—植物保护。

　　(9)目录、索引的标引　目录、索引是揭示文献、查找文献、宣传文献和指导阅读的基本工具。其标引宜从下列几方面加以规定和考虑。

　　①为了手工检索上的需要,宜将词表中的下列主题词,在标引时改为如下倒装词形(机检标引中可以不改动)。

图书目录	改为	目录,文献
补充目录	改为	目录,补充
参考书目录	改为	目录,参考书
读者目录	改为	目录,读者
分类目录	改为	目录,分类
公务目录	改为	目录,公务
卡片式目录	改为	目录,卡片式
联合目录	改为	目录,联合
篇名目录	改为	目录,篇名
期刊目录	改为	目录,期刊
书本式目录	改为	目录,书本式
书名目录	改为	目录,书名
推荐书目	改为	目录,推荐
新书目录	改为	目录,新书
专题目录	改为	目录,专题
主题目录	改为	目录,主题

著者目录	改为	目录,著者
字顺目录	改为	目录,字顺
单元词索引	改为	索引,单元词
分类索引	改为	索引,分类
关键词索引	改为	索引,关键词
累积索引	改为	索引,累积
轮排索引	改为	索引,轮排
书名索引	改为	索引,书名
书目索引	改为	索引,书目
题录索引	改为	索引,题录
相关索引	改为	索引,相关
文摘索引	改为	索引,文摘
引文索引	改为	索引,引文
字顺索引	改为	索引,字顺
专书索引	改为	索引,专书
主题索引	改为	索引,主题
著者索引	改为	索引,著者

②凡专科性目录、索引,主要从学科主题和"目录、索引"两方面实行标引,并互为主、副标题。

例如:《农业机械化专题目录》一书标引为:

农业机械化—目录,专题;

目录,专题—农业机械化。

《激光应用专题索引》一书标引为:

激光应用—索引;

索引—激光应用。

③凡综合性目录、索引,只从目录、索引、国家地区、时间时代等方面进行标引,并应以"目录"、"索引"主题词为主标题。

例如:《汉书艺文志》一书标引为:

目录,文献—中国—汉代。

《全国总书目》(1935)一书标引为:

目录,文献—中国—1935年。

④凡专书的索引,应从书名和索引两方面进行标引,一般主要以"书名"作主标题。

例如:《列宁全集主题索引》一书标引为:

《列宁全集》—索引,主题。

《马克思、恩格斯全集篇名字顺索引》一书标引为:

《马克思、恩格斯全集》—索引,篇名。

《史记人名索引》一书标引为:

《史记》—人物—索引。

⑤凡专门论述和研究目录学、目录、索引的理论方法的著作,均以目录学、目录、索引等主题词为主标题进行标引。

例如:《普通目录学》一书标引为:

目录学。

《试论高等学校图书馆主题目录的几个问题》一文标引为:

主题目录—研究。

《字顺主题索引漫谈》一文标引为:

索引,主题。

⑥凡各种器物目录,如产品目录、金石目录、植物目录、商品目录、动物目录等,应以学科内容的主题词为主标题进行标引。

例如:《135系列柴油机零件目录》一书标引为:

柴油机,135系列—零件—目录。

《中国鸟类分布目录》一书标引为:

鸟类分布—中国—目录。

(10)期刊报纸的标引 报刊的标引,一般主要以单篇文章为单位进行标引,编制报刊文章的主题索引。其次是以每一种报刊为单位进行标引,编制报刊的主题目录。

对机检标引来说,一般均需标引出"期刊"、"报纸"两个主题词;对手检标引来说,报刊往往自成检索系统,建立报刊的主题目录、主题索引。因此,一般不需标出"期刊"、"报纸"两个主题词。无论是以报刊为标引单位,还是以报刊的文章为标引单位,都应以学科内容为标引的主要对象,而辅之以国家、地区、时代等次要对象。

例如:《历史研究》（刊物） 标引为:

历史科学、期刊 （机检标引词）;

历史科学 （手检标引词）。

《中国经济日报》标引为:

经济、中国、报纸 （机检标引词）;

经济、中国 （手检标引词）。

总的来说,上述各类型著作的标引,一般都涉及到编制的形式体裁和学科内容两个方面。因此,是依形式体裁集中,还是按学科内容分散,还是两者结合,这是标引时必须加以考虑和明确规定的一个重要问题。从多元检索,即多途径检索的理论要求和读者检索习惯的不同需要来讲,合理地解决这一问题,无疑将会大大提高主题检索工具的效能。各标引单位应根据各自的人力物力情况,对上述各类型著作加以规定。

第十三章 文献标引的方法与步骤

在对文献进行主题分析、赋予检索标识（主题词、分类号）的过程中，正确地掌握标引的方法与遵循标引的步骤，是每个文献标引员必须具备的标引业务的基本功，也是保证和提高标引质量水平的十分重要的问题。关于文献标引的方法与步骤问题，现结合标引工作的几个基本程序进行论述。

第一节 阅读文献，了解主题

当标引员拿到一篇（种）文献时，标引工作的第一步就是要对文献的有关部分进行阅读。其目的是为了抓住和弄清该文献研究和论述的主题是什么，也就是该文献研究和论述的具体对象和问题，即文献的中心内容。只有首先准确地抓住和弄清文献的主题，才能使标引员有可能进行正确的标引。

首先，标引员对文献的阅读和了解，必须忠实于原文的内容。标引员不能依据个人的兴趣爱好，而擅自改变或加入文献未曾研究和论述的对象与观点。

其次，在一般情况下，标引员主要是阅读文献的题名、提要（或文摘）、前言、后记、目次章节等方面的文字，来掌握文献的内容主题。这些方面的文字，往往都能反映出该文献所研究和论述的主题的。文献的题名,包括书名、篇名。在许多情况下,题名往往集中和概括了文献全文的内容主题。但有时也会出现题大文小、题小文大或题文不符的现象。尽管如此,在实际的标引工作中,人们往往都把题名作为选定主题的一个重要的参考依据。提要和文摘,是标引员阅读文献、了解主题的主要依据。因为,提要一般是根据文献的中心内容、文献的形式体裁、读者用途和应用范围等方面,对文献所作的简要的评价或介绍。文摘则是对文献所研究和论述的对象、问题、结论、事实、数据等进行简明扼要的叙述。提要与文摘虽然在性质上有所区别,但是它们共同的一个特点是:对文献的内容主题,都有简洁的叙述。因此,它们是标引员了解文献主题的非常主要的依据。前言、后记,或序、跋以及目次章节等,也是阅读和了解文献主题的一个参考依据。从这些方面的文字叙述中,也能窥探出文献的主题宗旨和某些重要的问题。

从上述几个方面,大都可以达到抓住和弄清文献主题的目的。在少数情况下,标引员可能还需要浏览正文内容,才能最后了解清楚文献的主题。在进行阅读文献、确定主题这一程序时,应该始终强调的是:切忌单纯从书名或篇名来选定主题。必须再从提要或文摘等方面的分析加以验证,否则很容易产生错误的标引。

第二节　分析主题,选定主题概念

在对文献进行了阅读和了解了其主题之后,标引员应着手对主题进行分析,并进而选定需要加以揭示和表达的各个主题概念,即构成主题的各个主题因素。对主题的分析,主要从下列几个方面进行。

1. 分析主题的类型

分析主题的类型,主要是为了掌握和明确文献主题的数量,确定文献所研究和论述的究竟是单主题,还是多主题;是单元主题,还是复合主题。若是多主题,则应先分解为几个单主题;再分析这几个单主题是单元主题还是复合主题。如果是复合主题,标引人员则需进一步分析主题的结构因素——主题因素。因此,分析主题的类型,是下一步分析主题结构因素的前奏。

例一:《量力而行 循序前进——当前财政工作中的若干问题》一书,在审读文献后,确定其主题为:"中国财政工作中的若干问题"。分析主题类型时,应确定它是一个单主题,而又是一个复合主题。

例二:《日本的工资和社会保险概况》一书,其主题为:"日本的工资和社会保险"。分析主题类型时,首先应判断它是一个多主题,包含两个单主题,并且都是复合主题。因此,必须把这个多主题分解开为如下两个复合主题,以便下一步分别对它们的主题结构因素进行分析。这两个复合主题是:①日本的工资;②日本的社会保险。

2. 分析主题的结构因素——主题因素

在分析了文献主题类型,确定了文献主题的数量之后,紧接着就是要对主题的结构因素,即主题因素进行分析。

在实际文献的主题中,绝大多数的主题都是复合主题。我们分析主题的结构因素,主要是针对文献中的复合主题而言的。复合主题无论是在单主题的文献中,还是在多主题的文献中,都是非常主要的一种主题类型。那种只含一个主题词的单元主题类型一般是很少的。

复合主题都应由几个主题词组配表达。这几个主题词则是该

312

复合主题的结构因素,即组配该主题的主题因素。这些主题因素就是构成主题的基本结构单位,也就是组配的最基本的概念单位。

对主题结构因素的分析,一般应以前文论述的主题分面组配公式,即主体因素—通用因素—位置因素—时间因素—文献类型因素为依据进行分析。我们从学科专业的检索需要来说,最重要最核心的部分是要抓住主体因素。这是标引人员分析主题结构的诸因素中,所着重需要加以选用的主题概念。它是读者查询文献时的检索重点,也是拟定手工检索用的主题目录、主题索引款目标题的主要概念。其次是要分析出主题的通用因素、位置因素、时间因素和文献类型因素。图书情报单位在分析主题的结构因素时,一般都应从这五种主题因素进行分析。一些特殊专业资料单位,对主体因素还可进一步从事物、材料、方法、过程、条件等方面进行分析。

总之,分析主题的各个结构因素,是为了掌握这篇文献的主题,究竟包含了多少个主题因素,又包含了哪几种类型的主题因素。以便在选定主题概念时,明确哪些主题因素的概念该选,哪些主题因素可以省略。

3. 分析主题的方法

在分析文献主题时,一般所采用的方法,主要是概念分析法和语法分析法。

不同类型主题的标引实例和标引模式

主题类型			实 例	标引词	标引模式	备 注
单一主题			化 学	化 学	化 学	不须组配
复合主题	交叉关系	复合主题	青年作家	青年 作家	1. 青年:作家 2. 作家:青年	实行组配标引 必须轮排
			超音速轰炸机	超音速飞机 轰炸机	1. 超音速飞机: 轰炸机 2. 轰炸机:超音速飞机	同上注

主题类型		实　例	标引词	标引模式	备　注
单主题	复合主题 限定关系 复合主题	立式机床	立式 机床	机床—立式	
	应用关系 复合主题	计算机在经济管理中的应用	计算机应用 经济管理	1. 计算机应用—经济管理 2. 经济管理—计算机应用	实行组配标引必须轮排
		优选法在工业中的应用	优选法 工业 应用	1 优选法—应用，在工业中的 2 工业—优选法—应用	逗号","后为自然语言性质的说明修饰语
	影响关系 复合主题	五四运动对青年的影响	五四运动 青年 影响	1. 五四运动—影响，对青年 2. 青年，五四运动对—影响	
	因果关系 复合主题	铁—铬合金在高温下由盐引起的腐蚀	铁—铬合金 金属腐蚀	1. 铁—铬合金—金属腐蚀，在高温下由盐引起的 2. 金属腐蚀，在高温下由盐引起的—铁—铬合金	也可粗标，去掉逗号后的修饰语
	比较关系 复合主题	分类法与主题法的关系	图书分类 主题法 关系	1. 图书分类—关系，与主题法的 2. 主题法—关系，与分类法的	
	比较关系 复合主题	美苏军事对比	军事 对比 （美国） （苏联）	军事—对比，美国和苏联的	在为机检系统进行的标引中，"美国"、"苏联"二词不能省略

主题类型			实　例	标引词	标引模式	备　注
单主题	复合主题	从属关系复合主题	物理化学中的胶体化学	胶体化学 物理化学	1.同时论述大主题和小主题的文献,应视为多主题分组标引为:①物理化学,②胶体化学 2.重点论述小主题,而并不论述大主题的文献,只应标引小主题:胶体化学	
		整体部分关系复合主题	汽车发动机	汽车 发动机	1.汽车—发动机 2.发动机—汽车	必要时可以轮排
		方面关系复合主题	飞机设计	飞机 设计	飞机—设计	不必轮排
			城市商业管理	城市商业 商业管理	1.城市商业—商业管理 2.商业管理—城市商业	可以轮排
			飞机的设计和制造	飞机 设计 制造	1.飞机—设计 2.飞机—制造	一个主题的两个方面
			坦克的设计、制造和使用	坦克 （设计） （制造） （使用）	坦克	一个主题的三个以上方面应标引概括词;括弧中的标引词可为机检系统使用

315

（续表）

主题类型		实　例	标引词	标引模式	备　注
多主题（指文献分别独立论述的几个并列主题）	简单的多主题	地球、月亮和太阳	地球 月球 太阳	1. 地球 2. 月球 3. 太阳	分组标引，不能组配。一般不用概括词标引
	复杂的多主题	1983 年美国的工农业和军事	军事 工业 农业 美国 1983 年	1. 军事—美国—1983 年 2. 工业—美国—1983 年 3. 农业—美国—1983 年	分组组配标引
		激光在生物学和医学上的应用	激光应用 生物学 医学	1. 生物学—激光应用 2. 医学—激光应用 3. 激光应用—生物学 4. 激光应用—医学	分组组配标引，并实行轮排

（1）概念分析法　所谓概念分析法,就是把从文献中抽出的反映其主题的词语,直接抽象为某种学科内容的概念,然后再从概念与概念之间的相互组合的逻辑关系,对主题在概念结构上所进行的一种分析方法。概念之间相互组合的逻辑关系,主要有概念的限定关系、交叉关系和并列联合关系。除并列联合关系的几个主题概念,解析为几个并列的多主题之外,限定关系和交叉关系是我们分析文献主题(指复合主题)结构的主要依据。

①概念限定关系　这种概念与概念在结构上的组合关系,是概念组配、描述和表达专指主题的主要手段。这是一种限定与被

316

限定的结构关系,即一个概念被另一个或几个概念,从不同的范围角度所进行的限定和缩小。从哲学上来讲,就是所谓概念的制限,是一种缩小主题概念的方法,即是一种由几个大概念(广义概念)演进到小概念(狭义概念)的逻辑方法。这种概念限定关系的主题结构,表现为层层限定、层层缩小的逻辑序列。结构的诸因素层次清晰、明朗。

例如:"1982 年中国经济体制的改革"这一主题。采用概念限定关系对它进行结构因素的分析,是一种行之有效的方法。这一主题,包含着五个最基本的概念单位,无论是以哪一个基本概念为基础,用其他四个概念对它进行层层限定,其结果都是相同的。

从哲学上的概念制限如图 18 所示。

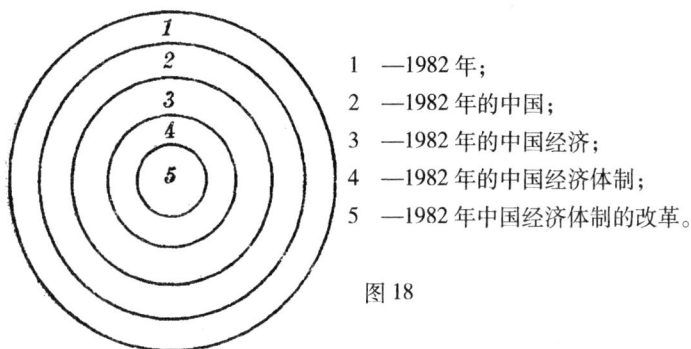

1 —1982 年;
2 —1982 年的中国;
3 —1982 年的中国经济;
4 —1982 年的中国经济体制;
5 —1982 年中国经济体制的改革。

图 18

如若以"中国"为限定的基础,则图中的代号改为:
1 —中国;
2 —1982 年的中国;
3 —1982 年中国的改革;
4 —1982 年中国经济改革;
5 —1982 年中国经济体制改革。
又如以"改革"为限定的基础,则图中代号改为:

1 —改革;

2 —体制改革;

3 —经济体制改革;

4 —中国经济体制改革;

5 —1982 年中国经济体制改革。

从布尔代数的逻辑积演算的图 19 所示为:

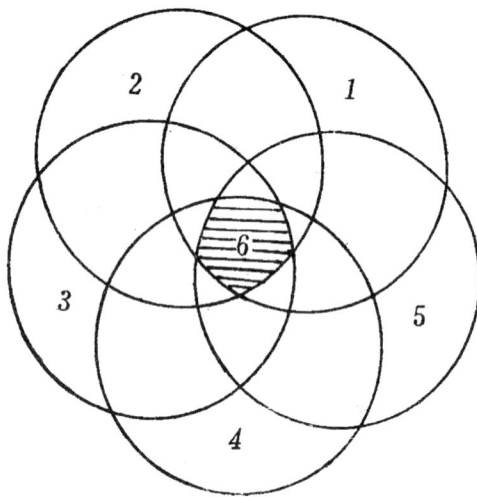

图 19

1 —经济;	4 —改革;
2 —体制;	5 —1982 年;
3 —中国;	6 —1982 年中国经济体制 改革(带横线部分)。

②概念交叉关系 这是一种内涵不同而外延有部分重合的几

个概念之间的逻辑关系,即具有同一上位概念(属概念)的几个并列下位概念(种概念)之间的一种组合关系。这也是一种由几个大概念演进为一个更专指的小概念的又一种逻辑方法。在过去的传统的标题法中,一般较少采用这种方法来分析主题结构,因而在文献标引中也就不使用这种方法进行主题词的组配。但在现在的文献的主题标引中,为了适应科学技术和文献发展的相互交叉渗透的特点,必须允许具有这种并列概念的交叉关系的主题词实行组配,以表达更专指的主题。

例如:"高产作物"与"经济作物"是两个具有并列交叉的概念关系。它们相互组配表达出"高产经济作物"这一专指主题。过去标引这种主题的文献时,大都实行粗标引(即上位主题词标引)的办法。当词表中没有收录"高产经济作物"这一主题词时,要么标引为"经济作物",或者标引为两个并列的标题,①高产作物、②经济作物,而不进行组配标引。因此,读者查阅这方面主题的文献时,也就只能从其上位概念的主题词途径去大范围的搜索查找。这种处理方式,影响到文献标引和检索的专指性、准确性。现在采用《汉语主题词表》标引类似主题时,应充分使用组配,即"高产作物:经济作物"或"经济作物:高产作物"的标题形式。如果没有"高产作物"这一主题词时,也应尽量采用倒装标题的形式:"经济作物,高产"。

总言之,概念的限定关系和交叉关系,是文献主题的两种基本的结构关系。这是我们用来分析主题的一种主要的方法。

(2)语法分析法 所谓语法分析法,就是指从反映文献主题的词语之间相互组合的语法关系,来分析主题的一种方法。视主题的不同情况,一般主要从下述两个方面进行分析。

①词法关系 这是一种词与词之间相互组合的结构关系。单词与单词的组合称为词组。词组是大于词而小于句子的语言单位。文献中的主题,大多都表现为词组。词组的结构关系主要有

偏正关系、主谓关系、动宾关系、谓补关系和联合关系等。由这些不同的结构关系,分别形成偏正词组、主谓词组、动宾词组、谓补词组和联合词组等。除联合词组分析为两个并列的主题外,其他词组一般都是一种具有词法上的限定与被限定、修饰与被修饰、说明与被说明关系的复合主题。这些词组式主题,有的表现为二元、三元词组,少数表现为四元以上的词组,即两个、三个单词或四个以上的单词所构成的词组。从词组的结构关系来分析主题,其诸因素的层次一般都比较清楚。

例如:"中国农业经济"这样的词组式主题,从词法关系来说,是由三个单词所组合而成的具有偏正结构关系的一种主题,词与词之间表现为一种层层限定的逻辑序列,主题的中心——"经济"也比较明确,分析起来并不困难。

②句法关系 这是指句子的各个结构成分之间的一种相互组合关系。句子的组合关系与词组的组合关系具有对应性的特点,也同样具有偏正、主谓、动宾、动补和联合等组合关系。不过反映这种句法关系的各个结构成分,则更进一步相互区别为不同的句子成分。分析文献的主题,可以从体现这些句法关系的句子成分来进行分析。有些科技文献的主题,往往体现为一个句子(单句),少数则体现为一个复句的形式。汉语句子的成分,有主要成分(即基本成分)和次要成分(即附加成分)。主要成分有主语、谓语和宾语,次要成分有定语、状语和补语。主要成分是句子的结构中心,也是文献主题的中心。它们是描述和表达主题的主要概念。次要成分是对主要成分的限定、修饰、补充或说明,一般是描述和表达主题的次要概念。此外,复句是由两套主要成分所结成,即具有两套结构中心。复句在结构上也有两种最基本的组合关系。一种是具有并列联合关系的复句,一般作为两个并列主题对待;另一种是具有偏正关系的复句,一般可视为一个复合主题对待。由于句子的各个成分,都是由具体的词或词组构成,所以,上述主语、谓

语、宾语、定语、状语等,也可说成是主词、谓词、宾词、定词、状词和补词。因而在句子式主题中,文献的主题也同样可以由这些反映不同句法关系的成分的词或词组来进行组配表达和描述。例如,上文所列举的"用电凝聚法处理重金属废水"。用上述方法,可以分析为:"重金属废水"、"处理"和"电凝聚法"三个原始的主题概念。前两个词是主要成分,是句子的结构中心、文献的主题中心。第三个词则是次要概念、附加的次要成分。

综上所述,概念分析法和语法分析法是两种分析主题的基本方法。这是标引员在标引文献时经常需要采用的方法,以便于搞清文献主题诸因素之间,在结构上的各种组合关系,分析出它的各种类型的主题因素,即主体因素、通用因素、位置因素、时间因素和文献类型因素等。从诸因素中抓住主题中心、主要概念和次要概念。在此基础上,标引员再依据一定的原则,从诸因素中选定需要描述和表达的主题概念。

4. 选定主题概念

一篇文献的主题,它所包括的各种主题因素的主题概念,往往并不需要全部都转换成主题词概念。尤其是某些专业学科的资料单位,在采用浅标引组织手工检索用的主题目录、主题索引时,对分析出的诸因素中的主题概念,可以选定一些重要的主题概念进行标引,也可以省略某些主题概念不予标引。但是,无论是全部选定,还是选定一些、省略一些,标引员都应遵循一定的原则进行正确处理,而不应盲目和随意决定取舍。下述几条主要的原则可供标引员在选定主题概念时参考。

(1)依据本部门的性质任务,确定主题标引的专业范围,明确主题标引的重点,作为选定主题概念的基本原则。

(2)依据本部门所制订的标引深度和检索深度的数量指标和主题款目的数量指标,以及款目标题的组配级数等,来选定那些最合适、最重要的主题概念。

（3）一篇（种）文献主题概念的取舍，有时还应结合考虑综合与专业、本专业与外专业等方面的检索需要来决定。尤其是检索网络、资源共享的发展需要，要求主题检索工具的专业范围不应限制得过分狭窄。因此，在选定主题概念时，一般应尽可能保留某些相关专业的主题概念。

（4）在综合性文献部门或为计算机标引时，最好应与文献的实际主题的范围和深度保持基本一致。

（5）主题概念如需省略，应首先考虑省略诸因素中的文献类型因素、时间因素、位置因素和通用因素等方面的主题概念。主体因素一般不要省略，如需省略，只能省略次要的起附加修饰作用的主题概念（参见"标引的一般规则"）。

（6）主题概念的省略与否，还应考虑文献主题检索的多面性（多元性）和主题描述的专指性特点。多面性和专指性特点，是主题法的两个基本的特点。标引员应遵循这一特点。只有在本部门特殊规定下而迫不得已时，才根据规定省略某些主题概念。一般不要轻易省略为好。因为每省略一个起限定修饰作用的主题概念，对于描述和表达原始文献主题的多面性和专指性，就降低一层。省略得愈多，就降低得愈多。主题检索工具的质量，也就降低得愈厉害。其检索效率就会受到较大的影响。尤其是查准的效率降低。而且多面成族、多面检索的作用也受到影响。这些省略和主题法的宗旨是相矛盾的。

第三节　查表选词，转换主题概念

在进行了主题分析，选定了需要标引的主题概念之后，就必须把选定的每一个主题概念，查对主题词表，将主题概念一一转换为词表的规范化主题词。在查表选词时,标引员必须遵循和掌握选词的规则、方法和步骤。

1. 掌握选词规则

选词规则与前章"主题标引规则"中所述"标引的选词规则"一样。

2. 掌握选词的一般方法

选词时,一般应掌握以下几点方法。

(1)选词应主要依据"主表"的字顺查找。在字顺查找中,要特别注意主题词的方面词,是否有更专指的方面词可供选择。

例如:在转换"钢"、"硬度"、"试验"等三个主题概念时,当查"钢"时,要注意有没有"钢的硬度"这个专指的方面词;当查"硬度"时,则应注意有没有"硬度试验"一词。

如果有"钢的硬度"这个专指主题词,就不要选用"钢"和"硬度"这两个泛指主题词;如果有"硬度试验",就不要选用"硬度"和"试验"两个泛指词;如果没有"钢的硬度"一词,则应选用"钢"和"硬度试验"两词标引;如果没有"硬度试验",则应选用"钢的硬度"和"试验"两词标引;如果既没有"钢的硬度",又没有"硬度试验"时,则应选用"钢"、"硬度"和"试验"三个主题词标引。

标引员千万应当记住:不能仅查找到"钢"或"硬度"时,就停止再往下查找。因为只有继续往下查才能找出该主题词的方面词,确保标引规则的专指性原则的真正贯彻。同时,也还因为《汉语主题词表》是单纯依拼音字顺编列,同一汉字不一定能排在一起。如果忽视这一点,是十分容易产生过粗标引的错误,违背专指性原则。

(2)当查找单个的、相对应的主题词时,标引员应看一看该词下面的各项参照关系。如果该词下注有"用(Y)"参照项,说明该主题词是非正式主题词,则应依其"Y"参照符号的指引,再查其正式主题词。如果该词是正式主题词,则应进一步查看一下该词的其他参照项,如属、分、族、参等,是否有更合适的专指主题词。必要时,可能还要依据族首词查看一下"词族索引",是否能找到更满意的专指主题词。

查看词的参照关系,其另一主要目的是:掌握主题词的词义,帮助标引员迅速判断这个主题词是否符合该文献的实际内容,以免用错概念。

(3)充分利用"范畴索引",是选词的一个重要方法,在一般情况下,大多都是通过查阅字顺主表来解决主题概念的转换选词问题。譬如,有的专业学科的标引部门,由于其所使用的主题词往往都只集中于某一范畴领域,转换主题概念比较方便、简捷,因此主要使用"范畴索引"。此外,有时当转换主题概念需要选用上位(广义)主题词或近义主题词标引时,往往也利用"范畴索引",以便选准更合适的主题词。

(4)选词要紧紧扣住原文献的主题。当词表没有单个的相对应的专指主题词与文献主题相对应,而需要选取两个或两个以上的主题词表达时,则应紧紧扣住原文献的主题。首先考虑选用词表中最接近该主题的有关主题词标引。一篇文献的主题,可能同时出现几组主题词对它进行表达。例如:"满族史"这一主题,主题分析会得出"满族"和"历史"两个主题概念。但是必须注意的问题是:这两个词,词表可能都有。然而并不一定就用这两个主题词标引。标引员应牢牢记住:紧紧扣住原文献的主题,查看词表中是否还有比它们更专指、更接近"满族史"这个主题的其他主题词。如果有,那就应选用后者,而不是前者。这一点最容易被人忽略,因而也是造成标引不一致的一个重要原因。"满族史"这一主题的表达,词表中可能涉及两组主题词:满族、历史和满族、民族历史。如果不紧紧扣住原文献的主题,就可能用前一组主题词标引,而正确的标引结果,应该是后一组主题词,即满族和民族历史。只有当词表中未收"民族历史"这一主题词时,标引员才能采用满族和历史两词标引。

(5)此外,在遇到一些特殊方面的主题概念时,其选词方法还应注意:

①对自然地理区划、国家行政区划、人物、组织机构等方面的主题概念,应注意利用《汉语主题词表》第三卷附表选词。

涉及中国县名的词,则依据新华书店发行的《中华人民共和国行政区划》(最新版)一书所收的正式县名作主题词标引。若涉及历史地理、考古方面的小地名,可以从主表查找。其他未收的小地名,一般可考虑采取广义性的地名标引,或者加以省略,或者采用倒装标题的形式标引。

涉及外国的具体地名,除词表已收的大地名的主题词之外,其余地名可参考 1981 年 1 月出版的《世界地名词典》和 1960 年 6 月出版的《外国地名手册》选词标引。也可考虑采用广义性的地名标引,或者是加以省略,或者采用倒装标题的形式标引。

总之,各部门系统应依据情况作出统一的规定。

②对年、月、日、时、分、秒,年代、世纪等方面的主题词,一般可与数字连用,直接做标引词使用。

③书名、篇名成为文献研究和论述的主题对象时,可直接用其名称作主题词标引,并履行新词增补手续。

3. 掌握选词的步骤流程

上述选词的规则、方法,应始终贯串于整个选词的步骤流程之中。在选定了原始文献的各个主题概念之后,标引员紧扣原文献主题,开始对分析出的每一个主题概念本身非规范化的自然语言,按步骤流程逐一转换为词表的正式主题词。具体分如下几个选词步骤(图 20)。

开　　始

一、审读文献,确定主题

二、分析主题,选定主题概念

三、转换主题概念

该词
是正式主题
词吗？　是

有　词表中
1.是否有相对应的单个词

不是
选用
正式主题词

无

该主题概念
2.可否用组配的形式表达　可　→　确定组配的
各个正式主题词

否

可否选用直接的
3.上位近义主题词或倒装词或
自由词表达　可　→　了解选用的上位
近义主题词,拟
定倒装标题或自
由词

否

4.建议增补新的主题词

查看词的
5.参照关系,有无更确切的词

有　选用更合适的主题词

无

6.定为文献的标引词

7.还有待转换的主题吗？　有

8.转换概念结束

四.拟定标题,对标引词
进行加工处理

五.标引范畴分类号

六.标引著录

七.审核校对

结　　束

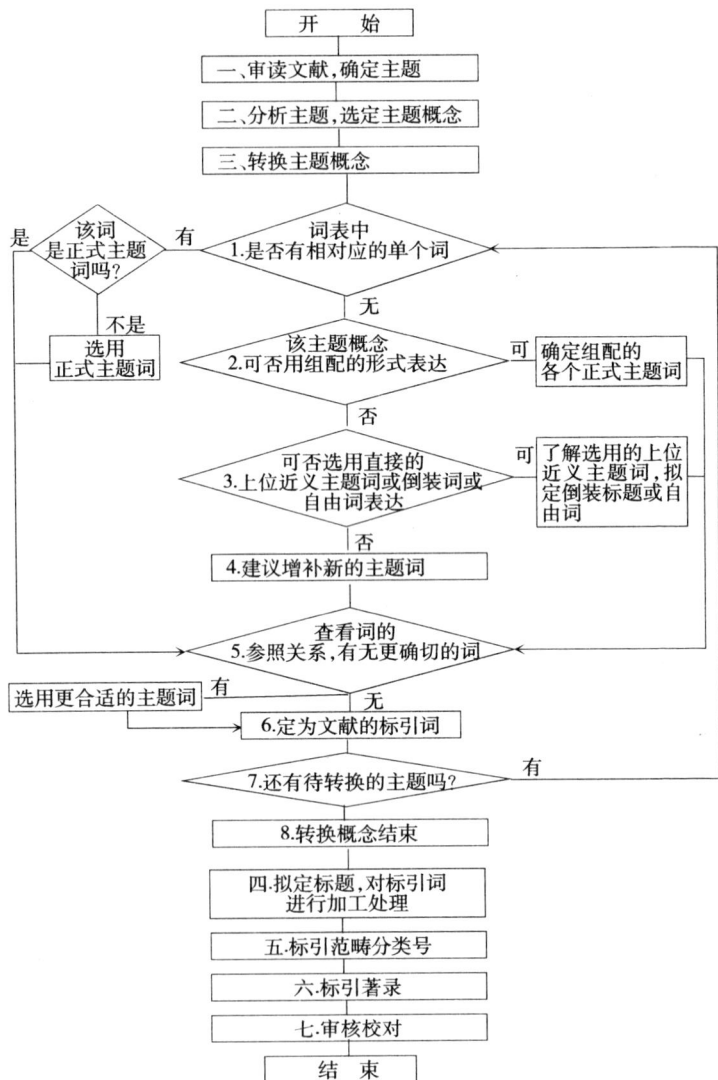

图20　主题标引工作流程图

326

第一步　查看词表中有没有与之相对应的单个词？假如有相对应的单个词,这时应注意该词是不是正式主题词？如果是正式主题词,则应由此直接进入"转换主题概念"流程中的第五步,进一步查看该词的参照关系。如果不是正式主题词,则应依据"用(Y)"参照,查出正式主题词,然后进入流程中第五步。在查词时,要注意紧扣文献的主题,按字顺查看有没有更靠近文献主题的方面词,即多元性词组。假如词表没有相对应的单个主题词,则应进入流程中的第二步。

第二步　考虑该主题概念可否采用组配的形式表达？假如可以组配,则应查出相组配的几个正式主题词,然后进入流程第五步。假如不能组配,就进入下面第三步流程。

第三步　考虑可否选用直接的上位主题词,或近义主题词、倒装标题形式、自由词表达？假如可以,则应查出直接的上位或近义主题词,或拟定出倒装标题或自由词。被倒置的词和自由词,属未规范的自然语言,因而不必查表。然后直接进入第五步。假如不能,则应进入下面第四步流程。

第四步　建议增补新的主题词,考虑新词的参照关系,填写"主题词增删改记录卡",履行增词手续。然后直接进入第六步流程。

第五步　查看主题词的参照关系,考虑有无更确切、更合适的主题词？假如有,应选出更确切的主题词,然后进入第六步流程。假如没有,则直接进入第六步流程。

第六步　正式定为文献的标引词。至此,这一主题概念的转换工作告一段落。

第七步　考虑其他主题概念的转换。即对选定出的第二个、第三个⋯⋯主题概念的转换。其做法仍从第一步流程做起,直至该文献选定出的全部主题概念转换完毕为止。

第八步　全部主题概念转换结束,标引工作进入下一个工序。

第四节　拟定标题,对标引词进行加工处理

在将该文献所选定的主题概念全部转换成标引词(主题词)后,标引人员应该依据本单位所建立的主题目录、主题索引或计算机资料档的需要,拟定主题款目的标题,或者是对标引词进行加工处理。

第五节　标引范畴分类号

在对文献选定了一套主题词后,标引员应依据这些主题词所表明的学科范畴,标引一个主要的分类号(即主范畴分类号)。有时,如果文献涉及几个重要的学科范畴时,往往还应再标引一至两个辅助性的分类号(即辅范畴分类号)。这里需要明确的是:标引分类号的目的和依据问题。

标引分类号的目的,主要有两点:

(1)便于对文献按学科范畴进行编排组织文献,形成分类目录,或检索刊物的分类索引。

(2)分类号的标引,对于机检和手检,都可方便读者从学科范畴的角度进行族性检索,为文献增加一个新的检索途径。

标引分类号的依据,即据以对文献归类的工具,一般可考虑选用如下两种做法:

(1)依据词表的"范畴索引"标引分类号。如果该部门单位,没有建立分类检索系统时,可采用词表的分类体系,建立分类主题目录。

(2)依据现行使用的图书分类法(如《中图法》)标引分类号。

如果该部门已经建立有现成的分类检索系统时,一般应采用现成的分类法来标引分类号,没有必要搞两个分类体系。依据分类法所给定的分类号(包括主要分类号、分析号、互见号),同样用来组织分类目录、分类索引。

总之,在对文献进行主题标引的同时,又标引分类号的作法,是主题法与分类法相结合,实行主题标引与分类标引一体化的重要工作方法。

第六节　标引著录

从总的来说,标引的著录分为机检标引的著录和手检标引的著录。因其部门的情况不同、需要不同,其著录的项目和格式也不相同,可详、可略。

1. 机检标引的著录

其项目和格式主要是根据计算机的检索要求制定的。同时,还兼顾手检系统的需要。现列举两例供参考。

例一:这是一种兼顾手检系统需要的项目和格式,限于篇幅,此处只列出有关主题词部分。

表中以"美国硫酸的生产和催化剂的净化"这一主题为例。表中 M_1 为第一组标题中的主标题,Q_1 为副标题;M_2 为第二组标题中的主标题,Q_2 为副标题。这是供建立手检系统的主题目录、主题索引而专门设置的。

	008			主 题 词	
3	级位				

编　号	主题词	联　号	主标题或副标题的标记符号	备　注
01	美国	〔0〕		
02	硫酸	〔1〕	M_1	
03	生产	〔1〕	Q_1	
04	催化剂	〔2〕	M_2	
05	净化	〔2〕	Q_2	
06				
07				
08				
09				
10				

新增主题词的定义及参照关系

文献编目人：　　　　　　　　标引人：

穿孔人：　　　　　　　　　　核对人：

完成日期：

例二：这是原四机部 1919 研究所制定的著录项目和格式。

§§ 0 0 0 0（流水号）

§1. 原文题目

§2. 作者（会议录填写团体作者）

§3. 出处（包括下列四种情况）：

（1）期刊填写：刊名、年、卷、期、页。

（2）图书填写：书名、版次、出版年代、国别。

（3）会议录填写：会议录名称、召开日期、页数、国别。

（4）特种报告填写：AD、NASA、PATENT、PB 等号码。

§4. 馆藏索取号

§5. 主题词〔各种类型的文献,一般标引 3—5 个主题词,并分别附加:Book(图书)、Conferences(会议录)、Reports(特种报告)、Translations(译文)〕

§6. 年代(如 1978)

§7. 题中关键词(选 1—2 个)

§8. 专有词(自由词):包括机器型号、数据、频率范围、厂家、商号等等。

例三:这是北京图书馆中文图书铅印卡片为生产机读目录,所制订的标引工作单(见下表)。

中文图书标引工作单

字段号	字 段 指示符	项　　　　目	内　　容
		正书名汉语拼音	
		正书名	
		交替书名	,又名,
		第一合订题名	
		第二合订题名	;
		第一责任者	/
		相同著作方式	,
		其他责任者	;
	△书名与责任者项	相同著作方式	,
		第二合订题名	·
		第一责任者	/
		相同著作方式	,
		其他责任者	;
		相同著作方式	,
		并列书名	=
		副书名及说明书名文字	:
		第一责任者	/
		相同著作方式	,

字段号	字 段 指示符	项 目		内 容
		△书名与责任者项	其他责任者	;
			相同著作方式	,
			文献类型标识	〔 〕
		版本项	版次及其他版本形式	· —
			与本版有关的责任者	/
			相同著作方式	,
			与版本有关的其他责任者	;
			相同著作方式	,
		出版发行项	第一出版发行地	· —
			出版发行者	:
			第二出版发行地	;
			第二出版发行者	:
			出版发行年月	,
			印刷地	(
			印刷者	:
			印刷年	, 重印)
		△载体形态项	页数或卷（册）数	[· —]
			分段页码	,
			图	:
			尺寸或开本	;
			附件	+
		丛书项	正丛书名	· —(
			并列丛书名	=
			副丛书名及说明文字	:
			丛书责任者	/
			国际标准连续出版物编号（ISSN）	,
			丛书编号	;

字段号	字段指示符	项 目		内 容
		丛书项	附属丛书名	.
			附属丛书责任者	/)
		△附注项	附注	
		标准编号及有关记载项	国际标准书号（ISBN）	〔·—〕
			中国标准书号	；
			装订	（ ）
			获得方式	：
		△提要项		
		△排检项	书名 I.①	
			②	
			责任者 II.①	
			②	
			③	
			④	
			主题 III.①	
			②	
			③	
			④	
			⑤	
			分类	中图法 年版 / 科图法 年版 / 中图法简本 年版 / 杜威法 年版
				IV.
		△出版发行注记项	行	征订号 / 排印时间 / 统一书号 / 卡片排印号 / 专题号

333

(续表)

字段号	字段指示符	项目	内容				
			编号	主题词	联系符号	主标题、副标题标记符号	备注
		机检用主题词	1				
			2				
			3				
			4				
			5				
			6				
			7				
			8				
			9				
			10				
分类员				分类审校员			
主题员				主题审校员			
著录员				著录审校员			
发稿时间				穿 孔 员			

注:"△",表示卡片目录排印时另起段落。"〔·—〕",仅供书本目录使用。

头标部分	记录类型	a(印刷文字) b(手稿文字) c(印刷地图) f(手稿地图)	书目类别	m(单行本) s(连续出版物)
	层次关系	空(未定)0(没有) 1(高层)2(下层)	发行方式	空(公开)0(内部)
	著录等级	空(版前)1(简略) 2(基本)3(详细)	著录形式	空(完全 ISBD) 1(部分 ISBD)

识别部分	记录控制号		ISBN	$ a $ z	ISSN	$ b $ z
	国家书目号	$ b $ z	政府出版物号	$ b $ z	北图索书号	$ a
	缴送编号	$ d	对外发行号	$ a	统编卡片号	$ a

334

编码部分	一般数据	录入时间	出版情况	d(一次或一年内出完的单行本) e(重印)f(出版时间不详单行本)g(出版时间一年以上单行本)
		a(正在出版的连续出版物)c(出版情况不明连续出版物) b(停版的连续出版物)		
		出版年1	出版年2	适用对象	a(研究性)b(大学教材) c(中小学教材)d(普及性)f(儿童)
		政府出版物	a(中央)b(省、直辖市)c(县、省直辖市)d(乡镇)h(机构未定)v(非政府出版物)	修正记录代码	0(未修正) 1(修正)
		编目语种	Chi	字集	附加字集	书名语种
	作品语种	第1指示符:	0(原文) 1(译文) 2(含有译文)	正文用语:＄a 译文用语:＄b 原文用语:＄c

编码部分	出版国别	国别:＄a CHN 出版地区:＄b
	图书	＄a插图 a(图)b(地图)c(像)d(图表) e(设计图)f(图版)g(乐谱) h(影钞)i(徽章)j(谱系表) k(表格) l(样本)m(录音资料)n(透明资料)y 无插图
		内容型式 a(书目)b(目录)c(索引)d(摘要) e(字辞典)f(百科全书)g(人名录、指南) h(影钞)i(统计资料)k(专利)l(标准)
		m(学位论文)n(法律) o(数值表)P(技术报告) q(试题)z(其它)	会议代码	0(非会议录) 1(会议录)
		纪念集标识	0(非纪念集) 1(纪念集)	索引标识	0(无索引) 1(有索引)

335

		文学体裁代码	a(小说)b(戏剧) c(散文)d(幽默讽刺) e(书信)f(短篇故事)g(诗词)h(演讲稿) z(其它体裁)y(非文学)
编码部分	图书		传记 a(自传)b(分传)c(总传)d(含有传记资料)y(非传记资料)
	复制载体		$ a a(缩微胶卷)b(缩微平片)C(非透明缩微资料)d(放大印刷资料)h(磁带)i(多载体)z(其它形式复制品)

2. 手检标引的著录

一般以传统的"著录条例"为依据,在提要项下增设"主题项"。主题标目(即标题)应著录在卡片上方的正中位置,或与著者项第一字齐头。此外,在主题项中采取打红线的办法也可。其著录项目和格式如下:

```
        主题标目
    文献名称项
        著者项   出版项(或出处项)
        稽核项
        附注项(包括丛书项)
        提要项(或文摘项)
        主题项


                    ○
```

各部门单位可视需要省略某些次要部分。

例如:

P4—09   Qixiangxue – zirankexueshi

25   气 象   学－自然科学史

          气象史漫话

             谢世俊编著   沈阳   辽宁人民出版社

          1981 年 6 月

             110 页   32 开   0.28 元

                1. 气象学——自然科学史

                2. 自然科学史——气象学

                              ◯

P4—49   Zirankexueshi – Qixiangxue

25   自然 科学 史—气 象 学

          气象史漫话

             谢世俊编著   沈阳   辽宁人民出版社

          1981 年 6 月

             110 页   32 开   0.28 元

                1. 气象学——自然科学史

                2. 自然科学史——气象学

                              ◯

如果由人工抄写著录时,主题标目最好使用红色字体。

Congshu—Huaxuegongye—Jibenzhishi

丛 书 — 化 学 工 业—基本知识

塑料工业知识

晨光化工厂 北京化工学院同编

燃料化学工业出版社 1972 年 9 月

137 页 32 开 0.29 元

化学工业基础知识丛书

1. 丛书——化学工业——基本知识

2. 化学工业——基本知识——丛书

3. 塑料工业——基本知识

○

Huaxuegongye—Jibenzhishi—Congshu

化 学 工 业—基本知识 — 丛 书

塑料工业知识

晨光化工厂 北京化工学院同编

燃料化学工业出版社 1972 年 9 月

137 页 32 开 0.29 元

化学工业基础知识丛书

1. 丛书——化学工业——基本知识

2. 化学工业——基本知识——丛书

3 塑料工业——基本知识

○

TQ302　Suliaogongye—Jibenzhishi

15　　塑　料　工　业—基　本　知　识

塑料工业知识

　　晨光化工厂　北京化工学院同编

燃料化学工业出版社　1972 年 9 月

　　137 页　32 开　0.29 元

化学工业基础知识丛书

　1. 丛书——化学工业——基本知识

　2. 化学工业——基本知识——丛书

　3. 塑料工业——基本知识

○

第七节　　校对审核

　　校对审核是标引工作的最后一道工序。这是尽量减少标引错误、提高标引质量的重要一环。审校时，应对每篇文献的标引结果，从主要的方面进行审校。如：文献的主题确定得是否正确？所选主题词是否能恰当地描述和表达文献的主题？是否符合选词规则、组配规则等要求？而并不是从头至尾对文献进行重新标引。

第十四章　主题词表的管理

主题词表是对文献主题进行标引和检索的一种术语控制工具。任何一种工具，都需要在使用中经常进行维修管理和更新改进。主题词表也毫不例外。一部词表编制完成以后，并不是词表编制工作的结束。对主题词表实施管理，是词表编制工作的继续。这一点也正是由于主题词表的动态性特点所决定的。要使词表符合时代的要求，满足科学技术、科学研究和文献的发展需要，就必须对词表进行经常性的管理工作。只有这样，才能使词表具有生命力。

主题目录、主题索引等检索工具的检索质量和效率的改进提高，不仅依赖于原来词表本身编制的好坏和各项标引规则的有效制定与执行；而且还必须依赖于词表在使用中的不断更新、修改和研究。通过对文献的实践标引工作，无疑将会暴露出词表存在的各种问题。问题暴露了，才可能使人们有针对性地对词表进行研究和探讨，以便增补、删除或修改主题词，提高词表及其使用的质量水平。

因此，必须充分认识词表管理工作的重要意义，制订切实可行的管理要求和措施。管理中最重要的几点是：成立词表的管理机构；建立词表管理档案；加强词表经常性的宣传报导工作。

第一节　成立词表管理机构

任何专业学科系统,一旦词表编制完成后,编辑部门应立即成立起该词表的管理机构——词表管理委员会和常设管理小组。词表管理委员会负责对该词表管理工作总的方针政策和修订再版等重大问题的研究和决策。具体工作由词表管理小组贯彻执行。尤其是比较大型的、使用面较广的词表,成立上述管理机构更是必不可少的组织措施。词表的增、删、改和修订再版的权力,一般应统属于这个词表的管理机构。其他具体使用单位,如发现词表需要增、删、改的问题,应统一报告给这个管理机构,而不能任意处理。实践经验表明,任何词表如果没有日常的管理机构,势必影响词表的使用效果。使用单位如果各自为政、各行其是,也定将造成词表使用和目录组织的混乱。甚至影响该专业学科系统或全国范围的主题法检索体系标准化的进行。

第二节　建立词表管理档案

词表管理档案,是标引实践的第一手记录材料,也是词表进行增补、更新、修订再版的依据。它主要包括下述几个方面。

1. 建立"主题词增、删、改记录卡"档案

这种档案的记录和建立是必不可少的一项管理工作。在标引中可能经常出现各种矛盾和问题。这些矛盾和问题及其研究解决的办法、结果,都应直接记录和反映在这种档案之中。它是不断提高和改善词表质量水平的主要依据。其主要任务是:

（1）增补新的主题词　由于现代科学技术的突飞猛进，新学科、新技术、新事物和新问题的不断出现，因而许多新概念、新的名词术语、新的对象为人们所探索和研究，并同时反映在各种图书、期刊、报纸、资料、科技报告、会议录、论文和专利等文献中。标引和检索这些文献资料，势必就要增加和使用新的概念、新的名词术语，这是毫无疑义的事物发展的必然趋势。词表本身在当初编制之时，一般是难以预料到这些新概念、新名词术语的出现。因此，它必定要增加新的主题词。其次，在编表时，由于疏忽也可能遗漏某些重要的概念，也需要增加新词。此外，在使用中某些主题词的标引频率和检索频率过高，往往需要在概念上加以细化而增补新的主题词。我国《汉语主题词表》与其他词表一样，都需要在标引的实践中增补新的主题词。在目前有些单位的试标引中，已经发现了许多需要增补的主题词，如：工程、社会学、人才学、科学家等。

（2）删除主题词　通过较长时间和较多文献的标引使用，对词表中的某些陈旧过时，或者是发生概念重复，或者是没有什么标引频率和检索频率的主题词，应考虑删除。所谓标引频率和检索频率，是指在文献的标引或检索中，某个主题词被使用的累计次数。在标引中被使用的累计次数称为标引频率，在检索中被使用的累计次数称为检索频率。某个主题词的标引频率和检索频率之和，称为该词的词强度。这些都是衡量和检验主题词有用程度和实践价值的重要标志，也是今后增删修订主题词表的重要依据。

（3）修改主题词　在词表的使用过程中，标引员在发现某些主题词，在概念上、词形上、范畴上和语义参照关系上存在矛盾和错误时，应及时提出修改建议。如，《汉语主题词表》第二卷自然科学，第一分册主表A—F，第858页："定位 C.定位装置"，而在同一页，又有"定位装置 Y.定位"，显然这两组语义参照关系是相互矛盾的。又如，"地图学"一词，同上分册，第885页，从"地图学 S.自然地理学、Z. 地理学"这组语义参照关系来看，它是正式主题词。而从同一页上的"地图制图学 D. 地图学"来看,它又是非正式主题词。一个词在词表中,绝对不可能既是正式主题词,又是非正式主题词。显然,必定有一组参照是错误的。类似这些情况,各使用单位发现后都应立即通知词表管理小组,及时进行修正。

以上对主题词增、删、改三个方面的任务是词表管理工作的核心部分。无论是增补,还是删除、修改,都应填写"主题词增、删、改记录卡",建立主题词增删改档案,作为今后统一修订的依据,其内容格式如下图示。

主题词增删改记录卡

项目 \ 类型		
主题词	汉语拼音	
	中文名称	
	英文译名	
	范畴类号	
	参照关系	
	其 他	
提出日期		审定意见	
提出单位		联系人	

记录卡格式中的"类型"一栏,是标引员临时填写主题词"增补"、"删除"或"修改"等三种不同的记录类型。不同记录卡,可以按被增补、删除和修改的主题词的汉语拼音字顺,排成一套档案。也可以分别排成三种不同类型的档案。

第一、对增补的主题词,其记录内容包括:新增主题词的汉语拼音、中文名称、英文译名、范畴类号、参照关系,以及提出日期、单位和审定意见等。

标引员将依据汉语拼音,进行排档和查词;依据中文名称,应将其记入词表主表,若属"时表"则记入"附表"里的有关字顺位置;依据范畴类号,将新词记入"范畴索引"的有关类目下;依据英文译名,将新词及其译名,记入"英汉对照索引"的有关字顺位置;依据新词的等级属分参照关系,则应将该词纳入"词族索引"中的有关族首词下;依据新词建立的其他各种语义参照关系,分别在词表主表的有关主题词下建立对应的语义参照关系。

第二、对被删除的主题词,应依记录卡的诸项内容,从词表中的有关部分删除。

第三、对被修改的主题词,则应将该词及其修改部分、修改原因,扼要地记录在记录卡的相应项目内。标引员还应依据这些修改记录,在词表中有关部分作相应的改动。

总之,对主题词的增删改是一件复杂而细致的重要工作。其内容均反映在"主题词增删改记录卡"上。如果这项工作管理不好,就会直接造成词表和主题目录组织的矛盾和混乱。上述各项管理工作,可以采取人工管理的办法逐项进行增补修订的操作;而在使用计算机的单位,则应由计算机来管理词表,利用计算机的程序操作来完成增补修订的各项作业。

2. 建立"标引词记录卡"和"检索词记录卡"档案

"标引词记录卡"是用来记录主题词的标引频率的档案;"检索词记录卡"则是用来记录主题词的检索频率的档案。这两种档案直接记录和反映词表所收主题词的有用程度和使用价值,是今后修订、增删主题词进行分析鉴定的客观依据。

对于使用计算机的文献部门来说,标引员可以定期通过计算机来统计某一时期主题词的标引频率和检索频率,将统计的结果定期记录在"标引词记录卡"和"检索词记录卡"上,作为今后或当时分析的依据。其内容格式如下图示。

标引词记录卡

标引词汉语拼音：			
标引词中文名称：			
标引频率	统计日期	标引频率	统计日期

检索词记录卡

检索词汉语拼音：			
检索词中文名称：			
检索频率	统计日期	标引频率	统计日期

上述两种记录卡是分开建档的办法。也可将二者合并起来，作为一种"主题词频率记录卡"，其内容格式见下图示。

主题词频率记录卡

主题词汉语拼音：			
主题词中文名称：			
统计日期	标引频率	检索频率	词强度

对手检标引来说,凡启用过的主题词,也可填写另一种格式的"标引词记录卡"。该词每用过一次,则在记录卡上的相应数字格中打上记号"√"。见下图。

标引词汉语拼音: 标引词中文名称:						(主题词启用日期)			
00	1	2	3	4	5	6	7	8	9
10	11	12	13	14	15	16	17	18	19
20	21	22	23	24	25	26	27	28	29
30	31	32	33	34	35	36	37	38	39
40	41	42	43	44	45	46	47	48	49
50	51	52	53	54	55	56	57	58	59
60	61	62	63	64	65	66	67	68	69
70	71	72	73	74	75	76	77	78	79
80	81	82	83	84	85	86	87	88	89
90	91	92	93	94	95	96	97	98	99

对于采用手工检索用的主题目录、主题索引查找文献的单位,检索频率一般都很难进行统计。这些单位主要依据标引频率来分析主题词的使用价值。

3. 建立"上位主题词标引和近义主题词标引记录卡"档案

在标引中,某些文献的专指主题概念,往往需要选用词表中的上位主题词或近义主题词进行标引。在有条件的单位,遇到这种情况时,应将该专指主题概念的词语作为一种非正式主题词,与用来标引的上位主题词或近义主题词之间建立"用(Y)"、"代(D)"参照关系。并将这种参照关系补入词表,还应以标题见片的形式列入主题目录、主题索引。

为了使今后对同类专指主题概念的文献,在标引时能取得前后一致,并能较准确地统计该专指主题概念出现的频率次数,以便将来根据文献增长的需要,把该主题概念由非正式主题词提升为正式主题词。因此,必须建立"上位主题词标引和近义主题词标引记录卡"档案,见下图示。

主题概念	汉语拼音	
	中文名称	
	英文译名	
上位主题词名称		
近义主题词名称		
标引日期		
使用频率记载		
提升为正式主题词日期		
备注		

这样的主题概念出现时,应查该"记录卡"档案,每出现一次则应记载一次使用频率,使用频率的记载用写"正"字的统计方法。当主题概念被提升为正式主题词时,则另按新增主题词的手续对待。

上述三种记录档案,是管理工作的一些重要内容。但有些记录做起来比较繁琐,各文献标引单位,至少应建立"主题词增删改记录卡"档案,其余两种可视需要而定。

第三节 词表管理工作的宣传、报导

宣传报导是词表管理工作的重要方面。这项工作的主要任务是:

(1)对该词表的使用方法、标引规则进行经常性的宣传辅导和解答咨询的工作,帮助各使用单位不断改进和提高标引工作的质量水平。

(2)必须始终坚持,对词表主题词的增补、删除、修改以及标引使用词表的典型经验,进行定期或不定期的报导工作。

（3）在必要时应派人到各使用单位了解情况、收集意见,或组织专门问题的座谈会、研讨会。以便改进工作,使词表日臻完善。

第十五章　主题目录

　　主题目录,是指以揭示文献的内容主题为目的,用规范化的自然语言(即主题法语言)作为表达文献主题的款目标题,并按这些标题的字顺原则,编制起来供查找文献用的一种目录。

第一节　主题目录的地位

　　主题目录是图书馆情报部门目录体系中的基本目录。这种目录是为广大读者直接提供从文献主题,即从具体研究、论述的事物、对象和问题入手查找文献的一个重要途径。它具有专指性(查准性能好)、直观性(查找方便)、适应性(增补灵活)、多元性(检索途径多样)、集中性(同一主题对象的文献能基本集中)的特点。因此,在整个目录体系中,占有重要的地位。它与分类目录之间,可以说它们类似左右手的关系。二者相互补充、配合,都是基本目录。书名目录、著者目录是辅助性的目录。对主题目录与分类目录之间关系的处理,可以有三种最基本的做法:第一,只编制主题目录;第二,同时编制主题目录与分类目录(包括检索和排架两种职能);第三,以分类目录为主,分类目录主题索引为辅。
　　过去图书馆界一直把主题目录视为是对分类目录的一种补充、属辅助性的目录。这种传统的习惯看法,随着科学技术的发展和文献检索工作的深入,正在逐步改变,而对主题法的看法则愈来愈高。从文献检索工作的发展前景看,主题法今后必将发展为一种占主导地位的目录。如果我们把分类目录比作左手,则主题目录就可比作右手。

现将主题目录、分类目录、书名目录和著者目录等各自的优缺点对比如下:

1. 主题目录的优缺点

（1）优点

①专指性:可以直接从文献所研究和论述的具体事物、对象和问题出发,设置专指性强的标题。并直接对其进行检索查找,而不管其学科系统、学科所属如何。因此,主题目录具有专指性检索（即特性检索）的功能。譬如,要检索"茶"的资料,就找"茶"这个标题,不必考虑"茶"是经济类的、还是农业类的,如果要检索"茶的种植"问题的专指资料,则按"茶——种植"这个复合标题的字顺去查找,也不必管"茶的种植"究竟属哪一个学科门类。

②直观性:直接以代表事物、对象和问题的"词"、"词组"或"短语"进行检索,而不必把这些"词"、"词组"或"短语"转换成号码的形式再去检索,读者可以直接从这些词语的字去检索。找"茶"的资料,就依"茶"的字顺去查找,这是查找资料最直观简便的方法。

③集中性:主题目录可以把从不同学科领域研究同一事物、对象和问题的资料加以集中。

④多元性:主题目录对同一主题的资料可以从几个途径进行揭示和反映;读者也可以从几个途径进行检索和利用。

⑤适应性:主题目录能适应社会需要、科学技术和文献的发展而增设新的标题,对旧的不合适的标题,可以依据变化的要求进行删改。

（2）缺点

①没有学科系统性,不能从学科门类角度对文献进行揭示和检索。因其完全按标题字顺排列,其族性检索作用不如分类目录。

②不能从特定的书名、著者途径进行检索。

③编制工作较困难。

④与文献的排架管理没有关系。

2. 分类目录的优缺点

（1）优点

①能比较系统地从学科体系揭示和检索文献,能把有关联的同一学科性质的文献加以集中编排于一起,便于族性检索。

②由于以号码为标记符号,因此摆脱了不同文种的限制。对不同文种的文献,可以使用统一的分类号,便于分编管理和读者检索。

③依据类号、类目的等级层次,读者可以随时扩大或缩小文献的检索课题和范围。

④便于编制各学科专业的专题目录、联合目录工作。

⑤可用于藏书排架,科学地管理文献,也便于参考咨询工作。

（2）缺点

①缺乏专指性,由于归类时经常出现"削足适履"和"牵强附会、勉强归类"的现象,多主题、交叉学科的主题又难于归类,或者勉强归入某一类,或者笼统地归入大的上位类。因此,读者检索起来相当困难,而不能直接从具体的事物、对象或问题出发进行专指性的检索。尤其是读者检索时,难于对检索课题和文献主题的学科归属作出准确的、迅速的判断。

②缺乏直观性,由于以号码作为代表主题的标记符号,所以在检索时有一个将语言转换成号码的问题。不了解分类法学科体系的人往往检索起来比较困难。不如主题目录直接使"词"、"词组"

和"短语"进行检索来得方便、直观、易于判断。

③缺乏多元性,由于采用单线性的等级层叠排列,因此影响多途径揭示和检索文献的作用。

④缺乏适应性,对新学科、新技术等的类目增补比较困难,往往牵动全局和分类法类目的学科体系问题,还涉及到繁重的目录改编和图书改编的问题。

⑤同一主题对象的文献,因学科性质及其归属的不同而被分散于各处,不利于检索。

⑥不能从特定的书名、著者途径进行检索。

3. 书名目录的优缺点

(1)优点

①能满足读者从已知的、特定的书名的角度检索文献。

②编制比较简单容易。

③在已知书名的条件下,检索比较直接、迅速和准确。

(2)缺点

①不能从文献的研究对象、学科内容以及著者的途径进行检索。

②不熟悉书名的读者,无法使用书名目录进行检索。

4. 著者目录的优缺点

(1)优点

①能集中各个著者的全部著作,便于从已知的、特定的著者角度揭示和检索文献。

②编制比较简单容易。

③在已知著者的条件下,检索比较直接、迅速和准确。

(2)缺点

①不能从文献的研究对象、学科内容以及书名的途径进行

检索。

②不熟悉著者的读者,无法使用著者目录进行检索。

总之,上述目录中,主题目录与分类目录是从文献的内容途径进行文献检索的工具;书名目录与著者目录是从文献的外表途径进行文献检索的工具。因此,前者是主要的基本性的目录,后者是次要的辅助性的目录。虽然它们各有优缺点,能相互配合、相互补充,但主题目录仍是主要的。

第二节　主题目录的类型

主题目录包括两种基本的类型:一种是分类主题目录,也称为分类型的主题目录或系统主题目录;另一种是字顺主题目录,也称为字顺型的主题目录。

1.分类主题目录

这种目录不同于传统的分类目录。它是把分类系统与字顺系统结合起来的一种主题目录。即把各个标题款目,按分类系统编列在具体类目之下。

其做法是:依据词表的"范畴索引",将各个标题款目,按"范畴索引"的类号、类目的等级序列层层展开,在最下一级的类号、类目之下,再把各个标题款目按字顺编列起来,则形成分类主题目录。

凡具有多重类号、类目属性的标题款目,涉及到是否在多个类号、类目下加以重复反映的问题。对这种情况,可以采取两种做法:

第一种做法是:依其主要范畴属性归类,即选择一个主要的类号、类目归类;而其他范畴属性的类号类目,采取做"用(Y)"参照,即"见"参照的办法,指引到主要的类号类目下查找。

例如:效应器　15K,45DB

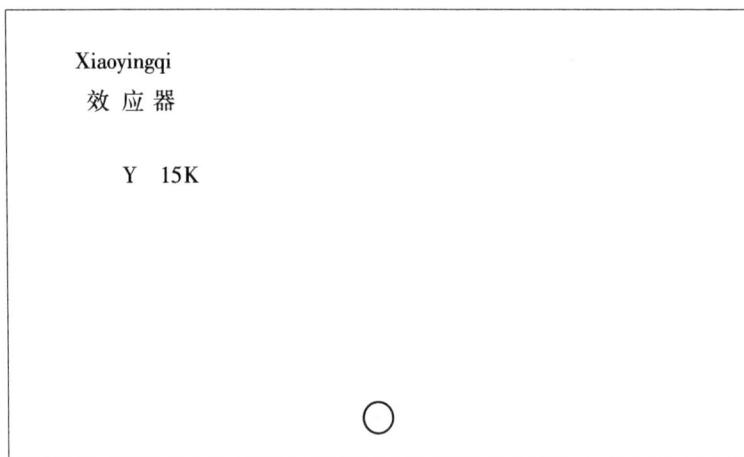

Xiaoyingqi

效 应 器

Y　15K

○

(15K 为"生理心理学"类目;45DB 为"中枢神经系统生理学"类目。)

此片排在"45DB 中枢神经系统生理学"类目下。而有关"效应器"的文献标题款目卡片,则排在 15K 类号类目之下。

第二种做法是:将"效应器"等这样多重范畴属性的标题款目,同时反映和排列在 15K 与 45DB 两个类目之下。

这种分类主题目录,吸收了分类目录的长处,在一定程度上加强了目录的族性检索作用和学科系统性。既满足范畴分类角度查找文献的需要,又照顾到读者按具体事物、对象和问题直接查找文献的需要。

2. 字顺主题目录

一般都把它直接称为主题目录。这是一种不考虑标题的范畴分类问题,而完全依据标题的字顺原则而编制的一种主题目录。

从广义上来讲,这种目录可以包括:标题目录、单元词目录、叙词目录和关键词目录;而从狭义上来讲,主要是指标题目录。目前我们所论述的主题目录,实际上是采用叙词法及其叙词表(主题词表)代替传统的标题法及其标题表,而编制的主题目录(标题目录)。

第三节　主题目录的编制

主题目录的编制,是在文献标引著录所形成的标题款目卡片的基础上直接进行的,其方法步骤是:

1. 排列标题款目卡片

将标引著录好的全部标题款目卡片,依据标题(主题标目)的汉语拼音,采用"同音、同调、同汉字排列法"(见下文)排列起来。

2. 编制主题目录导卡

主题目录的导卡是用来指明同一主题文献的标题款目卡片的标志。这是指引读者按标题字顺查找文献资料的一项重要的技术措施。

导卡,一般可分为如下几种:

(1)字母导卡　这是依据标题的汉语拼音首字母或标题第一个汉字音节字母编制的一种标题指引卡。即在 A—Z 等 26 个字母起头的各组标题前,分别设置字母导卡;或者是以一个音节字母为单位设置字母导卡,如 an(安)、bao(包)、cang(仓)等。

(2)标题导卡　标题导卡有一级标题导卡、二级标题导卡和三级标题导卡。

一级标题导卡是指所有单一标题和复合标题中的主标题的导

卡；二级标题导卡是指复合标题中的副标题的导卡；三级标题导卡是指复合标题中的副副标题（次子标题）的导卡。

各级标题导卡的排列次序，一般依标题的汉语拼音字顺排列，少数同一主标题下的副标题导卡、或副副标题的导卡，可依某种逻辑次序或时代、时间的先后次序排列。

二级或三级标题导卡是否设置，应根据一级标题导卡下所集中的标题款目卡片的数量多少而定。卡片数量过少，不宜再制作二级或三级标题导卡，以免主题目录产生导卡过多的现象；卡片数量过多，如不设置二级或三级标题导卡，则可能造成读者检索不便。

（3）汉字导卡　这是依据标题的第一个汉字，按音节顺序集中制作导卡。

例如：Sheng

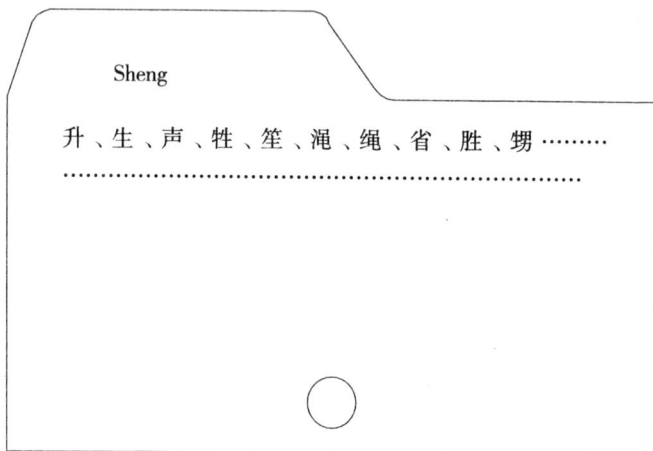

3. 标题的排列

（1）标题的排列方法　标题主要依据字顺的方法排列。字顺的方法很多，从汉字来说，目前应以积极推行的汉语拼音字顺方法为妥。汉语拼音字顺方法主要有下列两种。

第一种是"同音、同调、同汉字排列法"。这种方法,是以标题的各个汉字的汉语拼音的音节字母顺序为单位,结合四声、笔划、笔形的一种混合式的较彻底的排列方法。其做法是:首先依标题的第一个汉字音节的字母顺序排;同音字者再依四声排;同音、同调者继依汉字的笔划、笔形排。第一个音节排完后,再按标题第二个汉字的音节,依上述方法步骤相比排列。如第二音节与汉字也都相同时,继续比较第三个、第四个音节与汉字,直至区分完毕。

这种方法结合了汉字的特点和习惯,使汉语的相同字、词达到高度集中的目的。这对主题目录充分集中同一主题及其各个方面的文献资料具有重要作用。而且对标题导卡设置比较容易,能将同汉字的标题集中在一起标示,也符合我国读者的查找习惯。这是主题目录标题排列的主要方法。

但在标题的实际排列中,大多都不彻底地使用这种方法,而是像《新华字典》那样,只比较到同音节、同调,能做到同汉字集中就行了,而不再比较其同音节、同调下的各个汉字的笔画笔形的顺序。如果直接依《新华字典》的"汉语拼音音节索引"的次序编排标题,也是可行的。

第二种是逐字母比较排列法,即按标题的汉语拼音字母顺序,严格地逐个字母比较其先后次序,而完全不考虑汉语字、词的集中。这种方法不宜用作主题词表的主题词和主题目录的标题的排列。由于汉字不能完全集中,标引员和读者在使用主题词表和查找文献时都十分不方便。

(2)标题的汉语拼音

①标题的汉语拼音,以商务印书馆 1975 年出版的《新华字典》的标准音为准,不采用习惯音。

例如:塑料　Su　liao(标准音),

　　　　　Suo　liao(习惯音);

机械　Ji　xie(标准音)，

　　　Ji　jie(习惯音)。

②以标题所含汉语单字为单位进行汉语拼音,一律标注四声。

例如:Jīng jì xué

　　经　济学。

③倒装标题一律依照倒装后的标题形式进行拼音和排列。

例如:Shòu huò jī,gù tǐ

　　售　货机;固体。

④多级标题的主标题、副标题、副副标题的汉语拼音之间,应标原有的组配符号。

例如:Xīn lǐ xué——jiā tíng

　　心　理学——　家庭;

　　Gōng rén;Zuò jiā

　　工　人:作家。

⑤标题中的阿拉伯数字,依单个数字的读音进行拼音和排列。

例如:Pí yī Sān

　　铍1　3

⑥标题中的外文字母:拉丁字母与汉语拼音混排;斯拉夫字母排汉语拼音字母之后;希腊字母一律依字母读音的汉语拼音标注和排列。

例如:PLK　fāng fǎ

　　PLK　方法;

　　beita shè xiàn

　　β　射　线

(3)标题中出现的几种符号的排列次序　对同一标题来讲,不带符号者排在前;带符号者排在后。各种符号之间的先后次序为:

　　—短横(组配符号);

358

：冒号（组配符号）；

，逗号（倒置符号）；

（）圆括号（限定符号）；

［］方括号；

《》书名号；

" "引号。

4.标题相同的款目卡片之间的排列次序

同标题的若干款目卡片之间，应有一定的次序，可考虑依书名或依作者的汉语拼音字顺排列。如果人力不足，也可考虑依标引编目的先后次序进行编排，即先到的卡片在后，后到的卡片排前的办法。

第十六章　主题索引

主题索引是依照主题法原则编制的、供读者查找有关主题的文献线索的一种检索工具。也就是说,这种索引是:(1)以各种主题法语言(包括标题词、单元词、叙词和关键词等)作为检索标识;(2)按照字顺系统的原则排列;(3)专门收录与正文(款目)相对应的有关主题的文献线索的一种检索工具。所谓文献线索,主要是指文献的类号、序号和页码,或者是指文献的书名、篇名及其他著录事项。

第一节　主题索引的类型

主题索引的类型多种多样,十分繁杂。总的归纳起来,可以从两方面进行划分。

1.从主题索引的应用范围划分

(1)图书主题索引　这是指专门以图书为收录对象的一种主题索引。这种索引包括两种类型。

①专书主题索引　称书附主题索引、书末主题索引。它是专门查找某种书的内容主题的一种索引。一般都附在该书之后,或者是另册印刷出版。如《列宁全集》"主题索引"、《马克思恩格斯

全集》"主题索引"、《分类目录主题字顺索引法》"主题索引"等。这些索引,其主要目的在于查出该书所研究和论述的某一主题概念在哪一页上。

②群书主题索引 这是把众多图书的某一专题性或综合性范围的有关主题概念加以揭示,供读者查阅利用这些图书的一种索引。如1958年李钟履编制的《图书馆学书籍联合目录》"主题索引",其主要目的是在于查出有关某个主题概念的许多文献线索。

(2)报刊主题索引 这是指专门以报刊(论文)为收录对象的一种主题索引。这种索引包括两种主要的类型。

①专门报刊主题索引 它是专门以某种刊物(含专门性的文献检索刊物)或某种报纸为收录对象的主题索引。如原第一机械工业部技术情报所编制的《机械科技文献报导》"主题索引"(按年出版年度主题索引),其目的在于查出该刊正文部分中有关某一主题概念的文献线索(年代序号)。

②群刊(报)主题索引 它是以许多报刊杂志为收录对象的一种主题索引。如1935年,广州岭南大学图书馆谭卓垣主编的《中文杂志(主题)索引》(该索引主要依据美国国会图书馆标题表编制的),其主要目的在于查出有关某一主题概念的论文线索(刊名、刊期等)。

此外,还有以书刊为收录对象的主题索引,以及某些目录、文摘、题录等检索工具的主题索引。

2. 从检索标识的组配程序划分

(1)先组式主题索引(标题索引) 所谓先组式主题索引,是指索引的款目以标题的形式出现,即由几个主题词预先组配起来的一种索引。

Chao ji shi chang—Ying guo

例如:超 级 市 场—— 英 国 815694;812735

（2）后组式主题索引（组配索引）　所谓后组式主题索引，是指索引的款目，直接以一个主题词所构成的一种索引。在查找专指性主题概念的文献号码时，需利用若干条索引款目的主题词临时进行比号组配。

xiao mai

例如：小　麦　009，015，034，095

yu zhong

　育　种　015，029，045，095，098

mian hua

　棉　花　012，029，040，082

如果读者检索有关"小麦育种"的文献号码时，则需要利用"小麦"和"育种"两条索引款目词进行比号组配才能选中所需文献。比号组配就是将这两条索引款目词下的文献号码进行比较，号码相同者即为组配的结果。因此，上述两条索引款目词下的"015"、"095"号文献，就是有关"小麦育种"方面的文献。

这种后组式主题索引，因其用词不同，又分为如下几种：

①单元词主题索引　这是以单元词作为索引款目词的一种主题索引。

②叙词主题索引　这是以叙词作为款目词的一种主题索引。

③关键词主题索引　这是以关键词作索引款目词的一种主题索引。

上述几种后组式的主题索引，既可用于卡片式或书本式的手工检索工具，又可用于实现计算机的自动化检索。

目前，国内各种图书、报刊等，编制主题索引工作是我国一个极薄弱的环节。据统计 1966 年全国各种文献的检索刊物共有 139 种，1979 年恢复和新发展的也总共只有 13 种。这些检索刊物编制主题索引的寥寥无几，绝大多数都没有主题索引或其他篇名、著者等索引。因此，使检索刊物的两大职能作用，即报导作用和长期检索作用,受到很大的限制。

第二节　检索刊物主题索引的编制

由于检索刊物是报导和检索各学科专业文献的一种非常重要的工具,所以当务之急就是先把检索刊物的主题索引搞上去,以提高检索刊物的使用效果。目前,国内几种检索刊物的主题索引的编制,普遍都是先组式的主题索引,即标题索引。下面就这种索引的几个编制的主要问题进行论述。

1.确定检索刊物的编制体例

检索刊物的编制体例,主要有两种最基本的类型。

(1)检索刊物正文先按分类体系编排文献的题录、文摘或提要;后附主题索引。完善的做法还应附:篇名索引、作者索引。这种体例是我国检索刊物编制的主要做法。例如,中国医学科学院图书馆主编的《国外科技资料目录》(医药、卫生),就属这种以分类体系编排正文,以主题索引为辅的做法。其主题索引的著录形式为:

		K
Ka	卡介苗——治疗应用	1411,1487
	卡介苗接种	84,178
	卡那霉素——副作用	1859
	咯血	223,224,1490
Kang	抗病素药	2141
	抗癫痫药——副作用	2041
	抗惊厥药——药效	2040
	抗菌素	2238

　　　　参见:各种抗菌素名称

抗菌素——测定　　　　　　2132

抗菌素——实验研究　　　　2133,2137

抗菌素——药理学　　　　　2118

抗菌素——药效　　　　　　2135

抗菌素——治疗作用　　　　1169,1855,1892,……。

⋯⋯⋯⋯⋯⋯

抗血清　见　免疫血清

⋯⋯⋯⋯⋯⋯

　　(2)检索刊物正文,先按标题字顺编排文献的题录、文摘;后附分类索引。完善的做法还应附:篇名索引、著者索引。例如,我国江苏新医学院编的《医学期刊提要索引》(双月刊),就是采用这种体例做法。该刊每期均附有"主题汉语拼音目次表"和"分类简表",作为查阅索引的一个中间桥梁。其主题索引的著录形式为:

J

激光

(单一标题)

　　参见:21832,21948,23317,23357,23758,24418。

22438　氩激光在眼科临床上的应用

(文献序号)上海第二医学院附属瑞金医院眼科

　　　　《医学研究通讯》

　　　　　　(7):31—33,1975

　　　提要:(略)

激素

(主标题)

　　参见:23276

　　　肾上腺皮质激素

(副标题)

22439　皮质激素的临床作用

（文献序号）

   陈玉驹

   《九江医学》

     （增刊1）:45—51,1975

   生长激素（副标题）

22440 人的生长激素与糖尿病

（文献序号）

   陈金森译

   《国外医学参考资料内科学分册》

     2(9)：395—398,1975

   提要:略。

  ……………

2. 确定主题索引的款目结构

  不同类型的主题索引,具有不同的款目结构。归纳起来大约有如下几种:

  （1）款目标题 + 图书页码（专书主题索引的款目结构）。

  （2）款目标题 + 书名、作者、出版项 + 页码（群书主题索引的款目结构）。

  （3）款目标题 + 题录、文摘 + 刊期 + 页码（专刊主题索引的款目结构）。

  （4）款目标题 + 题录、文摘 + 刊名、刊期 + 页码（群刊主题索引的款目结构）。

  （5）款目标题 + 题录、文摘 + 刊名、刊期 + 页码 + 单位代码 + 索取号（馆藏期刊论文主题索引的款目结构）。

  （6）款目标题 + 文献顺序号（检索刊物后附主题索引的款目结构）。

  （7）顺序号 + 款目标题 + 题录、文摘 + 刊名、刊期 + 页码（检索刊物正文的主题索引的款目结构）。

（8）款目词（单元词）＋文献顺序号。

（9）款目词（叙词）＋文献顺序号。

（10）款目词（关键词）＋文献顺序号。

（11）款目词（关键词）＋题名＋文献顺序号。

以上几种是一般常见的主题索引的款目结构。其中：1—7 是先组式的主题索引的款目结构；8—11 一般是后组式的主题索引的款目结构；6 和 7 是我国检索刊物常见的两种基本款目结构。

3. 主题索引的标题参照

主题索引的参照宜简不宜繁。因此，它与《汉语主题词表》的主题词之间的参照有所不同。应转换为传统的标题法的参照形式。

（1）主题索引的参照应归并为两种参照形式。即：

"见"参照，由非正式标题引"见"到正式标题。

"参见"参照，由具有直接属分关系和相关关系的标题（词）之间建立。

词表的"用（Y）"参照，应改为索引的"见"参照。词表的"属（S）"、"分（F）"、"族（Z）"、"参（C）"等项参照，均改为索引的"参见"参照。"参见"参照应作对应的反参照。标题参照的制作，仅限于索引中已经启用的实际有的标题之间。

例如："马关条约（1895）　参见　中日甲午战争"，

"中日甲午战争　参见　马关条约"。

这两个标题必须双方都存在于索引之中。否则参照就会失去意义，造成参照落空的现象。

（2）标题参照的著录方式。一般有以下两种作法。

①直接参照。直接"见"或"参见"到该标题及其有关的文献顺序号。

例如:粗糙度　见.光洁度　1542,2108;

　　　马关条约　参见.中日甲午战争　3725,3819。

这种作法为使用者提供了方便,节省了再次查阅的时间。

②间接参照。只"见"或"参见"到有关标题。如果使用者需要,再按汉语拼音查到有关标题及文献的顺序号。

例如:抗血清　见.免疫血清;

　　　抗菌素　参见.各种抗菌素名称。

上述两种标题参照的著录方式,前一种适合于检索刊物的正文以分类排列为主的主题索引中使用;而后一种则适合于直接以主题索引为正文中使用。

4. 主题索引编制的方法

主题索引的编制,必须是以对文献实行主题标引、分类标引和著录为依据,在完成主题款目卡片、分类款目卡片和确定好索引编制体例以后才着手进行。

(1)如果采取以分类编排为正文,后附主题索引的编制体例时,应首先标引著录后的主题款目卡片,一篇文献有几张款目卡片者,应将它们别在一起,按事先确定好的分类表的类目排列起来,并以每篇文献为单位在卡片上编列顺序号(重复者编一个号码)。然后抄写成书本式的格式,即为检索刊物正文的分类编排部分,并以此作为检索刊物的主体。

在此基础上,再将全部主题款目卡片,依标题字顺排列起来,并编制标题参照,按照主题索引的款目结构形式,抄写成书本式的索引格式,即形成检索刊物的后附主题索引,并以此作为检索刊物正文的索引。这种索引的年度的或多年度的累积主题索引,可将各期主题索引的款目卡片合并起来编列。并重新审查和补充编制总的标题参照,然后抄写成书本式的年度的或多年度的累积主题索引。

（2）如果采取以正文依标题字顺编列，后附分类索引的体例时，则将全部标题款目卡片，按标题字顺编列，按标题字顺对每篇文献编列顺序号。同一文献的几张标题款目卡片，应别在一起编一个号。然后将几张标题款目卡片分散排在相应的字顺位置。并编制标题参照和按索引的款目结构形式抄写成书本式的格式，即形成主题索引。在编完正文的主题索引之后，再编后附分类索引。将全部标题款目卡片按分类表的类目类号次序编列起来，并依分类索引的款目结构要求，抄写成书本式的格式，即形成分类索引，以此作为检索正文部分的索引。如果要编制年度的或多年度的分类索引时，则只需将各期的分类索引的款目卡片合并起来编列。

5. 组配符号在主题索引中的使用

组配符号是用于表示主题词之间，相互组合的语法关系的一些标记符号。在主题索引中使用一定的组配符号，其好处主要是使主题词之间相互组合的语法关系比较明确，能较准确地反映文献的内容主题，便于读者正确理解标题的含义。但是组配符号使用过多，则既增加标引工作的工作量和标引的难度，又给索引的编排和读者的检索造成困难。

目前所使用的各种组配符号，主要有以下数种：

（1）短横"—"一般大多用于顺读，有的则兼用于逆读。

①表示事物的方面。

如：汽车—设计

②表示事物的特称。

如：气象学—军事

农业—加拿大

③表示顶替某一主题概念。

如：连续铸造

—工艺参数（表示连续铸造的工艺参数）

板材—（表示板材连续铸造）

（2）冒号":" 其用法主要有下列几种：

①表示两个事物并列交叉概念的组配。

    如：青年：党员（表达青年党员）

      轻型飞机：气象飞机（表达轻型气象飞机）

②表示两个具有整体与部分关系的概念组配。一般是整体在前，部分在后。

      如：自行车：车架

③表示被应用领域。

      如：激光技术—应用：医学

（3）加号"＋" 其用法有以下几种：

①表示并列联合关系，即逻辑和（或）的关系。

      如：长江＋黄河 （表示两个并列的研究对象）

②表示某非正式主题词的组代关系。

   如：铝粉（非正式主题词）

      Y.金属粉末＋铝

（4）逗号"，" 又称倒置符号。一般用于表示对某个主题概念的限定，起倒置的定语作用。并采取逆读。

   如：坦克，水陆两用

     刀具，合金钢

（5）间隔号"∥" 用于表示若干个主题概念之间的一种间隔组配符号。这种符号往往单独采用。名为间隔号，但实质上是一种较松散的组配符号。所谓"松散"之意，是说这种符号并不明确确定组配双方的具体语法关系，而是笼统地指出某篇文献所分析出的几个相关的主题概念。双斜杠前后的主题词是对主标题（有的称标题词）的限定、修饰、说明或细分。这种符号的使用，其主要优点是标引比较省力，可以增加标引深度，提高检索的专指性。但是，有时却给读者在检索时查准性能带来影响，造成理解、判断的困难。

如:炼钢

能耗 // 电弧炉　　　8208294

质量管理 // 电炉　　　8201249

此外,有的主题索引不采用任何组配符号,而是在编排上对各级主题词采取"缩格错行"的组配编列方式。

如:育种

概况 } 组配成"非洲育种概况"

非洲

这种作法虽然比较整齐简便,但是却浪费了一定的版面,增大索引的篇幅。

目前,在国内出版的主题索引中,组配符号的使用很不统一,有的符号甚至含义大不相同,不利于文献检索的标准化要求。建议编制主题索引的部门,应依据"中华人民共和国国家标准　文献主题标引规则"的规定进行使用,以便在全国尽可能及早实现规范和统一。

6. 主题索引的编排方式

主题索引的编排方式,一般主要有以下几种:

(1)纯主题字顺的编排方式　这种编排方式是完全按款目标题,包括主标题、副标题的字顺序列先后编排。

例如:《中国机械工程文摘》(1982 年度主题索引),就是一种纯主题字顺的编排方式。

工业

结构 // 苏联　8211001

美国 // 汽车　8205232,8205233

工业电视　8208422

MOS 集成电路 // 应用　82013389

工业管理　8203001,8203003,8203004,8204003,8204014,

8211005,8211175,8212020。

比利时　8211006

法国　8203013,8211006

机械工业　8202007,8212017,8212021,8212022。

计算机应用　8201367,8203008,8208026,8211428。

经济性　8203006

汽车∥工业　8204169,8205003

日本　8210001,8212002

日本∥机械工业　8212016

日本∥仪表工业　8204004

数学模型∥应用　8203005,8203007

这种编排方式完全体现了主题法的字顺特点,充分发挥了主题法的专指性检索性能。因此,也是比较正规和值得提倡的编排方式。

（2）主题法与分类法相结合的编排方式　这是在主题索引的字顺系统中,掺和着分类编排方法的一种编排方式。

例如:《水稻文摘》1982年度主题索引就是这种编排方式。

育种　　　　　　　　　　　　　　　（一级主题）

　概况　　　　　　　　　　　　　　（二级主题）

　　非洲　821544

　　亚洲　820285,822690

　　日本　820605

　　印度　820003

　　马来西亚　823228

　　澳大利亚　821846　　　　　　　（三级主题）

　　意大利　820903

　　伊朗　820659

　　苏联　822986

　　巴西　820033

方法技术

    集团（混合）选择　　821550

    非分裂选择　　　　821798,821799

    加速世代进展　　　821538,823256,822140

    小型去雄器　　　　821219

引种　　　　　　　　820345,820878,823275

系统育种

    光敏性选择　822141

    品质选择　　822496

    ………………

本主题索引的一级主题按主题词汉语拼音音序排列；二级主题按学科分类排；三级主题为说明语；后面的数字为文摘号。

这种编排方式，企图吸取分类法的特点，加强主题索引的族性检索功能。但是这种分类，并不能反映学科上完整的分类体系。同时也大大削弱了主题法专指性检索的功能。

文献标引示例

例一、"图书馆工作者的职业道德"云龙著

　　见:《河南省图书馆季刊》1982 年第 1 期 P3—6

　　提要　本文论述了图书馆工作者的职业道德问题,以及提高广大图书馆工作者的道德水准和做好图书馆工作的重要意义。

　　标引解说

1. 审读文献、确定主题如下:

　　图书馆工作者的职业道德。

2. 分析主题、选定主题概念如下:

　　图书馆工作者、职业道德。

3. 查表将分析出的主题概念转换为主题词:

　　图书馆员、职业道德(新增词)。

4. 标引类号(按《中图法》或词表的"范畴索引"给号)

　　①《中图法》主类号:G251.6

　　　　　　　　辅类号:B822.9

　　②《范畴索引》主类号:07JA

　　　　　　　　辅类号:02F

5. 著录:

　　①机检著录

编号	主题词	联号	主、副标题标记	备　　注
1	图书馆员		M_1、Q_2	
2	职业道德		M_2、Q_1	新增词

②手检著录：

　　主题款目卡片之一

```
G251.6    Tushuguanyuan—Zhiyedaode

    图 书 馆 员 — 职 业 道 德

    图书馆工作者的职业道德    云龙著

       见:《河南省图书馆季刊》1982 年第 1 期

    P3—6

       1.图书馆员—职业道德

       2.职业道德—图书馆员




                      ◯
```

　　主题款目卡片之二

```
G251.6    Zhiyedaode—Tushuguanyuan

    职 业 道 德—图 书 馆 员

    图书馆工作者的职业道德    云龙著

       见:《河南省图书馆季刊》1982 年第 1 期

    P3—6

       1.图书馆员—职业道德

       2.职业道德—图书馆员




                      ◯
```

6. 应注意的问题:

　①不能选用"图书馆"与"工作人员"两词组配,而应直接选用"图书馆员"这个专指的概念。

　②"职业道德"一词较重要,应予补充。

例二、"铜精炼浇铸设备发展述评"谈学良等著

　　见:《江西冶金》1981 年第 2 期　P49—53

提要　本文重点论述了铜精炼炉和浇铸设备的发展现状。

标引解说

1. 审读文献、确定主题如下:

　铜精炼炉和浇铸设备的现状

2. 分析主题、选定主题概念如下:

　①炼铜、精炼炉、现状

　②炼铜、浇铸设备、现状

3. 查表将分析出的主题概念转换为主题词:

　①炼铜、精炼炉、现状

　②炼铜、浇铸设备、现状

4. 标引类号

　①《中图法》　　主类号:TF811.2

　　　　　　　　辅类号:TF811.6

　②"范畴索引"　主类号:65EC

　　　　　　　　辅类号:83LC

5. 著录:

　①机检著录。

编号	主题词	联号	主副标题标记	备注
1	炼铜	0	$M_1 Q_2 Q_3 M_4$	
2	现状	0		
3	精炼炉	1	$M_2 Q_1$	
4	浇铸设备(冶金)	2	$M_3 Q_4$	

②手检著录：
主题款目卡片之一

TF811.2   Jinglianlu—Liantong—Xianzhuang
           精 炼 炉— 炼 铜— 现   状
           铜精炼浇铸设备发展述评   谈学良等著
           见:《江西冶金》1981 年第 2 期   P49—53
           1.精炼炉—炼铜—现状
           2.浇铸设备(冶金)—炼铜—现状
           3.炼铜—精炼炉—现状
           4.炼铜—浇铸设备(冶金)—现状

                          ○

主题款目卡片之二

TF811.2   Jiaozhushebei(Yejin) —Liantong—Xianzhuang
           浇   铸 设 备(冶金)— 炼 铜— 现   状
           铜精炼浇铸设备发展述评   谈学良等著
             见:《江西冶金》1981 年第 2 期 P49—53
           1.精炼炉—炼铜—现状
           2.浇铸设备(冶金)—炼铜—现状
           3.炼铜—精炼炉—现状
           4.炼铜—浇铸设备(冶金)—现状

                          ○

主题款目卡片之三

TF811.2　Liantong—Jinglianlu—Xian zhuang

炼　铜—　精　炼　炉—　现　　状

铜精炼浇铸设备发展述评　谈学良等著

见:《江西冶金》1981 年第 2 期 P49—53

1. 精炼炉—炼铜—现状

2. 浇铸设备(冶金)—炼铜—现状

3. 炼铜—精炼炉—现状

4. 炼铜—浇铸设备(冶金)—现状

○

主题款目卡片之四

TF811.2　Liantong—Jiaozhushebei(yejin)—Xianzhuang

炼　铜—　浇　铸　设　备(冶金)—　现　　状

铜精炼浇铸设备发展述评　谈学良等著

见:《江西冶金》1981 年第 2 期 P49—53

1. 精炼炉—炼铜—现状

2. 浇铸设备(冶金)—炼铜—现状

3. 炼铜—精炼炉—现状

4. 炼铜—浇铸设备(冶金)—现状

○

标题见片

```
Ronghualu

熔化 炉
    用   精炼炉




              ○
```

6. 应注意的问题:此文献不能选"铜"作标引词,而应选用"炼铜"作标引词才更直接专指。

例三、《中国文学批评史》郭绍虞著　上海

上海古籍出版社　1979 年 12 月　700 页　大 32 开　2.20 元

标引解说

1. 审读文献、确定主题如下:

中国文学批评史

2. 分析主题、选定主题概念如下:

文学、批评史、中国

3. 查表将分析出的主题概念转换为主题词:

文学批评史、中国文学

4. 标引类号

①《中图法》主类号: I 206.09

②"范畴索引"主类号:11EA

辅类号:11D

5.著录：

①机检著录：

编号	主题词	联号	主副标题标记	备注
1	文学批评史		M_1Q_2	
2	中国文学		M_2Q_1	

②手检著录：

主题款目卡片之一

```
I 206.09   Wenxue pipingshi—Zhongguowen xue
            文 学 批 评 史— 中 国 文 学
           中国文学批评史
              郭绍虞著 上海   上海古籍出版社
           1979 年 12 月
              700 页   大 32 开   2.20 元
              1. 文学批评史—中国文学
              2. 中国文学—文学批评史
                              ◯
```

主题款目卡片之二

```
I 206.09   Zhongguowenxue—Wenxuepipingshi
            中 国 文 学—   文 学批评 史
           中国文学批评史
              郭绍虞著      上海   上海古籍出版社
           1979 年 12 月
              700 页   大 32 开   2.20 元
              1. 文学批评史—中国文学
              2. 中国文学—文学批评史
                              ◯
```

标题见片

```
    Wenxue,Zhongguo
    文 学,中  国
        用  中国文学
```

6. 应注意的问题:不能选用"文学"一词,也不能选用"中国"
一词,而应直接选用"中国文学"一词标引。

例四、《大地控制测量》 上册 南京地质学校编 北京
地质出版社 1980 年 7 月 369 页 16 开 3.50 元
(中等专业学校教材)

提要 本书主要对大地控制测量的问题进行了论述。

标引解说

1. 审读文献、确定主题如下:
大地控制测量教材

2. 分析主题、选定主题概念如下:
大地控制测量、教材

3. 查表将分析出的主题概念转换为主题词:
大地测量、控制测量、教材

4. 标引类号:
①《中图法》主类号:P22

380

②"范畴索引"主类号:39C

5.著录:

①机检著录:

编号	主题词	联号	主副标题标记	备注
1	大地测量		M_1Q_2	
2	控制测量		M_2Q_1	
3	教材			

②手检著录:

主题款目卡片之一

P22　Dadiceliang；Kongzhiceliang—Jiaocai

大地测　量：控 制测 量— 教　材

大地控制测量　上册

　　南京地质学校编　北京　地质出版社　1980年7月

　　369页　16开　3.50元

　　中等专业学校教材

　　1.大地测量:控制测量—教材

　　2.控制测量:大地测量—教材

〇

主题款目卡片之二

```
P22   Kongzhiceliang:Dadiceliang—Jiaocai
      控 制 测 量:大地测 量 一 教 材
   大地控制测量   上册
      南京地质学校编   北京   地质出版社
   1980 年 7 月
      369 页   16 开   3.50 元
   中等专业学校教材
      1.大地测量:控制测量一教材
      2.控制测量:大地测量一教材
                        ○
```

6.应注意的问题:不能简单地只标引为大地测量或控制测量。而应同时选大地测量和控制测量两个具有概念交叉关系的并列主题词进行组配,以便能表达出大地控制测量这一专指性主题。组配符号采用冒号":"。

例五、《激光在医学和生物学中的应用》   (美)沃尔巴什特,M. L.
编   刘普和译   科学出版社   1975 年 8 月   322 页   32
开   1.10 元

提要   本书综述了最近国外有关激光在医学和生物学中的应用,主要是在细胞、组织、牙科、眼科等方面的应用。

标引解说

1.审读文献、确定主题如下:
①激光在医学中的应用
②激光在生物学中的应用

2.分析主题、选定主题概念如下:
①激光技术、应用、医学

②激光技术、应用、生物学

3.查表将分析出的主题概念转换为主题词：

①激光应用、医药学

②激光应用、生物学

4.标引类号：

①《中图法》　　主类号：R312

　　　　　　　辅类号：Q631

②"范畴索引"　主类号：47A

　　　　　　　辅类号：45AA

5.著录：

①机检著录：

编号	主题词	联号	主副标题标记	备注
1	激光应用	0	M_1、Q_2、Q_1、M_4	
2	医药学	1	M_2、Q_1	
3	生物学	2	M_3、Q_4	

②手检著录：

主题款目卡片之一

R312　Yiyaoxue—Jiguangyingyong

医药学— 激 光　应 用

激光在医学和生物学中的应用

（美）沃尔巴什特，M.L.编　刘普和译　科学出版社

1975 年 8 月　322 页　32 开　1.10 元

1.医药学—激光应用

2.生物学—激光应用

3.激光应用—医药学

4.激光应用—生物学

主题款目卡片之二

R312　Shengwuxue—Jiguangyingyong
　　生　物学—激光应用
　　激光在医学和生物学中的应用
　　(美)沃尔巴什特,M.L.编　刘普和译　科学出版社
　　1975 年 8 月　322 页　32 开　1.10 元
　　1.医药学—激光应用
　　2.生物学—激光应用
　　3.激光应用—医药学
　　4.激光应用—生物学

　　　　　　　　　　　　○

主题款目卡片之三

R312　Jiguangyingyong—Yiyaoxue
　　激　光　应　用—医 药 学
　　激光在医学和生物学中的应用
　　(美)沃尔巴什特,M.L.编　刘普和译　科学出版社
　　1975 年 8 月
　　322 页　32 开　1.10 元
　　1.医药学—激光应用
　　2.生物学—激光应用
　　3.激光应用—医药学
　　4.激光应用—生物学

　　　　　　　　　　　　○

主题款目卡片之四

```
R312    Jiguangyingyong—Shengwuxue
        激 光  应 用—  生 物学
        激光在医学和生物学中的应用
        （美）沃尔巴什特,M.L.编    刘普和译    科学出版社
        1975 年 8 月
        322 页  32 开  1. 10 元
        1. 医药学—激光应用
        2. 生物学—激光应用
        3. 激光应用—医药学
        4. 激光应用—生物学
                        ○
```

标题见片

```
        Yi xue
        医 学
            用  医药学




                        ○
```

6. 应注意的问题：

①不能标引"激光技术"和"应用"两词,而应标引词表中更专

指性的复合主题词"激光应用"。

②此书如有条件细标，则还应拟定下列主题：

款目标题的卡片：

细胞学—激光应用

组织（生物学）—激光应用

眼科学—激光应用

牙科学—激光应用

主要参考文献

编制主题索引中的一些问题 谢廷光、俞逸琨、阎庆甲《科技情报工作》1963
　　年第 12 期 P. 32—37。

Descriptors Mooers, C. N.《Encyclopedia of library and information science》V. 7
　　P. 31—45 1972 年。

单词组配索引法 《科技情报工作》 1963 年第 12 期。

单元词索引的原理、存在问题和解决办法 Costello, J. C. 陈养正译《综合科
　　技动态》(情报工作) 1964 年第 1 期 P. 21—24。

分类法和标题法在检索工作中的作用 刘国钧 《科技情报工作》 1963 年
　　第 6 期 P. 18—25。

分类法与主题法结合的成功尝试一分面叙词表 侯汉清 《图书情报工作》
　　1980 年第 6 期 P. 16—21。

关于制定我国情报检索刊物标引工作准则的参考意见 傅兰生 《科技情
　　报工作》 1980 年第 12 期/1981 年第 1 期。

关于主题表的编制问题 第三机械工业部 628 所《航空科技资料主题表》修
　　订组编 1975 年 11 月。

国防科学技术主题词典 国防科委情报研究所编印 1978 年 1 月。

国外叙词表参考资料 中国人民解放军 89920 部队 1975 年 11 月。

国外叙词表参考资料 748 工程情报检索办公室社会科学部分词表编辑小
　　组 1975 年 10 月。

国外叙词表参考资料 748 工程社科词表组。

国外叙词表参考资料 748 工程情报检索办公室自然科学部分词表编辑小
　　组 1977 年 4 月。

国外叙词表参考资料 中国科技情报所词表组 1975 年 11 月。

《汉语主题词表》的理论和使用 刘湘生 1981 年 书目文献出版社。

Inspec thesaurus 1979 ISBN 0 85296 447 1。

技术文献上下文关键词索引 Luhn. H. P. 于继. 铮节译《综合科技动态》 1964 年第 1 期 P.25—28。

检索刊物主题索引的款目形式和检索功能（上、下） 曾世荣、傅兰生、鞠昌整《科技情报工作》1981 年第 6、7 期。

科学和技术文献工作中标题法的理论和实际 丁珂 1964 年 油印本。

科技文献检索 武汉大学图书馆学系编印 1976 年。

情报检索语言 张琪玉 武汉大学图书馆学系印 1982 年。

谈谈组配索引法 吴尔中 《综合科技动态》（情报工作） 1964 年第 3 期 P.10—14。

谈谈叙词法 刘湘生 《北图通讯》 1978 年第 2 期 P.50—57。

文献标引手册及实例 Todeschini, C.；Gadjokov, V. 等，谭重安等译；科学技术文献出版社 1981 年 12 月。

文献标引方法标准化中几个问题的探讨 黄万新 《科技情报工作》1981 年第 11 期。

文摘的主题索引是科技情报工作中的一把重要钥匙 袁翰青 《科技情报工作》 1963 年第 3 期 P.14—17。

新编医学主题表的分析比较 Elizabath Beyerly 曹丽顺译 《综合科技动态》 1963 年第 2 期 P.14—17。

永乐大典 1960 年 中华书局 影印本。

主题法与分类法 丘锋 《图书馆工作》（科学院图书馆） 1976 年第 1 期 P.30—37。

字顺标题索引与单元词组配索引的实验比较 卫民译 《综合科技动态》（情报工作） 1964 年第 1 期 P.30—33。

中文图书标题法 程长源 1950 年 商务印书馆。

组配索引法的演变和发展趋势 Susan Artandi Theodore C. Hines 郑关林译 《粽合科技动态》（情报工作） 1963 年第 2 期 P.17—20。

主题词的试标引检验 第一机械工业部情报所主题表组 《图书馆工作》（科学院图书馆） 1978 年第 1 期 P.11—12。

Thesaurofacet:a thesaurus and faceted classification for engineering and related subjects.

Aitchison,Jean and others,comps. the English Electric company,1969。

单语种叙词表编制规则　ISO 2788　国际标准草案　1981 年　第二版全国文献工作标准化技术委员会第五分会印。

集合论与主题词表　方绍富　《高校图书馆工作》　1981 年第 3 期　P. 5—11。

标题目录法　宋益民译　北京图书馆分类法词表组印　1979 年 2 月。

文献工作——文献审查、主题分析与选定标引词的方法 ISO/DIS 5963。